KB140103

온라인 선거운동의 이론 · 사례 · 제도

민주주의의
전환

온라인 선거운동의 이론·사례·제도

민주주의의
전환

조희정 지음

이 저서는 2013년 정부(교육과학기술부)의 재원으로 한국연구재단의 지원을 받아 수행된 연구임(NRF-2013S1A6A4017749)

서 문

2007년 이후부터 국내 온라인 정치(online politics) 상황은 악화되었다. 2002년만 해도 전 세계가 한국의 놀라운 ICT(Information Communication Technology) 발전 속도에 주목하고, ICT를 활용한 참여나 정치문화 발전을 낙관하는 전망이 많았다. 그러나 이후의 많은 규제와 정치적 왜곡을 거치면서 온라인 정치 토양은 위축되고 악화되었다.

「공직선거법」에 의한 온라인 선거운동 규제와 국가기관의 댓글 선거 개입 의혹 등을 통해 온라인 정치는 투명하고 민주적이며 자유로운 참여로 평가받기보다는 그 안에서 무슨 일이 일어나는지 도통 알 수 없는 블랙박스(black box)와 같은 존재처럼 여겨지게 되었다.

그러나 정치 발전과 온라인 민주주의의 교착상태(deadlock)를 비관하거나, 정당·후보자·유권자가 서로 다른 생각과 요구만 하는 동상이몽의 공회전만 탓한다면, 민주주의 발전을 기대하기 어렵다. 외부 환경만 탓하고, 행위자들을 믿지도 않고, 아무것도 하지 않는데 어떤 생산과 발전이 이루어질 수 있을까. 그것보다는 오히려 좋지 않은 상황의 원인을 고민하고 온라인 민주주의를 발전시킬 수 있는 조건에 대해 차분하게 고민할 필요가 있다. 표현의 자유와 정치 활성화의 공간으로서 온라인 공간을 활용하기 위해 힘써야 한다.

좋은 호조건에서 나날이 발전하는 것은 쉬운 일이지만, 좋지 않은 조건에서 더욱 성실하게 성취를 도모한다는 것은 매우 어려운 일이다. 그런 의미에서 이 책은 온라인 선거운동의 블랙박스를 열어 이제까지 진행된 모든 온라인 선거운동을 과학적으로 평가하고 알리고자 하는 시도이다.

특히, 인터넷이 보편화된 1996년부터 지난 20년간 총 15회(대선 4회, 총선 6회, 지방선거 5회) 국가선거의 온라인 선거운동을 유형화하고, 체계적인 이론 적용을 통해 다각도로 분석하고자 하였다. 또한 온라인 정치참여 사례를 미디어·행위자·의제 및 제도의 네 가지 주제로 구분하여 각 사례를 바라보는 틀로서 온라인 참여이론, 미디어효과론, 네트워크론, 사회자본론, 역의제설정이론 등 다섯 가지 이론을 선택하였다. 이들 이론은 본격적으로 학계에서 논의되는 이론도 있고, 다소 새로운 이론도 있지만 그동안 진행된 온라인 선거운동의 정치를 가장 잘 분석할 수 있는 틀로서 선택한 것이다.

2010년 출간한 첫 번째 책『네트워크 사회의 정치와 민주주의: 정부, 정당, 시민사회의 변화와 전망』에서는 정보사회 전반의 문제를 정치학적 입장에서 개괄하고자 했다. 정보사회에 대한 큰 숲과 같은 종합적인 큰 지도를 제시하지 못한다면 나무와 같은 작은 사례만 보고 편향된 평가를 내릴 확률이 높다고 우려했기 때문이다.

이어서 2013년의 두 번째 책『민주주의의 기술: 미국의 온라인 선거운동』에서는 정치의 핵심이라 할 수 있는 '선거'를 키워드로 미국 대선의 소셜 미디어(social media) 선거운동 사례를 자세히 분석하였다. 미국의 소셜 미디어 선거운동은 언제나 신기술 적용에 적극적이고, 현존하는 신기술을 모두 활용한 종합 결정판과 같은 측면이 있기 때문에 국내 온라인 선거운동에 시사하는 바가 클 것이라고 기대했기 때문이다.

2017년의 이 세 번째 책에서는 '국내' 온라인 선거와 이론을 이야기하고자 한다. 종합적으로 아는 것과 하나라도 깊게 아는 것에 대해 고민하다보니, '우리의 현실'에 대한 문제의식을 좀 더 예리하게 가져야 한다는 필요를 느꼈으며, 한편 그 예리함의 도구는 '이론화' 혹은 '이론의 적용 가능성'을 평가하는 것에 있다고 생각했기 때문이다.

현실주의, 자유주의, 구성주의, 제도주의, 신제도주의 등 모든 학문이론은 오랫동안 이론과 현실의 검증 과정을 거치고, 오랫동안 논쟁에 의해 비판받는다. 온라인 정치에 대한 이론 역시 그 과정을 혹독하게 거쳐야 한다. 그래야 학계에서든 일반 사회에서든 좀 더 설득력을 가질 수 있다.

고도의 ICT를 구현하고, 누구나 스마트폰을 이용하는 환경이지만 사회나 학계에서 온라인 선거운동 혹은 온라인 정치는 여전히 낯선 주제이다. 그렇기 때문에 끊임없이 온라인 선거운동의 이론화가 시도되고 온라인 선거운동을 체계적으로 이해할 수 있는 틀이 마련되어야 한다.

물론 이론만으로 모든 현상이 완벽하게 설명되는 것은 아니다. 사람의 일과 사회의 일 그리고 정치의 일이 이론대로 될 리 만무하기 때문이다. 이것이 이론의 유용성의 역리이다. 그럼에도 불구하고 현상을 최대한 분석하고 규칙을 발견하려고 노력하는 것이 연구자의 일이다.

이 책『민주주의의 전환』의 제목과 구성은 엑스포드(Barrie Axford)와 허긴스(Richard Huggins)가 2001년에 편집한 책인『뉴미디어와 정치(New Media and Politics)』의 각 장의 제목과 구성을 참고하였다. 뉴미디어와 정치의 특징을 분야별로 고찰한 엑스포드의 책은 민주주의 전환의 요소를 정당, 시민권, 공론장, 리더십으로 구분하고 있다. 그러나 이 책의 제목과 각 장의 제목을 '변화'가 아닌 '전환'으로 한 이유는 아직 변화가 완전히 이루어진 상태는 아니며 전환이 진행 중이거나 전환할 수 있는 가능성에 대해 생각해볼 필요가 있다고 평가했기 때문이다.

이 책의 문제의식은 온라인 선거운동 분석 이론의 미진함에서 출발한 것이지만 그렇다고 해서 이 책을 통해 이론적 완성이 이루어질 것이라고 기대하기는 어렵다. 다만, 이론화의 작은 디딤돌로 기여할 수 있다면 좋겠다. 아울러 '그래서 우리는 무엇을 할 수 있는가'라는 질문의 내용을 좀 더 충실히 채우고자 했다.

한편으로는 그동안 논문과 책을 쓰면서 오랫동안 유보하고 고민하던 이야기들에 대해 좀 더 실천적이고 구체적인 질문을 하고 싶기도 했다. 이제는 인터넷이 쓸모가 있네 없네, 인터넷이 없던 시절이 아름다웠네, 트위터(Twitter)에는 정신 나간 수다쟁이만 있고 페이스북(Facebook)에는 현실보다 좋게 보이고 싶어서 안달 난 사람만 있네 하는 수동적이고 편의적인 평가가 반복되지 않았으면 좋겠다.

온라인 정치 가설과 이론들은 충분한 경험과 연구에 의해 검증되고 토론되어야 하고, 이제는 우리 현실을 좀 더 구체적으로 봄으로써 각 이론이 어느 정도 타당한가를 평가해도 될 시기가 왔다. 우리의 온라인 정치가 지금은 퇴조기일망정 그동안 풍부한 경험적 사례를 누적해왔기 때문이다.

각국마다 처한 정치·사회·문화적 환경에 따라 ICT의 정치적 도입은 차이가 날 수밖에 없다. 그 가운데 우리나라는 전 국토에 인터넷 인프라 구축 및 전 인구의 스마트폰 이용의 최고 사례로 인급되었다. 단기간의 민주화만큼이나 단기간의 기술화를 경험한 것이다.

그것은 독이 될 수도 있고, 약이 될 수도 있지만 약이 될 수 있는 가능성을 높이는 것에 대해 계속 논의해야 한다. 그리고 온라인 공간에서 유권자와 후보자가 자유롭게 만나서 치열하게 대화하고, 정당이나 시민단체도 적극적으로 활동하면서 수시로 시민의 생각과 의견을 반영하여 정책을 대의하는 것, 그것이 바람직한 온라인 민주주의의 모습이라는 것을 공론화해야 한다.

많은 신기술이 등장하고 있지만 여전히 핵심 키워드는 콘텐츠(contents), 스토리텔링(storytelling), 상상력이다. 이제는 수동적인 자세에서 신기술을 기다리던 시대는 지났다. 누구나 자신에게 맞게 신기술을 요구하고 함께 만들어갈 수 있는 시대가 되었다.

시민의 말을 못 알아듣거나 아예 듣지 않으려는 고압적인 정치인, 비관하다 못해 무관심이 당연하다고 생각하는 유권자, 다양하다 못해 사고투성이가 되어버린 선거운동…… '그래봤자 선거이지만 그래도 선거'인 이 기가 막힌 상황에서 이제는 지겨운 말이 되어버린 민주주의의 가치를 이 책을 통해 오롯이 조금이라도 세워볼 수 있는 계기가 되었으면 좋겠다.

온라인을 통해 보통권력(common power, Moises Naim), 대항권력(counter power)으로서 시민이 제대로 대접받는 계기가 더욱 확대되기 바란다. 온라인으로 인해 지배와 피지배의 대당 구조 폐기의 기회를 마련하고, 끊임없는 소통의 확장이 이루어지면 좋겠다. 투표가 아니라 추첨이 민주적인 수단일지 몰라도 현재로서는 선거만이 정치 변화를 위한 가장 현실적인 대안이며, 여전히 제도 과제를 해결할 수 있는 가장 현실적인 수단이다.

2017년 3월
조희정

목 차

표 목 차

그 림 목 차

제1장

온라인 선거운동으로 민주주의가 바꿀 수 있을까

온라인 선거운동과
참여 이론

1. 온라인 정치참여는 왜 등장했는가

시대에 따라 정치참여의 모습은 매우 다양하다. 산업사회에서는 보통선거권 확립, 즉 1인 1투표를 주장하는 노동조합과 시민단체의 조직적 참여가 주목을 받았지만 이제는 느슨한 연결로 네트워크를 형성하는 개인들의 참여에 주목하는 시대가 되었다. 대중정치·노동조합·정당의 시대로부터 연결된 개인·자발적인 자치·공동체 시대의 가능성이 확장되는 시대로 변화하고 있다. 이와 같은 변화가 나타난 이유는 기술, 행위자, 가치가 달라지고 있기 때문이다.

첫째, 기술적 측면에서, 온라인(online)[1] 기술로 인해 참여 공간이 확대되면서 참여가 쉬워졌다. 그러한 점에서 온라인 공간의 정치적 활용에 있어서 최고의 가치는 '참여'에서 시작한다. 과거의 매스미디어(mass media, old media)인 신문, TV, 라디오 환경에서는 다수

---

[1] 이 책에서의 온라인(online)은 네트워크에 연결된 상태로서, 유선 웹과 무선을 모두 포괄하는 공간을 의미한다. 따라서 특별히 고유명사로 지칭하는 별도의 경우를 제외하고는 인터넷, 웹 2.0, 소셜 미디어, 모바일 공간을 모두 포함하는 의미이다.

의 즉각적인 참여가 어려웠다. 그러나 소통성이 강한 인터넷과 같은 뉴미디어(new nedia)[2] 환경에서는 시공간을 초월하여 다수가 즉시 참여할 수 있게 되었다.

신문을 읽고 의견이 있을 때 독자투고를 하거나 광고하기, TV를 보고 시청자 참여하기, 라디오에 사연 보내기와 같은 참여 행태에 비하면 뉴미디어 환경에서의 참여는 너무 쉽다(더구나 매스미디어 환경에서 참여한다고 해서 모두 채택되는 것도 아니다). 뉴미디어 환경에서 자신이 원하는 곳 어디에나 의견을 올리고 사람들과 토론하고 토론이 심화되면 참여할 수 있는 상황이 되었다.

미국 시애틀 反WTO 집회(1999년), 멕시코 사파티스타(Zapatista) 농민 봉기(2001년), 우샤히디(Ushahidi, 2007년), 아이슬란드 키친웨어(kitchenware) 혁명(2009년), 월스트리트 점령시위(Occupy Wall Street, 2011년), 아랍의 봄(Arab's Spring, 2011년), 영국 런던 폭동(2011년), 스페인의 인디그나도스 운동(Indignados, 2011년), 터키의 게지공원 저항(Gezi Park protests, 2013년), 우크라이나의 유로마이단(Euromaidan, 2013년), 홍콩의 우산 혁명(Umbrella Revolution, 2014년), 대만 해바라기 운동(Sunflower Movement, 2014년)과 같은 사회운동과 혁명 사례뿐만 아니라 한국 대선(2002년), 프랑스 대선(2007년), 미국 대선(2008년, 2012년, 2016년), 독일 연방선거(2009년), 영국 총선(2010년, 2015년), 러시아 대선(2012년) 등은 이 책의 연구대상인 1996년 이후부터 등장한 온라인의 다양한 정치참여 사례들이다.

---

2) 올드 미디어로서 매스 미디어와 온라인 뉴미디어의 차이는 소통성에 있다. 즉, 올드 미디어를 통해서는 정보제공자와 정보수용자 간의 대화가 어렵지만 온라인 뉴미디어에서는 누구나와 대화가 가능하다는 것이 가장 큰 차이점이다.

집단행동, 다수의 능력자들이 활동하고 있는 온라인 커뮤니티 (online community) 활동, 온라인 공간에서 정당이 제공하는 의견수렴과 정보제공 활동 그리고 정부의 정보공개와 ICT 대민 서비스 등은 모두 기술이 매개가 되어 나타난 새로운 현상들이다. 클릭 한 번만으로 세계에서 일어나고 있는 뉴스와 활동을 접할 수 있고, 소셜미디어에 들어가면 평소에 만나기 어려운 사람들을 몇 백 명이나 만날 수 있다는 것은 사소한 일이 아니다. 기술 중독과 편향적 정보습득 등의 문제점이 제기되지만 그럼에도 불구하고 좋은 일, 의미 있는 일, 재미있는 일을 할 수 있는 기회는 온라인 공간에서 무궁무진하게 진행되고 있다.

권위주의 시대의 참여는 국민이 자유롭게 발언하고 정치적 요구를 주장하는 것이 매우 어려웠기 때문에 죽어 있는 가치였다. 그러나 인터넷은 소외되어 있던 시민에게 새로운 기회를 제공하였다. 온라인 공간이 형성되어 그 안에서 수많은 정보가 제공되고, 나름의 관심사를 기반으로 커뮤니티와 게시판이 형성되어 자유롭게 의제를 제시할 수 있게 되었다.

둘째, 행위자 측면에서 참여를 중요하게 주장하는 시민의 힘이 더욱 강력해졌다. 1987년 민주화 이후 사회의 경직성이 완화되고 시민 중심의 진정한 민주주의가 구현될 수 있을 것이라는 기대감이 형성되면서 참여 가치가 사회 전면에 등장하였다. 시민단체의 형성과 결사체의 움직임도 활성화되었다. 민주화가 되었으니 참여가 증가하는 것이 당연하고 또 그래야만 한다는 주장과 연구가 제기되었다.

그러나 2000년대 초반 인터넷이 보편화되면서 참여는 단순히 쉽게 획득할 수 있거나 주어진 가치가 아닌 진지한 성찰과 지속적인 노력에 의해 성취되어야 하는 가치로 재평가되었다. 여전히 참여는 달성된 후에 안심할 수 있는 고정된 목표가 아니라 지속적으로 끊임없이 고민해야 하는 '유동적인 생활정치의 주제'로 작동하고 있다.

보통선거권 확립 이후 시민의 관여 범위 확대, 고등교육에 의한 시민의 관여력(empowerment) 신장, 네트워크 사회에서 연결된 개인의 위력 등 양적·질적으로 시민의 힘이 증가해왔다. 특히, 인터넷을 통한 시민의 정보접근 능력·토의 능력·의제생산 능력이 신장하면서 정당과 정부와 같은 기존 대의민주주의 행위자들에게 의존하지 않고, 시민 스스로 토의와 의사결정 기반을 확보하는 직접민주주의와 협의민주주의(deliberative democracy)의 정당성이 강화되고 있다. 이제, 정부와 정당은 오프라인의 대중(mass)뿐만 아니라 온라인의 공중(public)의 요구에 대해 신속하고 정확하게 반응해야 하는 시대가 되고 있다.

셋째, 가치의 측면에서는 물질주의에 대한 성찰이 이루어지고 있다. 근대 사회의 경제성장 담론은 탈근대 사회의 물질주의 가치 성찰로 변화하고 있는 것이다. 경제적 측면에서 상당 기간 동안, 절대빈곤이 부의 축적을 정당화했다면, 이제는 부의 축적 외의 다양한 삶의 목표와 의미 성찰의 필요성이 제기되고, 획일적 목표 추구가 아닌 다양성의 추구가 시도되고 있다. 잉글하트(Inglehart)는 이에 대해 탈물질주의 시대로의 도입을 선언했지만 물질주의에 반(反)하는 탈물질주의에 머무르기보다는 다양한 가치를 인정히는 한편, 물질주의에 대한 근본적인 성찰 가치가 제시되고 있는 것이다. 즉, 물질주의를 탈피한다면 왜·어떻게 탈피할 것인가가 중요한 화두로 제시되고 있는 것이다. 그런 점에서 현재를 '탈물질주의 시대'보다는 '물질주의 성찰의 시대'로 규정하는 것이 더 적절할 것이다.

이와 같이 온라인 정치참여가 중요해진 기술·행위자·가치의 변화는 다음 <표 1-1>과 같이 정리할 수 있다.

<표 1-1> 온라인 정치참여의 배경

구분	근대사회	네트워크사회
기술	○ 소수 엘리트 중심주의 - 지식과 자원의 독점	○ ICT 공동체주의, 다수의 공유사회 - 네트워크로 연결된 개인의 사회적 기술
행위자	○ 제도 중심주의	○ 시민 중심주의 - 제도보다 빠르게 변화하는 사회
가치	○ 물질 중심주의	○ 가치 다양성의 시대 - 탈물질주의를 넘어선 물질주의 성찰

2. 왜 참여하는가

정치참여는 시민참여의 범위 내에 포함되는 개념이다. 일반적으로 시민참여는 '시민사회의 쟁점과 문제를 위해 함께 논의하며, 문제 해결을 위해 함께 협력하는 행위'를 의미한다(강내원, 2004: 119). 시민참여의 일부로서 정치참여는 '시민이 정부 인사를 선출하거나 이들이 결정하는 정책에 직접적인 영향을 줄 목적으로 취하는 행동'이며, 시민들의 정치기구나 제도와의 관련성이 있는 행위이다. 이 모든 과정에 ICT가 활용되면 온라인 정치참여라고 규정할 수 있다.

시민참여의 특수 형태로서 정치참여는 관습적 참여(conventional participation)와 비관습적 참여(unconventional participation)로 이루어지는데, 관습적 참여는 '지배적인 정치 문화에 따른 합법성과 수용성에 근거하여 체재 내에서 합법적이고 정당하다고 인정되는 참여'로서 투표행위, 선거유세활동, 공동체행위, 개별적 접촉행위 등을 포함한다(Verba & Nie, 1972). 이에 비해 비관습적 참여는 단순한 의례적 행위 및 불법 행위를 의미한다(Milbrath & Goel, 1977; Verba, Schlozman, & Brady, 1995).

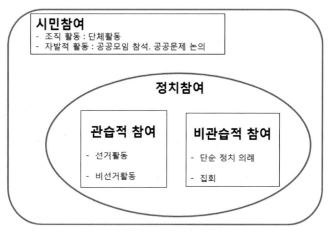

<그림 1-1> 참여의 범주와 종류

참여이론들은 모두 누가, 왜 참여하는가에 대해 나름대로의 설명을 제시하고 있다. 이와 같은 참여이론은 5가지 정도로 구분할 수 있는데 사회경제이론, 합리적 선택론, 사회자본론, 디지털 참여이론, 학습이론이 그것이다(이하의 다섯 가지 이론은 윤영민·김동욱·조희정, 2007: 99~111).

첫째, 사회경제이론은 오랫동안 선거 정치참여를 설명하는 데는 유력한 이론 중의 하나로서, 시간·돈·지적 능력 등의 자원을 갖춘 사람들이 그렇지 않은 사람들보다 높은 수준의 자아실현욕구 혹은 통제욕구를 충족시키기 위해 참여할 가능성이 높다고 예측한다 (Verba & Nie, 1972). 사회경제적 이론이 오직 참여비용만을 인과 고리를 간주하는 것은 아니지만 많은 경우 참여비용을 중심으로 정치참여를 접근한다. 정치참여에는 비용이 들고, 그 비용을 감당할 여유가 있는 부류의 사람들이 정치에 참여한다고 가정한다. 그래서 이 접근방법은 시민들을 자원보유 수준에 따라 범주화하여 정치참여를 분석하거나, 참여 비용 수준에 따라 정치참여를 유형화하여 분석한다. 반면, 이러한 접근법은 누가·왜 참여하는가에 대해서는 심층 분석이 부족한 면이 있다.

둘째, 합리적 선택 이론은 정치적 관심이 높은 사람들이 그렇지 않은 사람들보다 참여할 가능성이 높다고 예상한다. 정치적 관심이 높은 사람들은 그렇지 않은 사람들보다 참여로부터 높은 심리적 혹은 사회적 보상을 기대할 수 있기 때문이다. 이를 구체적으로 측정한다면 평소에 뉴스를 많이 보는가, 주변 사람들과 정치적 대화를 많이 하는가, 주요 정치적 사건에 대해 관심이 있는가 등의 의식조사를 통해 정치적 관심도를 평가하여 다양한 형태의 참여가 이루어지는가를 측정할 수 있다.

유인(incentive)을 중심으로 정치참여를 보는 합리적 선택 이론의 관점에서 보면 의제를 스스로 결정하는 참여는 유인이 가장 높고, 다른 사람들이 정해놓은 의제를 따라가야 하는 참여방식들은 유인이 낮다. 한편, 다운스(Downs, 1957)는 정치참여 결정이 참여 비용과 편익 비교를 통해 이루어진다고 보았다. 즉, 인터넷을 통해 일반 유권자들의 정보처리비용이 획기적으로 낮아짐으로써 정치참여가 활성화될 수 있는 것이다(신현기·우지숙, 2011: 48).

셋째, 사회자본론은 사회적 관계가 활발한 사람들이 그렇지 않은 사람들보다 참여할 가능성이 높다고 예상한다. 혹은 참여자들 중 적지 않은 사람들이 주위의 권유를 받았을 것이라고 예측한다.

넷째, 온라인 참여 이론은 온라인 공간에서 활동이 활발한 사람들이 그렇지 않은 사람들보다 참여할 가능성이 높다고 예측한다. 이 이론은 온라인 공간의 다양한 활동의 질적 차이를 크게 인정하지 않는다. 즉, 온라인 정치참여에서 정치가 아니라 참여에 방점이 찍혀 있기 때문에 참여가 정치적 성격인가 아니면 비정치적 성격인가는 별로 중요하지 않다.

다섯째, 학습이론은 정치 관련 온라인 서비스 이용자들이 갖게 되는 심리적 효과에 주목한다. 온라인 정치정보 이용에는 거의 비용이 들지 않기 때문에 이용자는 손쉽게 관심을 끄는 서비스를 방문하여 시험적으로 이용해보고 그 서비스의 지속적인 이용 여부를 결정하게 된다. 만약 시험적 이용이 긍정적이었다면 정치적 효능감(political efficacy)이 높은 사람이 그렇지 않은 사람보다 참여할 가능성이 높다고 평가한다. 특히 다른 참여를 이미 해 본 사람들은 상대적으로 높은 정치적 효능감을 갖고 있을 것이기 때문에 또 다른 참여를 할 가능성이 높다.

3. 어떤 기준으로 온라인 정치참여를 분석하는가

온라인 정치참어에 대한 경험 연구에서는 기술 이용 여부, 기술정보 이용 정도, 정치정보 습득 경로, 정치참여 정도, 행위자 간 대화, 이념 및 정치적 가치, 행위자 간 신뢰도 등이 정치참여에 미치는 영향을 구분하여 온라인 커뮤니케이션 행위와 정치참여 간의 인과관계를 분석한다. 즉, 정치참여에 영향을 미치는 변수는 매우 다양하다. 단지 인터넷 정보를 보는 것만으로도 행동할 수 있고, 습관적인 클릭으로 참여가 이루어지는 경우도 있으며, 친구 따라 강남 가는 식으로 다른 사람이나 커뮤니티 내 행위를 따라하는 것도 모두 정치참여의 원인이 된다.

2005년 웹 2.0 서비스 등장 이전에는 행위자 간 의사소통이 주로 이메일이나 BBS(Bulletin Board System, 사설 게시망)를 통해 매우 직접적으로 이루어졌기 때문에 2000년대 초기 연구결과의 결론은 대화가 참여를 증진시킨다는 연구가 많이 나타나고 있지만, 2000년대 중반 이후로는 소셜 미디어나 모바일 등 대화 채널이 다양해지고 차이를 구분하기 어려울 정도로 보편화되었기 때문에 대화가 참여를 촉진시킨다고 단언하기 어렵다고 평가한다.

아울러 오프라인에서의 정치참여와 온라인에서의 정치참여는 맥락과 특성이 상이하다는 문제제기도 있다(안명규·류정호, 2007). 이들은 투표, 자원봉사활동 등과 같은 오프라인 정치참여와 독립적으로 온라인 정치참여가 존재한다고 주장하며 이를 '담론적 참여(discursive participation)'라는 개념으로 설명했다(Delli Carpini et al., 2004). 이러한 담론적 참여를 박선희는 '컴퓨터 매개 정치참여'로 개념화하고 그 유형을 정치활동 감시, 정치의사 전달, 정치토론, 집단활동 등 네 가지로 분류했고, 강상현은 개인적 수준에서 정보습득과 의견형성, 집단적 수준에서 정치토론과 정치행동 등 네 가지로 분류했다(신현기·우지숙, 2011: 49~50).

초기에는 주로 매스미디어와 인터넷의 영향력 비교, 개인적인 정치정보 습득 과정, 정치적 이용의 속성, 온라인미디어 이용자의 정

치적 영향력에 대한 찬반 연구나 양적인 규모 파악에 대한 연구, 온
라인 변수보다 사회경제적 속성 변수나 심리적 요인과 같은 오프라
인적 변수에만 초점을 둠으로써 온라인 변수의 정치적 잠재효과가
과소평가되거나 정치참여에 미치는 인터넷 또는 온라인 고유의 정
치적 효과 규명에만 치중함으로써 오프라인 변수와의 유기적 연관
성에서 비롯되는 중층적·복합적인 효과를 제대로 부각시키지 못했
다는 한계가 나타났다(유석진·이현우·이원태, 2005: 142).

그러나 시간이 지나 다양한 종류의 온라인 서비스들이 나타나 정
치문화적 활용이 다변화되면서 (공급자로서의 정치인이나 정당의
미디어 이용이 아닌) 미디어 수용자 참여행태의 다양성과 미시적인
행위자 간 신뢰관계의 영향력, 오프라인과의 관계 및 정치적 관여력
등 질적인 지표에 주목하게 되었다. 특히 최근에는 행위자 간 신뢰
와 정치참여 관계 연구가 정교해지는 특징이 나타나고 있다.

1) 정치정보 습득 정도

기존 연구에서는 온라인 이용자들이 한 종류의 서비스만 배타적
으로 이용하는 것이 아닌 다중매체 이용자라는 점을 강조하였는데,
수동적인 정보 소비에 그치는 매스미디어 이용행태에 비해 관여력이
높은 인터넷의 경우 일상적이고 습관적으로 이루어지는 정보추구
행위로서 '목적의시저인 습관(goal-driven habit, LenRios & Bentley,
2001)'으로 규정하고 정보습득과 정치참여(혹은 선거관심도)는 비례
관계라는 결론을 도출하였다(Wolfinger & Rosenstone, 1980; Brehm &
Rahn, 1997; Shah et al., 2001a, 2001b; 은혜정, 2002; 강내원,

2004; 김무곤·김관규, 2004; 김용철·윤성이, 2004; 유석진·이현우·이원태, 2005; 이원태, 2007).

또한 온라인 커뮤니티 활동자일수록 (투표참여를 제외한) 정치참여도가 높다는 결과도 제시되어 있다. 이 연구는 온라인 커뮤니티의 성격이 정치적일수록 여타 네티즌 집단보다 훨씬 정치참여도가 높다는 주장도 전개하였다(조성대·정연정, 2006: 55).

정치정보 습득 정도에 대한 초기의 연구는 정치정보원으로서 홈페이지 방문, 포털의 뉴스 정보나 인터넷 언론에 중심을 둔 반면(유석진·이현우·이원태, 2005), 후기로 갈수록 집단으로서의 온라인 커뮤니티나 소셜 미디어에서의 관계로 인한 정치정보 습득에 주목하는 경향이 나타나고 있다(송경재, 2011; 윤성이·김주찬, 2011; 조진만, 2011).

나아가 온라인 정치정보의 습득은 일상화되었다는 연구도 제시되어 있다(송경재·민희, 2009). 한편으로는 온라인으로 인한 정치정보 습득경로의 다양화와 범위의 확장만큼 정치정보와 선거관심도의 상관관계도 정치변화 차원에서는 중요한 종속변수라고 볼 수도 있다. 즉, 정치정보의 양을 측정하는 것만큼 습득된 정치정보의 질을 어떻게 측정할 것인가의 문제에 대한 중요성이 높아지고 있다.

2) 의식

초기 연구에서는 인터넷이 신세대들의 정치참여를 유인하는 효과를 지니고 있다는 점에서 장기적으로 동원론적 시각이 설득력을 가질 수 있다는 전망이 제시되었다(김용철·윤성이, 2004: 200). 좀 더 세분화하여서는 인터넷 커뮤니티의 활동여부가 이들 집단 간 투표

참여를 결정하는 요인으로 분석되거나(정연정·조성대, 2004) 정치
사이트 방문과 같은 온라인 정치활동이 투표참여에 긍정적인 영향
을 미친다는 분석이 제시되었다(Tolbert & Mcneal, 2003; 강내원,
2004; 김무곤·김관규, 2004; 김용철·윤성이, 2004; 이원태, 2004;
유석진·이현우·이원태, 2005; 윤성이, 2006, 2008).

온라인과 오프라인의 정치정보 및 정치참여의 상관관계에 대한
구조방정식(structural equation with latent variable) 분석 모형은 <그
림 1-2>와 같은데, 이는 온/오프라인의 정치정보습득과 온/오프라인
의 정치참여 행태 간 상관관계를 분석한 모형으로서 오프라인과 온
라인 정보의 직접효과, 간접효과, 총 효과를 구분하여 분석할 수 있

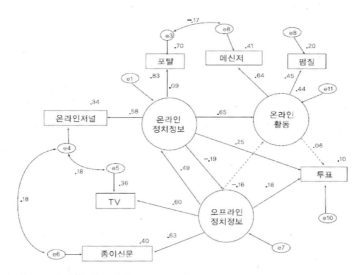

* Chi-square=7.670(6 df), p=.263
* ──────── : p<.05,   -------- : p>.05

* 자료: 유석진·이현우·이원태(2005: 157)

<그림 1-2> 온라인과 오프라인의 정치정보 및 정치참여 분석모형

는 장점이 있는 모델이다.

한편, 최근 들어서는 의식·행태·이용 서비스를 세분화하거나 단순 인터넷 이용량뿐만 아니라 커뮤니티 활동 여부, 커뮤니티의 성격과 정치참여도와의 관계를 분석하는 연구경향이 많이 나타나고 있다(조성대·정연정, 2006). 이러한 연구들은 뉴미디어 이용자일수록 정치의식[3])이나 정치참여도가 높다는 연구결과를 제시하였다(윤성이, 2008; 송경재, 2011; 윤성이·김주찬, 2011; 조진만, 2011; 홍원식, 2012). 반면, 소셜 미디어 이용의 정치참여 효과는 제한적이라는 연구결과도 제시되었다(이창호, 2012).

실제 측정에 있어서는 민주주의 가치와 정치적 관용은 기술세대 집단 간 유의미한 차이를 보이지 않기 때문에 종속변수에서 제외되고, 일반적 정치효능감, 정치참여 효능감, 시민성의 특성으로 구분될 수 있다(윤성이·김주찬, 2011: 139). 웹 1.0 세대와 소셜 네트워크 세대 간 정치참여 차이를 비교한 연구에서는 표본의 특성으로서 소셜 네트워크 세대일수록 남성이 많고, 저연령층이 많으며, 학력이

* 자료: 윤성이·김주찬(2011: 138)

<그림 1-3> 시민의식 개념의 구성

---

3) 윤성이·김주찬은 정치의식의 하위 지표를 시민성과 으로, 사회의식의 하위 지표를 공동체의식으로 구분하였다(윤성이·김주찬, 2011: 134).

상대적으로 높고, 고소득층이라는 특징이 나타났다.

이들은 생물학적으로 동일한 세대라 할지라도 기술활용방식에 따라 다른 시민의식을 갖고 있으며, 소셜 네트워크 세대일수록 시민의식이 높은 것으로 나타났다. 정치의식 역시 소셜 네트워크 세대가 높았으며, 시민의식과 마찬가지로 생물학적 연령보다는 기술활용의 행태가 더 큰 영향을 미치는 것으로 나타났다.

<표 1-2> 시민의식 변수의 지표 설정

차원		지표
정치 의식	정치효능감(일반)	정치는 복잡하고 이해하기 어려우며 나와 상관없는 것으로
	정치효능감(참여)	시민단체 주도의 대중 시위에 참여하기
		나의 이익을 가장 잘 대변하는 정치 후보자에게 투표하기
		주정부나 정치관련 홈페이지 게시판에 글을 쓰거나 관련 정치인에게 이메일 보내기
		온라인 정치토론이나 게시판에 댓글 달기
		트위터 이용해 네티즌들에게 내 생각 전달하기
	자기실현적 시민성	나보다 못한 사람들을 돕기
		다른 사람들의 사고방식을 이해하기
		지역사회, 공동체, 시민단체 조직에 적극적으로 참여하기
	의무적 시민성	법과 규율을 준수하기
		세금납부 등 국민의 의무에 충실하기
		투표에 참여하기
사회 의식	공동체의식	공동체 이익과 개인의 이익 충돌 시 더 중요한 것

* 자료: 윤성이·김주찬(2011: 139)

한편, 웹 1.0 세대와 소셜 네트워크 세대는 자기실현적 시민성과 의무적 시민성[4]이 모두 높았지만 이 역시 소셜 네트워크 세대가 상

---

4) 달턴의 의무적 시민(Dutiful Citizen)과 관여적 시민(Engeged Citizen) 분류 참조(Dalton, 2008).

대적으로 더욱 높았다. 다만 소셜 네트워크 세대는 의무적 시민성보다는 자기실현적 시민성이 월등이 높게 나타났다는 것이 특징이다. 아울러 이러한 결과는 정치효능감에 있어서도 마찬가지였다(윤성이·김주찬, 2011).

<표 1-3> 시민성 측정 문항

구분	측정 문항
의무적 시민성	법과 규율 준수하기
	세금납부 등 국민의 의무에 충실하기
	투표에 참여하기
자기실현적 시민성	나보다 못한 사람들을 돕기
	다른 사람들의 사고방식을 이해하기
	지역사회, 공동체, 시민단체 조직에 적극적으로 참여하기

* 자료: 윤성이·김주찬(2011: 144)

또한 소셜 네트워크 세대는 (웹 1.0 세대에 비해) 적극적으로 선거에 참여하며(특히 40대), 길거리 정치에도 적극적인 것(특히 20~40대)으로 나타났다. 공간에 있어서는 오프라인 관습 참여, 온라인 비관습 참여, 온라인 관습 참여, 오프라인 비관습 참여 순으로 참여도가 높은 것으로 나타났으며, 이에 비해 웹 1.0 세대는 오프라인 관습 참여, 즉 투표에만 참여할 뿐 그 외의 공간에서의 참여도는 상대적으로 매우 낮은 것으로 측정되었다(송경재, 2011).

한편, 인터넷 서비스 이용도+인터넷 정보 취득+스마트폰 이용 유무+정치인과 소셜 네트워크+정치 관심+성별+연령+이념 지향+학력+소득 수준을 조합하여 정치참여도라는 복합적인 지표로 구성할 수도 있다(조진만, 2011: 280). 정보습득, 대화부터 의견제시까지 포함하는 이러한 복합적 지표 구성은 향후 정치참여도 구성에 한국적 지표라는 특성을 포함할 수 있을 것으로 기대된다. 또한 현재에는 초기의 정보습득과정이 소셜 미디어 등장으로 인해 더욱 복잡하게 전개됨으로써 사회연결망 분석에 의해 역동적인 분석이 보완되어야 한다는 과제도 남아 있다.

3) 이념 및 가치

대부분의 연구에서는 네티즌과 비네티즌을 비교할 경우 네티즌의 진보성향과 진보정당에 대한 지지가 훨씬 많은 것으로 나타나거나 진보적일수록 정치참여에 적극적인 것으로 나타났다(김용철·윤성이, 2004; 정연정·조성대, 2004; 유석진, 2004; 유석진·이현우·이원태, 2005: 162; 조진만, 2011: 284). 그러나 18대 총선과 같이 대안의 부재로 인해 보수후보를 선택한 것인지 실제 보수화된 것인지 여부를 밝히기 어려운 경우도 있다(송경재·민희, 2009: 86). 즉, 젊은 세대가 이용하기 쉽다는 속성상 온라인 이용자들은 진보적이라는 분석과 시간이 흐를수록 진보와 보수 이용자 규모의 균형이 이루어지면서 보수의 반격 혹은 진보와 보수의 갈등에 대한 연구로 진행되고 있다.

안명규와 류정호는 온라인 참여만의 독특성을 분석하기 위해 온라인 이용자들의 정치심리변수인 탈물질적 가치(post-material value, Inglehart, 1977), 자아강도(personality strength), 정치효능감, 정치만족도(political satisfaction)를 중심으로 분석하였다(안명규·류정호, 2007: 116).

물질주의자들은 경제·개인적 안전에 관심이 있는 반면, 탈물질주의자들은 자기표현, 커뮤니티 소속감, 환경의 질에 가치를 둔다. 또한 탈물질주의자들은 정치참여를 새로운 탈물질적 가치에 기반하여 기존 사회를 변화시키는 수단으로 간주하는 반면, 물질주의자들은 주로 현상 유지에 관심이 있다. 소티로비치와 맥리오드(Sotirovic & McLeod, 2001: 274)는 가치와 미디어 이용 및 대인커뮤니케이션과의 관계에 대해 연구하며, 탈물질적 가치 정향의 사람들은 적극적으로 뉴스 정보를 이용하고 정보를 맥락화하고 동원한다는 연구결과를 제시하였다. 이러한 연구결과는 탈물질적 가치가 온라인 정치참여를 설명할 수 있는 매우 유력한 변수임을 나타낸다. 특히 인터넷이 기존의 보수화된 매체에 대한 대안적 커뮤니케이션 기능을 수행하는 측면이 강하기 때문에, 정치참여를 기존 사회를 변화시키는 수단으로 간주하는 탈물질적 가치 개념은 더욱 유효하다(안명규·류정호, 2007: 117, 120).

'자아강도'는 자신감과 여론주도가 합쳐진 말로써, 다른 사람들의 의견을 형성하는 데 자신감을 보이고, 사회적 정치적 결과물에 영향을 미치고, 삶에 대한 만족도가 높으며, 그들이 속한 커뮤니티에 보다 많은 관여를 하는 성향을 의미한다. 노일레 노이만(Noelle-Neumann, 1999)은 수용자의 선유경향적 특성으로 인해 자아 강도 개념이 정치적 행위와 사회자본의 연구에서 중요한 변수임을 주장했고, 이에 대한 검증이 사(Shah et al., 2005) 등의 연구에서 이루어졌다. 자기선택성이라는 인터넷의 매체적 특성과 아울러 인터넷 공간이 새로운 여론형성의 장이라는 점을 감안할 때 적절한 성향 변수라고 할 수 있다(안명규·류정호, 2007: 117, 121).

'정치효능감'은 정치참여에 영향을 미치는 개인적인 요소들을 포괄적으로 담고 있는 개념으로 오프라인의 정치참여를 설명하는 핵심적인 심리 변수이다. 이를 처음 도입한 캠벨 등은 "정치·사회적 변화는 가능하며, 개별 시민은 이런 변화를 가져오는 데 있어 일정한 역할을 수행할 수 있다고 느끼는 감정"으로 정의했다(Cambell, Gurin & Miller, 1954: 188). 이들은 다섯 가지 질문에 대해 5점 척도의 동의 여부를 측정한 후, 정치효능감이 유권자들의 정치참여와의 상관관계에 긍정적으로 작용하며, 유권자의 인구사회학적 변인에 의해 영향을 받는다고 주장했다(반현·이현주, 2011: 14).

한편, 헤스(Hess, 1971)는 정치효능감의 개념적 구성요소로서 세 가지를 제시하였는데, 첫째, 정치체제 및 그 대리인에 대한 신뢰감, 둘째, 자신이 그 체제를 조절하고 처리할 수 있다고 생각하는 확신, 셋째, 정치체제로 하여금 그에 대한 반응을 보이도록 강제할 수 있다는 믿음이 그것이다(권혁남, 2011: 132에서 재인용). 정치효능감은 투표행태에 영향을 미치는 것으로 평가되고 있다. 반두라는 정치효능감이 투표율에 영향을 미친다고 주장했으며(Bandura, 1986), 리차드슨도 정치효능감을 가진 시민은 정치 과정에 더 많이 참여한다고 주장했다(Richardson, 2003). 또한 반두라는 정치효능감은 투표율에 있어서 정치적 소외보다 더 높은 관련성을 가지며, 투표 등 정치참여율을 높이고, 조직구성원을 단결시키는 역할을 한다고 말했다(Bandura, 1993).

정치효능감은 정부나 정당이 시민의 요구에 잘 반응한다는 믿음으로서 외적인 정치효능감(external political efficacy)과 시민들 자신이 정치적 결정을 이해하고 효과적으로 기여할 수 있는 능력이 있는 믿음으로서 내적 정치효능감(internal political efficacy)으로 구분한다. 내적 정치효능감은 민주주의에 개인들의 역할의 중요성을 초점을 맞추며, 외적 효능감은 개인이 정부에 대한 효과적이며 대응적인 능력에 관한 신념에 연결된다(Niemi, Craig & Mattei, 1991). 선행 연구들은 높은 내적 효능감은 정치참여의 충분한 요소임을 증명해왔다(이정기·금현수, 2012: 167). 또한 외적 정치효능감과 내적 정치효능감은 매우 높은 상관관계를 갖고 있는 것으로 나타났다(Tedesco, 2011).

특히, 정치효능감은 전통적으로 미디어 이용과 관련이 깊다는 선행 연구결과들이 존재하는데, 정치관여도가 높은 유권자들의 경우, 선거 관련 정보나 이슈에 관심을 더 많이 갖고, 이에 대한 정보를 적극적으로 접하려는 경향이 높다고 한다(Reagan, 1996). 인터넷은 낮은 거래 비용, 편재성, 시공간 제한을 극복한 매체로 시민들이 보다 손쉽게 정치에 참여할 수 있게 해준다(안명규·류정호, 2007: 117~118).

'정치만족도'는 정치참여에 영향을 미치는 심리적 태도 중의 하나이다. 기존 연구에서 정치적 만족도와 통상적 정치참여의 관계는 불명확하다. 그러나 바네스와 카제(Barnes & Kaase, 1979)를 중심으로 한 연구에 의하면 정치적 저항을 중심으로 하는 비통상적 정치참여에 있어서 정치적 불만은 참여행위를 촉발할 수 있는 것으로 나타났다. 따라서 인터넷이 가장 현실적인 대안 커뮤니케이션 채널이라는 점을 감안할 때, 정치만족도는 인터넷 정치참여를 설명할 수 있는 심리변수로 의미를 가진다(안명규·류정호, 2007: 118).

온라인 정치참여 유형

온라인 참여는 다양한 방식으로 진행된다. 단순하게 클릭하여 정보를 보는 것도 노력은 많이 들어가지 않지만 어쨌든 참여이다. 관심이 없는데 글을 읽게 되는 것은 아니기 때문이다. 또한 홈페이지든 블로그든 트위터나 페이스북 혹은 유튜브이든 그 미디어를 어느 정도 신뢰하기 때문에 필요한 콘텐츠를 찾아보고 보게 되는 것이다. 나아가 열심히 의견을 제시하고 사람을 모으고 정책의 변화까지 요구한다면 이는 매우 노력이 많이 들어가는 적극적 참여라고 평가할 수 있다. 연구자들은 이러한 참여를 이용자의 관여도에 따라 유형화하고 구분하였는데 가장 대표적인 것이 풋과 스나이더의 3단계 참여 모델이다(Foot & Schneider, 2002 참조).

첫째, 공동생산(coproduction) 단계로서 원거리 행위자들이 온라인에서 접근 가능한 디지털 자료를 공동으로 생산하는 것이다. 이용자 개인이 생산하지만 여기에 다른 사람의 생산물이 더해지고 콘텐츠가 늘어나면서 온라인 공간은 더욱 풍부해진다.

둘째, 동원(mobilization) 단계이다. 이때에는 다양한 방식으로 유권자를 설득하고 그 유권자가 다른 유권자를 설득하도록 이끄는 단계이다. 과거의 참여에서는 공급자나 소수 엘리트들이나 정부와 정당과 같은 제도적 행위자에 의해 일방적인 동원이 이루어졌다면 이제는 면대면의 관계가 아닐지라도 공감하거나 의지를 표출한 연결된 다수의 수평적 동원이 연결되고 이는 글로벌 연대로 형성되기도 한다.

셋째, 카니발(carnival) 단계는 기존의 정치사회적 관습, 규범, 위계를 거역하는 다양한 방식의 온라인 활동으로서 전통적인 방식으로 희롱이나 모욕, 욕설적인 유머, 풍자, 모사, 금기(taboo) 그리고 기존 위계를 깨는 다양한 표현과 방식의 적용을 의미하는 것으로 경성 정책제안 유형보다는 패러디와 같은 연성 정책제안 유형 혹은 연성 의사표현 유형이다. 즉, 어떤 방식으로든 표출이 이루어지지만 그것이 서명, 집회와 같은 고정된 방식이 아니라 유연한 문화적 참여를 형성하게 된다는 사실이 중요해진다.

2002년에 이어 2006년에 스나이더와 풋은 하향식(top-down) 모델과 상향식(bottom-up) 모델이라는 대조적인 모델을 발전시켜 앞서 제시한 3단계를 정보제공, 관여, 연계, 동원의 4단계로 구성하였다 (Schneider & Foot, 2006). 여기에는 2단계로 제시한 동원 단계가 관여와 연계 단계로 분화되어 네트워크 사회에서의 연결성이 매우 중요한 요소로 포함되었다. 즉, 다수의 결집이 가능한 것은 그저 기계적으로 결집하기 때문이 아니라 약한 연대에 의한 상시적이고 일상적인 연계에 의해 가능하다는 것이며, 이러한 현상은 집단지성 혹은 크라우드로 표현되기도 한다.

한편, 풋과 스나이더 외에 대표적인 구분방식으로 워드와 깁슨이 제시한 방식은 정당의 선거운동 단계를 구분한 것으로서, 정보제공,

네트워킹, 표적 선택적 활동, 상호작용을 통한 동원화, 그리고 자율성을 통한 기존 매체 우회활동의 다섯 가지를 들 수 있다(곽진영·고선규, 2006: 154 재인용).

국내 연구에서는 온라인 선거운동을 정보형, 대화형, 행동형으로 구분하기도 하고(김용철·윤성이, 2005; 김도경, 2008), 의제설정, 여론형성, 조직화, 동원으로 구분하기도 하는데(장우영, 2006), 대체적으로 풋과 스나이더의 유형이 세분화되거나 응용된 것이다.

온라인 공간이 아닌 현실 공간에서의 일반적인 참여 유형은 서명, (1인 시위 포함) 집회 참여, 단체조직화, 의견서 전달, 투표 등이 있다. 즉, 현실 공간에서의 참여는 시공간의 제약이 있는 대신에 현실변화를 요구하는 목적성이 강하게 나타난다. 이에 비해 온라인 공간의 참여는 일단 공간이 확대되었기 때문에 많은 사람에게 정보를 알리고자 하는 다양한 채널을 동원하는 정보제공형, 여러 가지 의제에 대해 대화하고 토론하는 대화형, 단지 시민단체와 같은 조직뿐만 아니라 정치인 팬클럽, 온라인 커뮤니티 등의 여러 형태를 조직하는 조직형 그리고 의제를 제시하는 의견제시형의 네 가지 유형으로 구분할 수 있다.

이와 같은 네 유형은 따로 분리되어 특정 시기에 나타나는 것도 아니고 정보제공형에서 의견제시형으로 발전하는 순차적인 발전 경로를 따르는 것도 아닌 서로 같이 나타날 수도 있는 복합적인 유형이다. 이 책에서는 이와 같은 네 가지 유형의 참여를 바탕으로 미디어에 의한 정보제공, 행위자의 결집, 개인과 집단의 의제설정유형을 집중적으로 살펴보고자 한다. 각 유형의 내용과 적용이론은 <표 1-4>와 같다.

유형	표현	내용	적용이론
정보제공	채널 확대	• 정보제공 경로 확대 • 채널 다양화를 통한 유권자 접점 확장 • 정치·선거 교육	미디어효과론
대화	대화와 토론	• 유권자 중심성 확대 • 정당과 정부의 대응성 활성화 • 빅데이터 여론 분석	네트워크론
조직화	결집과 연결	• 인적 자원 네트워크 확대 • 정치인 팬클럽 • 비정치 커뮤니티 참여 활성화	사회자본론
	모금	• 물적 지원 네트워크 • 크라우드 펀딩 • 롱테일 효과	
의견 제시	매니페스토	• 네트워크를 통한 의제 유통 • 투표독려운동 • 낙천낙선운동 등	역의제설정론
	검증	• 상대 후보 공격, 감시, 고발 • 온라인 사실 검증(Fact Check)	

이 모든 활동은 때로는 단계적으로, 때로는 동시다발적으로 진행되는데 사회의 긴급의제가 제안되는 경우, 중요한 사회 압력 사례가 발생하는 경우, 사안의 중요성이 매우 높다는 사회적 공감대가 형성되어 단계적 진행보다는 동시다발적 진행이 나타나는 것이 일반적이다. 즉, 일상적인 상황에서는 정보제공도 하고, 의견수렴도 하고, 네트워크도 하는 과정이 느슨하고 긴 시간 동안 형성되지만, 긴박한 상황에서는 정보제공과 동시에 의견수렴이 발 빠르게 진행되고 그에 따라 네트워크가 확장되는 모습으로 상황이 급변하게 된다. 이미 중동 혁명이나 월스트리트점령시위, 국내외 주요 선거운동사례 및 촛불집회 등에서 이와 같은 모든 미디어를 활용한 동시다발적인 참여행동사례가 나타난 바 있다.

1. 정보제공형 참여

온라인 정치참여의 가장 최초 형태 그리고 본원적인 시작은 정보 제공에서 시작한다. 일단 온라인 공간에서 무엇이든 보이고자 하는 것이 가장 최초의 단계이기 때문이다. 편집자(desk)로 대표되는 의제 선택(gatekeeping) 중심의 매스미디어가 일방적인 의제설정(agenda setting) 단계에 머물러 있다면, 온라인 공간에서 정보제공은 특정인 이 정보를 걸러서 제공하는 절차 없이 누구나 자유롭게 시공간을 초월하여 정보를 제공할 수 있다는 것이 장점이다.

정보제공이 어디에서 이루어지는가도 중요하다. 홈페이지의 정보 제공은 매우 인기가 높지 않는 한 이용자의 방문을 수동적으로 기다릴 수밖에 없다는 점에서 한정적이다. 즉, 아무리 좋은 정보를 제공하고 있다 하더라도 검색되거나 소문나지 않으면 빛 좋은 개살구에 머물러 있을 확률이 높다.

그러나 2000년대 중반 웹 2.0 서비스의 가치인 참여·공유·개방의 원칙을 수용한 소통성이 높은 소셜 미디어가 늘어나면서 온라인 공간의 정보제공은 매우 활성화되었다. 트위터와 페이스북으로 대표되는 소셜 미디어의 등장으로 인해 온라인 공간의 정보제공 공간은 급격하게 확장되었다. 트위터는 의제 중심, 페이스북은 인간관계 중심의 미디어로서 특징이 있으며, 트위터에서는 속보가, 블로그에서는 일상적인 자유로운 소재에 대한 이야기(storytelling), 페이스북에서는 강력한 의견 제시가 좀 더 효과적으로 '공유하기'를 유도할 수 있으며, 인스타그램(Instagram)에서는 사진과 같은 이미지가 중요한 정보제공 방식이 되는 등 다양한 정보제공 활성화가 이루어진다.

국내에서 유행하는 정보제공 미디어 유행의 흐름을 보면 홈페이지에서 블로그, 소셜 미디어, 모바일로의 변화가 나타나고, 텍스트로부터 이미지, 동영상으로 유행이 확산되는 특징도 보인다. 한편으로는 단지 검색하여 정보를 보는 수동적인 행위에 그치는 것이 아니라 매우 적극적으로 정보를 생산하고 유통하고 더 나아가 의견제시까지 할 수 있는 '판'이 형성된다는 점에서 민주적인 변화가 나타난다고 평가할 수도 있다.

<표 1-5> 정보제공 미디어별 특징

미디어	대표 서비스	특징
홈페이지	홈페이지	종합 정보 저장고
블로그	블로그	일상적인 이야기
소셜 미디어	트위터	속보생산, 의제의 네트워크
	페이스북	인적 관계의 네트워크
	유튜브	동영상 정보제공
	인스타그램	이미지를 통한 관계의 네트워크
모바일	메신저(카카오톡, 라인, 텔레그램)	일상 대화의 네트워크
	커뮤니티(카카오스토리, 밴드)	폐쇄적/목적적 네트워크
	앱	실시간 정보제공

이는 정보제공 공간이 확대된 만큼 행위자들도 변화한다는 것을 의미한다. 유권자 스스로 아래로부터의 정보제공(buttom-up informing)이 활성화되자 선거에 나서는 후보자도 위로부터의 정보제공(top-down informing)을 확대하게 되었으며, 시민단체 또한 여러 다양한 미디어를 통해 정보를 제공하여 시민과 만나고자 노력하게 되었다. 정보제공 확대 과정에서, 개인의 정보제공은 공간을 넘나들며 정보제공력을 강화하여 집단 결집이 이루어지는 온라인 커뮤니티에서부터 개

인으로의 전달을 목표로 하는 팟캐스트(podcast)까지 (매스미디어의 광역전달(broadcasting)이 아닌) 협송(narrow casting)이 가능해졌다.

많은 사실이 기록되고 폭로되었고 이러한 많은 정보는 그대로 온라인에 남아 언제든지 검색가능하게 되었다. (비록 현재까지 활발하게 이어지고 있지는 못하지만) 낙천낙선운동과 같은 시민단체의 정보제공을 통해 당선되지 말아야 할 후보자 명단과 과거 행적이 분명한 데이터로 제시되었고, 이는 선거에서의 당락에도 큰 영향을 미쳤다. 이에 대응하여 정당과 후보자는 자신의 정책과 성과를 더욱 홍보하고 잘못된 사실들을 부지런하게 교정하게 되었다.

많은 정치인들이 이제는 홈페이지 하나만 개설해서는 살아남기 어렵고, 블로그도 해야 하고, 트위터와 페이스북도 해야 하고, 익숙해질 만하니까 인스타그램이 나타났다고 투덜거리기도 한다. 그러나 온라인 공간에서 정보는 '존재' 그 자체이기 때문에 정보제공은 온라인 공간에 참여하고자 하는 누구나 기본적으로 접하게 되는 모든 참여유형의 기본형이다.

이렇게 정보제공은 단순히 모르는 사실을 알리는 차원을 넘어, 새로운 정보에 반응하는 행위자의 참여 양태까지 변화시키는 강력한 변화 동인으로 기능하게 되었다. 그러나 정보제공이 활성화된다고 해서 정보습득도 활성화되는 것은 아니기 때문에 이용자 관점에서 정보습득 양태가 어떻게 변화하고 어디에서 정보를 습득하게 되는가에 대해서는 매 시기마다 분석해야 한다. 각각의 상이한 정보제공 방식에 따라 제공 서비스를 선택하는 이용자들의 미디어 선택의 양상과 선택 원인을 분석해야 하는 것이다.

대개 이용자가 많거나 급증하는 인기 서비스는 당대의 새로운 정보제공 통로로 선택된다. 2000년대 초기의 홈페이지, 2000년대 중반의 블로그와 유튜브, 2000년대 후반의 트위터와 페이스북, 그리고 2010년대의 모바일 서비스 등이 대표적인 예이다. 물론 전 세계적인 기준으로 보았을 때, 국가마다 중요 정보제공 서비스는 시기별로 다르다. 우리나라의 경우 홈페이지, 유튜브, 소셜 미디어 사이에 온라인 커뮤니티와 포털 뉴스라는 독특한 한국형 온라인 서비스가 중요한 정보제공 통로가 된 반면, 미국과 유럽에서는 블로그와 같은 개인 미디어가 훨씬 인기가 좋다. 토착 서비스가 강한 러시아나 중국 역시 우리나라와는 상이한 서비스들이 각기 막대한 영향력을 미치고 있다.

매스미디어에만 제한되는 것이 아닌 다양한 통로를 통해 정보를 습득하면 정치정보에 대한 관심도 높아지고, 자연스럽게 투표 참여도 증가한다는 가설이 있다. 일종의 변화가설이라 할 수 있는 이러한 참여증진가설은 일단의 미래학자, ICT 서비스 제공자들이 주로 주장하는 내용이다. 또 다른 효과는 정치의식과 시민의식이 증가할 수 있다는 가설이다. 이 가설은 TV나 라디오를 보면서 수동적 행동에 머무는 시민이 아니라 스스로 정보를 찾아 습득하고 공유하면서 정보 생산·유통·확산을 주도하는 자발적이고 능동적인 시민이 된다는 것이다. 여전히 지상파 TV의 미디어 수용이 독점적이지만 미디어 환경이 다변화되는 상황에서 정보습득 매체와 수용자의 인식과 행태의 변화는 미디어 분야의 중요한 연구 과제이다.

이 부분에 대한 이론적 분석은 제2장의 미디어 효과론(미디어 수용이론)에서 논의하고자 한다. 2장에서는 미디어별 정보 이용자의 참여양상과 참여효과를 정리하며, 참여효과에 대한 이론적 논쟁이 제시하고 있는 쟁점을 검토하고, 정보제공형 참여에서 나타나는 특징을 분석한다. 흔히 좀 더 관여력이 높은 시민이 최신의 뉴미디어를 통해 촘촘한 연결망을 확장하고 있다는 것이 거의 정해진 대답이지만 그런 이상적인 상태에 한국 사회는 어느 정도 도달하고 있는가를 좀 더 많은 사실적인 자료를 통해 논증하고자 한다.

2. 대화형 참여

1) 보이는 대화와 여론

매스미디어가 지배적이던 시대에는 개인들의 대화를 외부로 보일 수 있는 방법이 없었다. 그저 뒷골목의 선술집에서의 이야기들이나 지인과의 사소한 수다로만 존재할 뿐이었다. 다양한 기관들의 의식조사 등을 통해 소위 '여론'이라는 것이 제시되긴 했지만 직접적인 내용이 아니라 디자인된 질문에 답한 내용만이 제한적으로 밝혀졌을 뿐이며, 따라서 의견의 배경과 내용 등 맥락이 그대로 살려진 날것의 생생한 대화가 외부로 보이는 것도 아니었고 다수가 지켜볼 수도 없는 상황이었다.

대화가 표현될 수 있는 창구가 없었기 때문에 실시간으로 여론을 파악하고 그것을 정책에 반영할 수 있는 방법도 없었다. 현재에도 정교한 샘플링(sampling)과 과학적 방법으로 여론조사가 이루어지고 있지만 상이한 조사결과와 예측성의 저하로 인해 여론이 올바르게 대표되고 있다고 평가하기는 어렵다.

그러나 온라인 공간에서는 여론의 일부를 볼 수 있게 되었다(모든 사람이 인터넷을 이용하는 것은 아니기 때문에 '일부'라고 표현할 수밖에 없다). 가장 대표적인 것은 (소셜 미디어에 게시되는 포스팅을 포함하여) 게시판의 게시글와 게시글에 대한 댓글이다. 게시글과 댓글이 여론으로 평가되다 보니 자기편의 사람을 고용하여 '알바(아르바이트)' 댓글로 자신에게 유리하게 인위적으로 여론을 '조작'하려는 시도까지 나타나게 되었다. 그러한 과정조차 온라인의 게시 콘텐츠가 여론으로서 중요해지고 있다는 사실을 반증한다.

TV 드라마나 영화 제작자와 배우들이 시청자의 게시글과 댓글의 위력에서 자유롭지 못하며, 가장 무서운 것은 '무플(댓글이 없음을 의미)'이라고 말하는 것처럼 정당과 정부 역시 보이는 여론에서 자유롭지 못하게 되었다. 여론이 아주 많이 나타나게 되었을 뿐만 아니라 아주 많은 여론을 누구나 볼 수 있게 되었다는 사실 때문에 정치권력 자체에도 변화가 일어났다. 즉, 온라인 공간의 확장을 통해 대화의 활성화와 대화에 대한 반응의 중요성이 나타난 것이다. 온라인 공간에서 대중들이 이야기하는 내용을 실시간으로 매스미디어가 보도하게 되었고, 그러한 대화 내용 가운데 새로운 의제가 제시되면 사실 여부와 현실에 미칠 파장에 대한 논란이 제기되었고, 대중의 관심이 높아질수록 제도의 대응성도 더욱 강력히 요구되기에 이르렀다. 개똥녀, 신생아실 학대, 군대에서의 문제 등 사소한 이슈부터 억울한 민원 나아가 사회문제에 이르기까지 많은 사실들이 온라인 공간에서 보여지고 외부로 알려지게 되었다.

이러한 대화가 모여서 빅데이터(big data)를 형성하면 실시간 여론 분석을 통해 참여 의제, 참여 정도, 참여의 실제 영향력을 측정할 수 있는 장점이 있다. 최근 온라인에서 진행되는 대화나 여론 측정을 위해서는 빅데이터 분석법이 각광을 받고 있다. 이 책에서 별도의 장을 할애하지 않았지만, 미디어 효과(2장), 행위자들의 참여 방식과 행태(3장), 시민사회로부터 제시되는 의제(4장)에서 그러한 분석 결과들을 적절한 부분마다 소개하였다.

한편, 2000년대 후반부터 2010년대 초반까지 4~5년간 트위터 여론 분석이 큰 기여를 하였지만, 이제는 페이스북으로 주요 소통 채널이 이동하고 있기 때문에 좀 더 진일보한 여론 분석 방법이 필요한 측면이 있다. 아울러 사회연결망분석(social network analysis) 방법을 통해 여론과 의제 분석에 대한 기법이 발달되어 오고 있지만 단지 상관관계 분석에만 머물 뿐 왜 그런 현상이 발생하는가 하는 심도 있는 인과관계 분석은 제시하지 못한다는 한계가 지적되고 있기도 하다.

2) 수평적 대화의 민주성

소셜 미디어와 모바일 메신저의 확산을 통해 온라인 공간의 대화가 폭발하고 있다. 마이클 홀퀴스트(Holquist, 1990)의 대화주의 (dialogism)에 소개된 바흐찐(Mikhail Bakhtin)의 문예이론은 인간 삶에서 대화의 중요성을 가장 높이 평가했다. 여기에는 수단으로서의 대화가 아닌 그 자체가 목적인 대화가 자리 잡고 있다. 온라인 공간의 대화로 인해 인간은 대화인(Homo Dialogicus)으로 형성되고 있는 것이다. 즉, 너도 아니고 나도 아니며, 내 생각도 아니고, 너의 존재로 아닌, 너와 나의 '만남'에 방점이 찍히게 된다(윤영민, 2012; 10, 19, 60).

소셜 미디어는 대중매체의 일방향적 소통이 단순히 쌍방향적 소통으로 바뀐 것을 의미하지 않는다. 그것은 수직적 소통이 수평적 소통으로 전환됨을 의미한다. 즉, 대중매체의 지도자-대중의 관계가 소셜 미디어에서는 이용자들 사이의 관계로 바뀐다(윤영민, 2012; 10, 19, 66). 상명하달식의 위계적인 사회에서 수평성이 높은 민주적 사회로 변화함에 따라 대화는 더욱 의미 있는 소통방식으로 평가되었다.

대화를 통해 아이디어가 제안되고, 수렴되고, 나아가 정치 엘리트와 시민 간 의사소통이 촉진될 수 있다는 것은 민주주의 차원에서 매우 의미 있는 일이다. 대화는 후보자와 유권자 간에, 유권자와 유권자들 사이에서 활성화되고 있다. 단순히 대화 규모와 의제가 양적으로 증가하는 것 외에도 대화의 핵심을 분석하여 개인에 맞춰서 듣고 홍보하는 마이크로 리스닝(Micro-Listening)과 퍼스널 커뮤니케이션(Personal Communication)도 증가하고 있는 추세이다.

3. 결집형 참여

결집과 커뮤니티화는 우리나라 정치참여의 가장 독창적인 특징 가운데 하나이다. 2004년 미국에서도 미트업(MeetUp)이라는 대표적인 커뮤니티 서비스를 통해 당시 신예 정치인이던 하워드 딘(Howard Dean)의 팬클럽이 형성되어 정치인 팬클럽의 집단 효과가 증명된 바 있지만, 우리나라의 경우에는 이미 2000년대 초반부터 프리챌(Freechal) 클럽이나 다음(Daum) 카페 등을 통해 많은 사회운동 조직, 정치적 커뮤니티, 팬클럽 등이 형성되어 왔다. 또한 정치인의 경우 자신을 구심점으로 지지자를 의도적으로 조직하는 것에서 진일보하여 지지자들 스스로 적극적으로 조직하는 것이 더욱 바람직한 현상으로 평가되고 있다.

정보제공을 받고 정보를 습득하는 것에서 한걸음 더 나아가 흩어진 개개인이 모여 집단을 이루는 현상과 그 파급효과에 대해서는 네트워크 분석 분야에서 연구가 진행 중이다. 시공간을 초월하여 모인 개인은 6단계(six degrees)만 건너면 아는 사람일 확률이 높고, 좁은 세상(small world) 효과를 통해 수많은 네트워크를 형성하고 있다는 네트워크 연구 분야의 성과로 인해 의제와 개인의 작은 힘이 모이면 세상을 변화시킬 수 있다는 주장이 확산되어 왔다. 그러나 한편으로는 사람들이 자신이 알고 싶은 정보만 비슷한 사람끼리 공유하는 파편화 현상이 심화됨으로써 현실 세상보다 온라인 공간에서 극단주의(extremism) 형성 위험성이 매우 높다는 우려도 제시되고 있는 상황이다.

즉, 사람들이 모여서 아름답고 훌륭한 세상이 이루어지는 것인가, 끼리끼리만 모여서(like-minded people) 세상의 분절화를 가속시키는 상황이 발생하는 것인가에 대한 논란이 있다. 이러한 논란은 평화로운 세계시민론과 갈등적 극단주의의 대립을 심화시키고 있기 때문에, 정치적으로는 온라인의 집단화 현상을 정치적으로 유용하게 만들기 위한 조건을 모색하는 것은 매우 중요한 과제이다.

따라서 이 책의 제3장의 네트워크론과 사회자본론에서는 흩어져 있는 개인이 어떻게 결집하는가를 분석하기 위해 실제 온라인 커뮤니티에서 나타나는 참여와 항의 메커니즘을 분석한다. 그리고 온라인 커뮤니티의 정치참여 양상이 야기하는 정치적 효과에 대한 논의를 공동체론과 파편화론의 이론적 대립을 분석함으로써 살펴볼 것이다. 특히, 네트워크론에서의 약한 연결의 힘이 퍼트남(Robert Putnam)이 제시한 사회자본론(social capital theory)에서의 신뢰·규범·네트워크 요소와 합쳐져 온라인 공간에서 미디어를 매개로 어떤 요소로 전환되는가를 분석하고자 한다.

개인보다 힘이 있는 집단이 되어 참여를 하는 것 또한 매우 이상적인 상태이겠지만 전쟁처럼 격렬한 선거운동이 진행되는 동안 집단은 양극화되기도 하고 크고 작은 의제를 통해 갈등하기도 한다. 현실세계에 평화로운 선거는 있을 수 없으며 정치는 언제나 갈등이 자연스러운 것이기 때문에 개인보다는 뭉친 집단의 힘이 절실한 것 또한 사실이다. 그러나 집단의 온라인 참여과정에서 나타나는 많은 특징이 정치 발전을 위해 어떤 기여를 하였는가에 대해서는 반드시 차분하게 다시 평가해보아야 한다는 것이 제3장의 문제의식이다.

4. 의견제시형 참여

의견제시형 참여는 참여과정에서 구체적인 의제가 발생하는 것에 주목한다. 국내의 경우 가장 대표적인 의견제시형 참여는 낙천낙선운동이나 투표독려와 같은 사례를 들 수 있다. 트위터를 통한 투표독려는 새로운 참여운동의 대표적인 사례로 이제는 정례화된 느낌마저 들게 한다.

의견제시형 참여는 다른 유형의 참여에 비해 상대적으로 목적성이 분명하고 시민 스스로 자발적인 의제를 제시한다는 측면에서 그동안 매스미디어가 독점한 의제설정에 비교하여 '역'의제설정효과를 가져왔다. 제도화되지 않은 비제도화 영역에서 제기되는 의제가 온라인 공간을 통해 확산되면서 중요성을 가지게 되었다.

그러나 아직은 의제설정이 생산되고 확산되기만 하는 과정에 머물러 있기 때문에 아무리 시민사회에서 생산한 의제라 해도 그것이 진짜 광범위하게 확산되고 있는가, 의제에 대한 다수의 평가가 이루어지면서 지속성을 확보하는가에 대해서는 좀 더 생각해볼 여지가 남아 있다.

따라서 이 책의 제4장에서는 매스미디어의 등장과 함께 1960년대부터 지속적으로 위력을 발휘해온 의제설정론이 온라인 사회에서는 어떻게 변화하고 있는가를 살펴보고자 하였다. 매스미디어에 영향을 미칠 수 있는 사람들이 시민을 상대로 영향을 미칠 수 있다는 의제설정론의 오래된 가정이 온라인 사회로 접어들면서 나타난 의제의 종류와 확산과정의 변화에 주목하여 분석한다.

5. 기타 참여 유형

네 가지 참여유형 외에도 온라인 공간의 참여유형은 매우 다양하다. 2004년 제17대 총선에서는 '투표부대' 등의 다양한 활동과 미디어몹(mediamob), 라이브이즈(liveis) 등을 통한 패러디와 각종 어록(노회찬, 전여옥, 유시민 등)이 유포되었다(유석진, 2004: 88). 이들 방식은 문화적 형태의 정치 범주를 다양화하는 데 매우 큰 기여를 하였다.

눈여겨볼 만한 또 다른 범주로는 크라우드 펀딩(Crowd Funding)과 같은 정치 펀드 모금, 정치 패러디와 같은 표현의 민주화와 같은 방법들이 있다. 이들 분야는 명확하게 정보제공, 정보습득, 대화, 결집 범주에는 포함되지 않지만 온라인 정치참여 문화 변화에 영향을 미친 대표적인 현상들이다. 국내의 경우 제도적 한계 때문에 크라우드 펀딩의 정치적 효과가 분명하게 제시되지 못했지만 2008년과

2012년 미국 대선에서는 이들 개미의 운집 효과가 무시하기 어려운 큰 액수로 표현된 바 있으며, 한때 국내 온라인 정치 문화의 새로운 표현이라 평가되던 정치 패러디를 통해서는 이미지나 동영상을 통해 정치적 메시지를 전달하고, 정치를 문화적으로 소비하는 표현의 민주화가 유행한 바 있었다. 외국에서는 많이 이용되고 있지만 언젠가는 온라인 정치게임이라는 문화적 현상도 유행하는 시대가 올 것이다.

제2장

온라인 선거운동과
미디어의 전환

이론틀: 미디어 효과론

사람들이 궁금해하는 것은 새로운 미디어를 이용하게 될 때 나타나는 행태의 특징과 그 효과이다. 즉, 홈페이지, 블로그, 소셜 미디어, 모바일 메신저 등이 선거운동이나 참여에 효과적인 미디어인지, 뉴미디어를 이용하면 개인이나 집단적인 차원에서 어떤 변화를 경험하고 어떻게 독창적으로 이용하는지 알아내는 것이 중요하다.

제2장에서는 미디어의 전환이 나타나면서 발생하는 변화를 미디어 효과론의 틀로 분석하였다. 미디어 효과론은 말 그대로 미디어의 효과가 어느 정도 나타났는가 혹은 나타날 것인가에 대한 논의이다. 전통적인 미디어 효과론으로는 강효과이론, 제한효과이론, 중효과이론의 세 가지 입장이 있다(이하 세 이론에 대한 설명은 장우영·민희·이원태, 2010: 51).

첫째, 탄환이론(Bullet Theory) 혹은 피하주사이론(Hypyerdemic Needle Theory)으로 불리는 강효과이론(Powerful Effect Theory)은 미디어 메시지가 모든 수용자에게 강력하고 보편적인 효과를 미친다고 설명한다. 이 이론은 수용자에게 미치는 단기적 효과가 아닌 장기적 효과, 그리고 태도와 감정 변화보다는 인지 변화를 더욱 강조한다. 이 이론에서 수용자는 원자화된 존재로서, 서로 고립되어 있고 미디어 메시지에 취약한 목표물로 설정된다. 즉, 미디어는 강력하기 때문에 수동적인 수용자에게 그대로 영향을 미칠 수 있다는 기술결정론적인 관점을 취한다.

둘째, 제한효과이론(Limited Effect Theory) 혹은 약효과이론(Minimal Effect Theory)은 미디어 효과가 제한적이며 최소한의 영향을 미칠 뿐이라고 설명한다. 미디어는 수용자에게 효과를 초래하는 중요하거나 충분한 원인이라기보다는 여러 요인 중의 하나로 작용할 뿐이다. 미디어 효과가 약한 이유는 유권자의 선택적 노출(selective exposure) 때문이다. 이 이론에서 수용자는 대단히 능동적이고 합리적인 대중으로 전제된다(오미영 · 정인숙, 2004; Converse, 1987). 그러나 약효과이론은 모든 미디어 수용자가 능동적이지 않다는 것을 간과한 관점이라고 평가할 수 있다.

셋째, 중효과이론(Moderate Effect Theory)은 미디어 효과를 태도 변화가 아닌 다른 측면에서 찾는다. 즉, 미디어 연구의 고전적 패러다임인 '누가 누구에게 무엇을 어떤 채널을 통해 말하고 어떤 효과를 얻는가'라는 질문을 '수용자는 미디어를 이용해서 무엇을 하는가'라는 능동적 수용자 관점으로 바꾸어서 이해하는 관점이다. 중효과이론은 특히 미디어의 사회정치적 영향력이 증대하고 있는 현상에 주목하여, 수용자의 정보추구, 이용과 충족, 의제설정, 문화규범의 측면에서 미디어 효과를 논증한다(김우룡, 1992; Leung & Wei, 1999). 즉, 환경 속의 미디어 효과를 반영한다는 점에서 앞의 두 이론보다 체계적이고 합리적인 관점을 취하고 있다.

한편, 기존의 미디어 효과이론은 수용자에 대한 상이한 전제를 가지고 있을 뿐만 아니라, 미디어 효과의 강도에 천착한 나머지 그러한 효과가 발생하는 맥락과 메커니즘에 대한 해명을 간과해왔다(장우영·민희·이원태, 2010: 52). 각각의 효과에 대한 좀 더 선명한 입장은 변화 가설과 정상화 가설로 구분할 수 있다.

1. 변화 가설

전자민주주의에 관한 초기 연구들은 인터넷을 이용한 개인의 정부정책 결정과정 참여와 직접민주주의 실현 가능성에 초점을 맞추었다. 엘시타인(Elshitain, 1982), 아터튼(Arterton, 1987), 토플러(Toffler, 1995), 라인골드(Rheingold, 1993), 네그로폰테(Negroponte, 1995), 그로스만(Grossman, 1996), 래시(Rash, 1997) 등은 인터넷이 새롭고 강력한 정치참여 양상을 만들어낼 수 있는 무한한 잠재력을 가지고 있다고 강조하였다. 이들은 인터넷이 확산되고 정치참여의 새로운 도구로 자리 잡게 됨에 따라 일반 시민들은 자신들의 정치적 목소리를 표출할 수 있는 더 많은 기회를 갖게 될 것이며, 궁극적으로 정치엘리트와 대중 사이의 정치권력 차이는 좁아지게 될 것이라고 주장하였다(윤성이, 2003a: 75~76).

초기의 변화가설은 인터넷 등장 초기의 신기술에 대한 기대, 기존의 미래학 등에서 강조하는 낙관적 사회 전망, ICT 기업 중심의 시장 창출 필요성 그리고 직접민주주의 중요성을 강조하는 이론적 경향을 배경으로 등장하였다. 이러한 낙관론, 평등화론의 근거는 참여비용 절감으로 인해 집단 형성 비용이 들지 않고 시민이 쉽게 정보를 생산하고 유통할 수 있게 되면서 감시 능력이 향상되고, 그 과정에서 시민 교육이 활성화될 수 있다고 평가한다. 아울러 대안언론과 대안담론 생성을 통해 정보와 지식 및 해석의 다양화 가능성, 공공토론과 협의민주주의의 형성 가능성에 주목한다.

특히 변화가설론자들은 낙관적 전자민주주의론을 주장하면서 인터넷은 달(Dahl)이 말한 효과적 참여, 평등한 투표, 의제에 관한 이해, 의제 선정 권한, 참여의 개방성이라는 민주적 절차의 다섯 가지 기준을 충족시킬 수 있으며 정치적 불평등을 해결할 수 있다고 주장한다(Margolis·Moreno, 2009).

초기의 인터넷 효과 논쟁에 이어 2010년대에는 소셜 미디어 효용에 대한 논쟁이 전개되었다. 낙관론 관점에서 서키는 소셜 미디어 확대를 통해 10년 내 중국 공산당의 붕괴까지 야기할 수 있다고 평가하였다(Clay Shirky, 2011.1). 주커만 또한 포린 폴리시(Foreign Policy) 기고문 '첫 번째 트위터 혁명인가(The First Twitter Revolution?)'에서 중동 혁명을 '트위터 혁명'으로 명명하였다(Ethan Zuckerman, 2011.1.14). 이어 오바마 대통령 역시 중동 혁명과정에서 이용된 모바일 기기의 위력을 강조하며 'M 혁명(Mobile Revolution)'이라고 불렀다.

그러나 이러한 긍정적인 효과가 여전히 가능성의 단계로 평가되는 이유는 ICT라는 수단 외에 정치사회적 변수에 따라 각국에 따라 매우 상이한 결과가 나타날 수 있기 때문이다. 거시적으로 정부의 정책과 제도, 미시적으로 국민들의 정치문화적 경로는 ICT만으로는 추동되는 것이 아니라 복잡하고 다차원적인 요인이 작동하고 있다. 즉, 사례 내부에서 ICT 역할에 대한 분석을 결여함으로써, 변화의 독립변수로서 ICT를 과대평가하기 때문에 추후에는 ICT 통제론으로까지 확대될 수 있다. ICT만 통제하면 그 모든 변화는 가능하지 않으므로 ICT 통제를 강화하겠다는 입장의 근거가 될 수 있는 것이다. 결과적으로, 이러한 주장은 ICT를 강조함에도 불구하고 더 이상 ICT를 발전시킬 수 없는 역리에 봉착하게 된다.

2. 정상화 가설

초기부터 강력하던 변화 가설에 비해 정상화 가설은 인터넷 효과가 어느 정도 드러난 이후 시기부터 제기되었다. 특히, 기존 미디어의 인터넷 이용 확대, 온라인 액티비스트(activist)만의 제한된 참여, 인터넷의 보조적인 매개 기능 수준 등의 한계로 인해 인터넷의 효과는 실제 변화보다는 정상화의 강화로 귀결된다는 것이 정상화 가설의 대표 논지이다.

정상화 가설의 논거는 인터넷의 미미한 실제 효과, 소수의 정치정보 독점, 끼리끼리(like-minded people) 현상 심화, 협의민주주의 형성을 저해하는 약한 유대의 수준, 정보의 양과 민주주의 발전의 비례 관계에 대한 비판, 기존의 조직적 이해관계로 인한 제약성 등이다. 특히 정보의 양과 민주주의 발전의 비례 관계에 대한 부정은 인터넷이 시민의 정치권력 강화보다는 정당, 시민단체 등과 같은 기존의 정치 매개집단의 강화에 기여하는 바가 더 크다고 주장한다.

인터넷이 젊은 층의 투표참여에 미치는 영향을 분석한 빔버(Bimber, 2001)는 인터넷이 정치참여를 만들어낸다는 데 대해 부정적인 견해를 제시하였다. 슈펠레와 니스벳(Schuefele and Nisbet,

2002) 역시 인터넷 이용의 어떠한 형태도 투표나 정책 포럼 참여와 같은 전통적인 정치 과정에 개인들이 정치참여를 유인하는 데 별다른 효과가 없음을 지적하였다. 이러한 정상화 가설에 의하면 이미 정치에 관심이 있고 참여의 자세가 갖추어진 네티즌들만이 온라인 공간에서 더 많은 정치정보를 찾게 될 것이며, 결국 인터넷은 기존 정치참여자들의 참여의 질을 더 높이는 참여의 선순환(virtuous circle of participation) 역할만을 할 수 있을 것으로 기대된다(Norris, 2000: 228; 윤성이, 2003a: 82에서 재인용).

윌리엄스(Williams, 1998) 역시 같은 입장을 취하고 있다. 인터넷은 정치참여도가 높고 커뮤니케이션 능력이 높은 집단이나 사람들에게 보다 효과적으로 이용되지만 다양한 계층으로 확대되는 것까지 기대하기는 힘들다고 본다. 정치에 무관심하고 정치과정에 참여할 커뮤니케이션 능력이 부족한 사람들의 경우는 인터넷의 자기 선택적 특성에 의해서 정치적 무관심이 증대될 수도 있다고 본다(황용석, 2001: 423).

2010년대에 소셜 미디어 비관론을 제시한 글래드웰은 관계고리가 약한 소셜 미디어가 혁명을 만드는 것은 아니라 강한 연대가 혁명을 만들 수 있는 것이라고 주장했다. 과거에도 혁명이 있었고 그 핵심에는 시민이 있었던 것처럼 광장에 모인 시민이 혁명을 이루었다는 것이다(Gladwell, 2010.10.4). 이와 유사하게 칼럼니스트 기든 라흐만 또한 소셜 미디어를 이용할 수 있는 사람은 상대적으로 교육을 잘 받은 소수에 불과하다고 지적했다(Rachman, 2011.2.14).

따라서 변화는 단지 인터넷에 의해 가능했던 것이 아니라 독재와 부패에 대한 분노, 중산층의 좌절과 빈민들의 절망 등 좀 더 보편적인 요인에 의해 촉발되었다는 것이다. 그 역시 글래드웰처럼 프랑스 혁명과 볼셰비키 혁명 시대에 소셜 미디어가 없었다는 점을 강조하였다. 율리시스 메지아스의 경우는 미디어를 혁명의 주역으로 평가한다면, 수백만 명의 사람들을 광장으로 이끈 신발이 트위터보다 더 큰 영향력을 발휘한 것이라고 주장하였다. 그렇다고 중동 혁명을 '신발 혁명'이라고 부르지 않는 것처럼 기술에 의한 혁명 가능성은 과대평가되고 있다는 것이 그의 주장이다(Mejias, 2011).

정상화 가설은 온라인의 가능성을 좀 더 현실적인 관점에서 평가하고, 실제의 수많은 경험 사례 평가를 통해 변화 가설보다는 훨씬 비판적인 관점을 제시했지만 한편으로는 단지 인터넷이 아닌 네트워크가 가속화되면서 새로운 다양한 수평적 연결 확대나 그에 따른 민주주의 형성 가능성을 경험 사례로 분석하지는 못하고 위계성만을 강조하는 한계를 안고 있다. 즉, 정상화 가설의 논거대로 언제나 그 정도의 수준으로 인터넷이 머물러 있는 것이 아니라는 사실을 과소평가하고 있는 것이다.

또한 비관론은 혁명의 주체로서 피플 파워(people power)의 중요성을 강조할 수 있지만, 한편으로는 20여 년간 축적된 인터넷과 소셜 미디어에 의한 모든 사회현상을 무화시킬 수 있다. 약한 연대의 힘으로는 변화를 일으킬 수 없다는 글래드웰의 강조는 수많은 소셜 미디어가 약한 유대를 통해 오랜 시간 평판과 신뢰를 누적하고 변화의 원동력이 되거나 그 확산범위 또한 크다는 사실, 즉 소셜 미디어는 혁명의 조건이 아닌 혁명 가속화의 조건이 될 수 있다는 사실을 간과하며, 약한 유대를 유지하는 강력한 허브(hub)의 힘도 폄하하는 것이다.

<표 2-1> 온라인 참여 낙관론과 비관론

구분	낙관론	비관론
주요 내용	· 개인: 자율성 확산, 참여 확대 · 조직: 집단 형성의 용이함, 수직적·폐쇄적 위계질서 해체 · 표현의 자유와 연대의 힘, 소수 의견의 표출 기회 확대, 대안언론과 대안담론 활성화 · 혁신 지향의 기술 속성 · ICT에 의해 손쉬운 시민 정치 교육 · 보편적 정보 접근권: 비용 우위, 정치적 투명성 확대 · Alvin Toffler, Benjamin Barber, Bernard Schwartz, Clay Shirky, Dick Morris, Ethan Zuckerman, Howard Rheingold, John Naisbitt, Joseph S. Nye Jr., Lawrence Grossman, Mark Boncheck, Ted Becker, Wayne Rash, Yoneki Masuda	· ICT 외 다양한 변수들이 중요 · 특정 계층만 제한적으로 ICT를 이용, 불평등한 권력 관계 재생산, 끼리끼리 현상 심화 · 시민 권력보다 기존 권력 강화에 더 효과적 · 피플 파워 강조, 면대면 소통의 우위성, 기술이 없던 과거의 시민혁명 · ICT의 보조적인 매개기능 · 협의민주주의 형성에 미흡 · Anthony Corrado, Bruce Bimber, Cass Sunstein, Christine B. Williams, Christopher Rhoads, David Elstein, Edward Davis, Gideon Rachman, Malcolm Gladwell, Michael Margolis, Pippa Norris, Ulises Mejias
한계	· 구체적인 활용방법을 제시하지 않음 · 결과 중심적 관점 · ICT를 유일한 발전의 독립변수로 과장함으로써 ICT 통제론 야기 · 국가와 권역별로 상이한 ICT 발전 수준이 나타나는 이유를 설명하지 못함	· 실제 발생한 변화와 경험 사례를 폄하 · 결과 중심적 관점 · 도구적 관점 · 기술결정론 · ICT 발전 수준을 과소평가하여 ICT 무용론 야기

권위주의 국가의 인터넷 통제를 연구하여 인터넷의 다양한 측면을 강조하고 있는 모로조프(Morozov)는 정치 변화 기저에 흐르는 변화보다 기술전략만을 강조하는 인터넷 기업의 수단 강조전략은 '인터넷 중심주의(Internet Centrism)'라고 비판하였다. 사례 이해의 필요성을 크게 강조하고 있는 그는 기업 상품으로써 페이스북과 혁명 플랫폼으로써 페이스북을 구분하는 정도의 인식이 필요함을 강조하였는데 이와 같은 지적은 매우 중요한 지적이다. 팰프리(John Palfrey) 또한 소셜 미디어의 매개역할을 '지원 도구(supportive tool)'

로 평가하며 혁명과정에서 증폭(amplify)하는 부분이 있음을 강조하였다(Rhoads, 2011.2.12).

비관론과 낙관론의 입장 차이는 ICT에 대한 평가, 시민이나 주체에 대한 평가가 다르기 때문에 발생한다. 단지 ICT를 도구(tool)로 폄하하는 것과 혁신적인 플랫폼으로 평가하고 사회혁신으로 유인할 것인가 하는 관점의 차이가 각기 다른 입장으로 표현되는 것이다. 그러면서도 한편으로는 모두가 사회 발전이라는 큰 틀을 전제로 논의를 전개하고 있기 때문에 결국 이와 같은 입장은 같은 지향점 안의 논의라고 볼 수 있다. 결국, 미디어 효과론 관점에서 정보제공을 평가할 때에는 1) 어떤 환경에서 미디어가 작동하고 있는가, 2) 미디어의 속성과 특징이 어떻게 나타나는가, 3) 이용자는 능동적인가 수동적인가를 중심으로 판단해야 한다.

이와 같은 세 가지 평가기준을 중심으로 제2절에서는 1) 기존의 온라인 선거운동의 미디어 이용 환경과 미디어의 특징, 2) 이용자의 능동성 정도를 평가한다.

미디어 선거운동

1. 미디어 이용환경과 특징

1) 미디어 이용의 흐름

2007년 이전의 온라인 공간으로는 홈페이지와 블로그가 유일했다. 그러나 2008년부터 트위터 이용자들이 증가하기 시작하여, 2010년에는 500만 명 이상이 이용, 2011년에는 하루 평균 270만 개 트윗이 업로드 될 정도로 소셜 미디어의 영향력이 강해졌다. 그와 동시에 2010년대부터는 페이스북과 스마트폰 이용도가 높게 나타나고 있다. 카카오톡은 2011년 이용자가 3,000만 명이었는데, 2012년에는 4,000만 명 규모로 성장하여 국민 미디어로서 등극하였다.

홈페이지나 블로그의 단절성에 비해 트위터에서의 정치적 활용은 매우 역동적이고 연결성이 높다. 트위터는 연결망이 매우 조밀하고 정보의 확산속도가 매우 빠르다. 즉, 팔로우 맺기가 매우 활성화되어 있고 그에 따라 네트워크 거리 또한 단축되어 있다. 특히, 팔로잉의 경우 상호 팔로잉률에서 나타나듯이 일방향을 탈피하여 쌍방향성이 매우 두드러진다.

그리고 리트윗 발생률이 높을 뿐만 아니라 매우 신속하기 때문에 정보공유의 폭이 매우 넓다. 이런 이유는 세계 트위터 이용자들이 단순한 트윗 교환에 익숙해 있는 반면, 한국의 트위터 이용자들은 팔로우 맺기와 집단적 정보공유에 초점을 맞추기 때문이라는 분석도 있다(Sean Garret 트위터 한국지부 부사장, 도수관·장우영, 2013: 155~156에서 재인용).

2016년 말 현재에는 트위터의 위력이 이미 퇴조하고 있지만, 우리나라의 온라인 선거운동에서 적어도 2010년을 전후한 시기만큼은 트위터 선거운동이라고 할 정도로 영향력이 높게 나타났다.

<표 2-2> 트위터 연결망과 정보확산: 세계와 한국의 비교

구분	상호 팔로잉률	네트워크 거리	리트윗 발생률	최초 리트윗 발생 시간
세계	22.1%	4.1단계	9.3%	60분
한국	68.2%	3.8단계	75.0%	8분

* 자료: 장우영·이현출(2012: 159)

또한 2012년 19대 총선 기간 동안 유권자들이 주로 이용한 인터넷 서비스는 포털(44%), 메신저(18%), 소셜 미디어(16%) 순으로 나타나 포털의 영향력이 여전히 강함을 알 수 있다.

<표 2-3> 가장 자주 이용하는 인터넷 서비스(1순위)

단위: %

사례 수(명)	트위터, 페이스북, 미투데이, 싸이월드 등 소셜 네트워크 서비스	네이트온, 마이피플, 카카오톡, 윈도우라이브 메신저 등 메신저	인터넷 카페, 온라인 동호회 등 인터넷 모임	개인이 운영하는 블로그	구글, 네이버, 다음, 야후, 네이트 등 포털 사이트	정부, 기업, 정당, 사회단체 등이 운영하는 웹사이트	신문, 방송 등 언론사 웹사이트
1004	16.0	18.3	14.9	2.0	44.7	0.3	3.7

* 자료: 한국언론진흥재단(2012)[5]

이 가운데 가장 자주 이용하는 소셜 미디어는 어느 조사에서나 공히 트위터:페이스북이 1:3 정도의 비율로 나타나 페이스북 이용자가 트위터 이용자의 3배 정도 되는 것으로 나타났다. 이러한 통계를 본다면 기존에는 트위터의 정보접근성이 쉽기 때문에 트위터 중심의 빅데이터 분석이 이루어졌지만, 그렇기 때문에 페이스북 이용자의 여론에 대한 많은 부분을 놓치고 있으며, 트위터만으로 온라인상의 여론을 대표하는 것은 무리가 있다는 것을 알 수 있다.

<표 2-4> 가장 자주 이용하는 소셜 미디어

단위: %

사례 수(명)	페이스북	트위터	미투데이	마이스페이스	카카오톡	싸이월드	기타	모름/ 무응답
483	64.8	21.6	8.4	0.4	2.1	0.6	1.4	0.6

* 자료: 한국언론진흥재단(2012)

트위터는 2011년부터 한국어 서비스를 시작하였고, 2012년 제18대 대선에서는 #대선 해시태그 관리를 강화하였다. 2012년 11월 27일부터 #대선 해시태그 페이지(http://www.twitter.com/hashtag/대선)에 후보자, 정당 소속 정치인, 파워트위터리안, 언론사 등 주요 계정 리스트를 만들어서 이용자들이 관련 내용을 살펴볼 수 있고 핵심적인 대화에 쉽게 접근하도록 서비스했다.

2012년 12월 10일 대선 후보 2차 TV토론회에 대한 트위터 언급량은 20,103건이었으며 가장 많이 언급된 단어는 박근혜 후보(29%)였다(다음 소프트 조사). 다음으로 문재인 후보(13%), 지하경제

---

5) 2012년 4월 23일~27일까지 19~59세 이상 전국 남녀 1,004명으로 대상으로 조사.

(13%), 이정희 후보(12%), 지하경제 활성화(7%) 순으로 나타났다.

한편, 12월 11일 트위터 본사는 미국 대선에서 제공한 것과 같은 트위터 여론지수 서비스 제공 계획을 돌연 취소하였다. 이 외에 코난 테크놀로지나 와이즈넛과 같은 국내 소셜 미디어 분석 업체들이 분석 결과를 발표하기는 하였지만 결과적으로 국정원의 선거개입이 공론화된 상황에서 적어도 제18대 대선의 소셜 분석에 대한 신뢰도는 다른 선거에 비해 더욱 낮다고 할 수밖에 없다.

2013년 미국 퓨리서치(Pew Research) 조사에 의하면, 미국에서 인터넷 이용자의 64%가 페이스북을 이용하고 그 가운데 30%는 페이스북으로 뉴스를 본다고 한다. 이에 비해 트위터는 미국 전체 성인 가운데 16%만 이용하고, 그 가운데 뉴스를 보는 비율은 8%에 지나지 않는 것으로 나타났다. 이에 따라 트위터가 대표성을 갖는 시대는 지났다고 평가하고 있다(Aron Smith, 2014.7.29).

2014년 조사에 의하면 국내에서 스마트폰을 통한 소셜 미디어 이용률은 83.7%로 매우 높게 나타나며, 매체별 여론 형성에 대한 영향도는 모바일 인터넷(88%), TV(85.5%), PC인터넷(84.8%), 소셜 미디어(83.8%)이고, 매체별 신뢰도는 페이스북(66.1%), 블로그(41.6%), 유튜브(21.6%), 트위터(18.1%) 순으로 나타나 페이스북의 위력이 강하다는 것을 알 수 있다(DMC Media, 2014.6.13).

한편, 2014년은 소셜 미디어 뉴스 이용률이 신문 정기구독률(20.2%)을 처음으로 추월한 해이며, 이동형 인터넷 뉴스 이용률이 PC기반의 고정형 인터넷 뉴스 이용률을 추월한 해이다. 2015년 현재, 이동전화 가입자 5,500만 명 가운데 스마트폰 이용자는 3,800만 명이고, 이 가운데 카카오톡 이용자는 3,649만 명으로 스마트폰 이용자의 96%에 달한다(민주정책연구원, 2015).

인터넷, 소셜 미디어, 모바일로 진행되는 미디어 발전 경로의 다른 축에는 위치기반정보서비스(LBS, Location Based Service)와 같은 새로운 유형의 정보제공 방식이 있다. 이러한 방식은 국내보다는 외국에서는 더욱 발전하고 있다. 실시간으로 정치인의 이동경로, 지원 캠프의 집회 장소를 알리거나 우편번호만 넣으면 유권자 거주지 가까이의 정치행사를 지도로 알려주는 위치기반정보서비스들이 보편화되고 있다.

◇ 대선 관련 SNS 콘텐츠를 실시간으로 표시해주는 '18대 대선 SNS 민심 지도 서비스'
　[사진=한국에스리]

* 자료: "대선 SNS 민심 한눈에…… 한국 에스리 지도 서비스 오픈"
　(아이뉴스 24, 2012.12.12.일자)

<그림 2-1> 18대 대선 소셜 미디어 민심 지도 서비스

한국 에스리(http://www.esrikr.com)는 2012년 12월 12일 '18대 대선 캠페인 맵'을 공개했는데, 이 서비스 지도는 트위터와 유튜브에서 대선 관련 콘텐츠의 발생 지역과 지역별 관련 콘텐츠의 개수 및 내용을 1,500개 단위로 분석하여 게시하고 각 후보 이름으로도 검색 가능하게 서비스를 제공하였다. 지도에 표시되는 SNS 콘텐츠는 작성자들이 지역 설정을 공개로 설정해 놓은 글에 해당하며 비공개로 설정해 놓은 글은 제외하였다. 이는 발생지역을 실시간으로 표시하는 최초의 국내 분석 서비스이다.

2) 미디어와 정치정보 이용

일반적인 미디어 활용도보다 더 중요한 것은 선거기간 동안 온라인을 얼마나 활용하는가이다. 정보를 많이 습득할수록 관심도나 참여도가 높아질 확률이 높아질 수 있으며 한편으로는 매스미디어 대비 온라인 미디어의 뉴스 정보제공력을 높게 평가할 수 있기 때문이다.

2008년 이전의 초기 연구에서는 매스미디어와 인터넷을 비교하여 주요 정치정보원을 구분하고자 하는 연구가 주요 내용을 이루었다. 2003년 인터넷 신문사, 방송사와 포털 뉴스를 포함한 전체 인터넷 미디어 사이트 방문자 규모는 전체 이용자의 86%를 차지하고 있어 인터넷 뉴스 사이트 이용 규모가 상당히 커졌다(박선희·주정민, 2004: 215).

인터넷을 통한 정치정보 습득률은 당연히 점차 증가하였는데, 2000년 16대 총선에서 인터넷을 통한 정치정보 습득률은 네티즌의 8.7%에서, 2004년 17대 총선에서는 54%로 불과 4년 만에 7배 정도 증가하였다. 단, 이러한 수치는 2008년 제18대 총선에서는 40.3%로 감소하는 추세를 보이고 있는 것도 특징이다(윤성이, 2008: 54).

반면, 2002년 제16대 대선에서는 인터넷에서 선거정보를 본다고 응답한 비율은 응답자의 4.8%인 연구도 있으며, 한국인터넷정보센터 통계에 의하면 인터넷을 정치적 목적으로 거의 이용하지 않는다는 결과도 제시되어 있어 이에 대한 평가는 혼용된 측면이 있다(하세헌·강명구, 2004: 6).

인터넷의 정치적 영향력에 대한 기존 연구는 2004년 17대 총선에 대한 연구가 가장 활발하게 제시되었다(김무곤·김관규, 2004; 김용철, 2004; 김용철·윤성이, 2004; 유석진, 2004; 이원태, 2004; 정연정·조성대, 2004; 조성대·정연정, 2004; 유석진·이현우·이원태, 2005; 윤성이, 2006; 조성대·정연정, 2006; 이원태, 2007 참조). 이 시기에는 대학생의 투표 행태에 인터넷이 미친 영향은 17.4%로 나타났고(유석진, 2004: 91), 후보와 정당에 대한 주정보원이 인터넷이라고 응답한 응답자는 14.8%로 나타났다(반현·최원석·신성혜, 2004: 417).

이로부터 8년이 지난 2012년에는 정보 습득이나 이용 행태에 있어서, 선거나 후보자 동영상 시청률은 52% 정도로 높은 반면, 공유율은 20%로 매우 낮게 나타났으며, 관련 정보의 문자 전송이나 정치 토론 참여도 12%로 매우 낮게 나타났다. 그러면서도 소셜 미디어를 통한 선서 관련 정보습득을 한다고 응답한 사람은 55%에 달할 정도로 일반적인 인터넷 이용에서의 응답보다 높게 나타나 소셜 미디어 이용자가 일반 인터넷 이용자들보다는 적극적인 것으로 나타났다. 이러한 경향은 소셜 미디어를 통한 지지 정당 및 후보자 표명에 대한 조사에서도 일반 응답자보다 온라인 응답자가 높은 것으로 나타나 유사한 결과를 보인다.

<표 2-5> 온라인 공간에서의 정치 관여 활동 정도

단위: %, N: 1,004명

응답내용	응답률
온라인에서의 선거나 후보자와 관련 동영상 시청	52.4
온라인에서의 선거나 후보자 관련 사진, 동영상, 오디오 등의 공유 여부	19.4
선거 관련 이메일이나 휴대폰 문자 전송 여부	12.0
인터넷에서의 선거나 정치 관련 토론 참여 여부	17.6
소셜 미디어를 통한 선거나 후보자 관련 정보습득률	54.9

* 자료: 한국정치학회·한국리서치(2012.4)

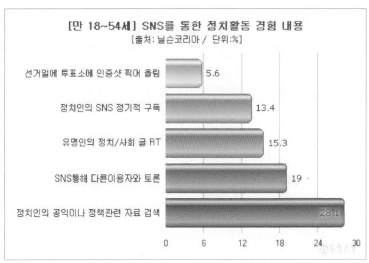

* 자료: "SNS 통해 이런 정치활동 해봤다"(「데이터뉴스」 2012.4.9.일자)

<그림 2-2> 소셜 미디어를 통한 정치 활동 경험의 내용

3) 포털의 선거정보제공

미디어와 정치정보제공에 있어서 또 다른 중요한 특징은 국내에서 가장 강력한 채널인 포털 정치정보제공의 위력이 강력해지고 있다는 것이다. 포털이 미디어인가 언론인가와 같은 논쟁이 한 시대를 휩쓴 적도 있는데, 논쟁에 대한 명확한 결론이 어렵더라도 일단 미디어이자 언론으로서 포털이 위력적인 온라인 채널로 작동하고 있는 것은 틀림없는 사실이다.

먼저, 포털 정치정보제공의 역사를 살펴보면 2004년 17대 총선부터 각 포털 서비스의 선거정보제공이 본격화되었는데, 이때에는 총선 관련 사진, 만화, 패러디 등을 제공하여 많은 네티즌의 호응을 얻었다. 다음(Daum)의 총선 코너(http://vote.media.daum.net)에서는 지역구별로 '우리 선거구 게시판'을 마련하여 지역 현안과 총선 이슈에 대해 네티즌이 의견을 제시할 수 있도록 하였다. 또한 각종 총선 패러디를 모은 '디씨 IN 총선'과 풍자만화로 구성된 '재미있는 만화 속 세상'을 운영하였고, 야후 코리아의 총선 코너(http://kr.news.yahoo.com/election)에서는 지역구별 토론 게시판이 운영되었으며 네이버는 광고·영화·포스터 등을 패러디한 '네티즌 포토갤러리'를 마련하였다(윤성이, 2006: 144).

이어 2012년 제19대 총선에서 방송·언론사·포털의 서비스는 과거 그 어느 때보다 소셜 데이터와 연계된 분석에 치중하였으며 모든 미디어에서 트위터 여론을 알리는 것에 주목하였다. 몇몇 미디어에서는 인포그라픽스(infographics)와 지도서비스 연계 그리고 참여를 유도할 수 있는 다양한 서비스도 시도하였다. 그러나 제19대 총선에서 대부분의 미디어는 다분히 수동적인 트위터 여론 파악에 몰두하였다. 트위터 외에 지도서비스와 연계, 화제의 동영상 리뷰, 페이스북 여론에 대한 심층 취재 등 분석적이고 능동적인 분석 정보는 발견하기 어려웠다. 오히려 트위터 여론을 확대 보도하는 한계를 보였을 뿐이다.

트위터가 모든 온라인 여론을 대표하는 것은 아니기 때문에 트위터의 과대 대표성 문제가 있음에도 불구하고, 트위터의 서비스 특성상 데이터 접근성이 높기 때문에 미디어들로서는 당연히 선택할 수밖에 없는 전략이었다. 물론 트위터의 속보성이나 강한 성향의 의사표명은 미디어에서 충분히 주목하고도 남을 매력이지만, 미디어 자체가 갖추어야 할 사실성과 공정성을 고려한다면 소셜 미디어 외에도 다양한 온라인 커뮤니티 여론과 모바일 여론을 수시로 파악하기 위한 노력이 없었다는 것이 매우 아쉬운 점이다.

2012년, 네이버와 다음(Daum)의 선거정보제공방식을 정리하면 <표 2-6>과 같다. 제18대 대선에서는 두 포털 모두 여론조사를 전면에 배치하고, 정치후원금 모금이나 주요 이슈 정보제공 등의 좀 더 역동적인 선거정보를 알기 쉽게 디자인하였지만 한편으로는 네이버와 다음 사이에 후보자의 경력 노출 차이가 너무 크다는 점 또한 비판의 내용으로 제시되었다("다음 VS 네이버, 전혀 다른 대선 특집 페이지" 아이엠피터 블로그 2012년 10월 27일자).

<표 2-6> 포털의 선거 서비스(2012년)

구분	운영자	주요내용
19대 총선 (2012.4)	네이버	· 미투데이, SBS와 함께 서비스(후보자/정당별 미투 수 · 친구 수 · 댓글 수 게시, 후보자들의 미투서비스 연동) · 후보자들의 정책문답 게시 · '이슈 히스토리': 소셜 데이터로 분석한 기간별 주요 이슈
	다음	· SNS맵: 날짜별 주요 정치인의 트위터 점유율을 그래픽으로 게시 · 격전지: 주요 격전지의 관련 트윗과 트위터 점유율을 지도서비스와 연동하여 게시 · 말말말: 주요 이슈에 대한 정치인들의 트윗을 게시 · 투표 약속: 지도서비스와 연계 · 우리들의 총선: 총선에 대한 트위터에서의 자유로운 의사 표현을 연동하여 서비스 · MBC와 공동으로 서비스
18대 대선 (2012.12)	네이버	· 지지율 · 소셜 미디어 점유율 · 공약 · 주요 이슈 타임라인 · 인포그래픽스 · 대선 빅매치 · 소셜 미디어 인기 뉴스, 인기 트윗 · PC와 모바일 2개 버전 운영
	다음	· 국내 최초 정치후원금 서비스: 10일 만에 1억 원 돌파, 12월 4일 기준 2억 9,500여만 원 모금, 후원 수 4,300여 건. 모바일과 신용카드 결제 가능 · 투표 약속 1219: 12월 4일 기준 86,000명 참여 · 지지선언: 12월 4일 기준 17,600명 참여 · 말말말: 후보자의 주요 발언 소개 · 아고라 정치토론 · 후보맵: 지도 위에 후보자의 현재 위치, 동선, 지역별 방문 빈도 제공

2012년 제19대 총선에서 네이버는 주요 공약에 대한 단문의 질문을 통해 후보자별 응답과 그에 대한 네이버의 마이크로시비스인 미투데이에서의 유권자 반응을 날짜별로 진행하였다. 이 서비스는 제19대 총선에서 본격적으로 나타난 공약 중심의 소통 서비스라고 볼수 있는데, 이와 같이 다각적으로 유권자에게 다가가는 공약 평가

혹은 소통 서비스는 앞으로도 활성화될 필요가 있다.

<표 2-7> 네이버 '현명한 선택, 제19대 총선'의 정책 질문 내용과 정당별 미투 수

* 2012년 4월 11일 16시 기준

회차	정책 질문	새누리당	민주통합당	통합진보당	창조한국당	국민생각
1	5년 단임제 대통령 임기를 다른 방식으로 바꾸는 개헌 논의 어떻게 생각하세요?	108	86	497	56	37
2	이슈가 되고 있는 제주도 강정마을 해군기지 건설에 대한 후보자님들의 의견은?	112	228	81	44	53
3	각 당의 주요 정책 의제 중의 하나인 '경제민주화'에 대한 의견을 듣습니다.	124	126	214	51	31
4	'등골 브레이커'라고 불리는 대학 등록금, 어떻게 생각하고 계세요?	63	153	429	85	92
5	영유아 보육 정책에 대한 국민적 관심이 높은 지금! 각 당의 정책은?	160	283	93	69	78
6	탈북자들의 강제 북송이 큰 논란이 되고 있습니다. 해결방법에는 무엇이 있을까요?	120	150	246	76	64
7	고령화 사회, 청년실업만큼 중요해진 시니어 채용 문제에 대한 정책이 궁금합니다.	-	258	84	50	45
8	여전히 논란이 계속되고 있는 한미 FTA 문제, 어떤 해법이 맞을까요?	306	406	205	94	86
9	마무리 된 4대강 사업, 어떻게 평가하십니까?	315	759	303	155	124
10	한국의 국가위상과 연결된 한류열풍! 계속 이어 나갈 방법은 무엇일까요?	179	128	97	64	53
11	안전성에 대한 우려가 사라지지 않는 원자력 발전, 어떻게 해야 할까요?	295	227	119	70	73
12	'나꼼수' 등 팟캐스트로 확산되는 대안언론, 규제가 필요할까요?	154	149	266	57	89
13	인공위성 발사 주장으로 다시 긴장이 고조된 남북관계, 어떻게 풀어가야 할까요?	108	182	54	49	65
14	공교육 강화, 사교육비 경감. 과연 어떻게 해야 가능할까요?	75	86	200	31	38
15	법원과 검찰 등 이른바 '사법개혁'에 대한 후보자들의 견해는?	64	93	215	31	47
16	유권자 여러분께 드리는 정당의 마지막 말씀	338	262	510	90	60
합계		2,183	3,314	3,103	982	975

* 자료: http://news.naver.com/main/election2012/candidate/index.nhn(검색일: 2012년 4월 11일)

2. 후보자의 능동적인 정보제공

1) 일방적인 정보제공

정치인의 일거수일투족이 카메라에 노출되기 때문에 매스미디어가 위협적인 것처럼, 인터넷을 통해서는 정치인의 모든 정보가 실시간으로 노출되고 남기 때문에 유권자의 과거 정보 추적에 언제나 노출되어 있다.

국내에서 정치인의 정보제공은 1992년부터 PC 통신을 통한 정보제공 방식이 시작되었으며, 1997년(제15대 대선)을 기점으로 더욱 활성화되었다. 인터넷의 종합적인 정보제공 방식에 비해 PC통신 정보제공은 텍스트에 한정된 메시지 전달에 그쳤고, 현재의 다양하고 화려한 정보제공방식에 비해 많이 뒤처진 모습으로 평가할 수도 있지만 제한적인 현실 공간을 넘어 유권자에게 다가가는 정치인의 모습을 발견할 수 있다는 점에서 당시로서는 매우 선도적인 정보제공 방식이었다고 평가할 수 있다.

그러나 이 시기의 정보제공은 공급자 중심의 일방적인 정보제공에 머물러 대화단계까지 활성화되었다고 평가하기 어려우며, 젊은 층이 중심이 된 PC통신 이용자만 접할 수 있는 정보라는 점에서 보편적인 정보제공방식이라고 보기 어려웠다.

1992년 민주당은 김대중 후보의 홍보물인 '김대중을 아십니까'를 컴퓨터 프로그램으로 제작하여 PC통신 하이텔 공개 자료실에 등록하고, 디스켓으로 5천 개를 제작하여 당원들에게 배포하였다. 당시 PC보급대수는 3백만~4백만 대 수준이었고, 가입자 수는 20만 명 정도였다.

1996년 제15대 총선 과정에서는 온라인 인터뷰(GO POL) 메뉴를 통해 신진 정치인의 인터뷰를 게재하였다. 인터뷰 대상자들은 인터뷰 2~3일 전까지 소속 정당 선택 이유, 출마 동시, 자기소개, 포부 등을 통신란에 게재하였고, 소개문을 읽고 관심 있는 사람들이 질문 내용을 보내면 1시간여 동안 생중계 인터뷰를 하는 방식이었다.

그러한 시도에도 불구하고 PC 통신 이용자들은 정치적으로 무관심한 것으로 나타났는데, 예를 들어 선거당일에 PC통신 총선 특집 서비스란에 의견을 올린 이용자는 하이텔(19명), 나우누리(105명), 유니텔(3명) 정도였다. 또한 선거특집 서비스 게시판에 의견을 올린 이용자는 하이텔(600여 건), 나우누리(150여 건), 유니텔(80여 건) 정도로 나타났다("PC통신 이용자, 정치무관심 여전", 『연합뉴스』 1996년 4월 12일자).

한편, 최초의 대선 PC통신 사이버 토론회는 1997년에 최초로 이루어졌다. 당시 네티즌의 규모는 6백만 명, 인터넷 이용자는 150만 명 수준이었으며, 이 시기를 기점으로 인터넷 정치가 등장하기 시작했다. 이어, 1998년 노무현 후보는 서울 종로 보궐선거에 출마하면서 홈페이지를 개설하고 사이버 보좌관제도를 도입하였다. 1998년 국내 인터넷 이용자 수는 270만 명 정도였다.

같은 시기, 미국 미네소타 주에서는 개혁당 후보이자 프로레슬러 출신 제시 벤추라(Jesse Ventura)가 단돈 600달러로 홈페이지(http://www.jesseventura.org)를 개설하여 정치자금 모금 및 유권자와 쌍방향 커뮤니케이션을 통해 주지사로 당선되어 미국 최초의 온라인 선거운동 성공 사례로 평가되었다. 이것이 불과 20여 년 전 온라인 정보제공의 현실이었다.

1999년 국내 인터넷 이용자 수는 1천만 명을 넘어섰고, 2000년 (제16대 총선)에는 정부 중앙부처의 100%, 후보자의 50%가 홈페이지를 개설하였다. 그러나 총선 직전, 최근 3개월 내에 개설된 홈페이지가 전체의 50%이상으로 급조된 측면도 있었고, 개설만 하고 이용하지 않은 후보도 많아서, 연구자마다 38~50%까지 각기 다르게 개설률을 평가하고 있기도 하다. 한편, 정치인의 홈페이지 개설도는 2012년까지 10년 이상 지속적으로 상승세를 보여 왔으나 다양한 미디어들이 점차 확산되면서 2013년에는 94%에서 76%로 20% 정도 하락하였다.

1999년 조사에 의하면 많은 의원들의 홈페이지가 평균 2개월에 한 번 정도 업데이트되며, 일부 의원의 경우 수년 간 새로운 정보제공이 단 한 번도 이루어지지 않았다(이현우, 2000: 26). 또한 일방적인 정보제공만 할 뿐 인터넷의 상호작용성을 살려 방문자가 의견을 자유롭게 개진할 수 있도록 자유게시판을 운영하거나 사회적으로 관심 대상이 되는 특정 이슈에 대한 의견을 수렴하기 위해 정책 토론 게시판이나 여론조사 기능을 운영하는 홈페이지는 지나치게 적은 것으로 나타났다(곽진영, 2001: 148, 151; 김춘식, 2000: 99; 문형남, 2008).

즉, 2000년대 초반까지 홈페이지 정보제공에 대해서는 형식은 쌍방통행이었지만 내용은 일방통행이라는 부정적인 평가가 대부분이었다. 홈페이지가 실질적인 정보제공이나 쌍방향 채널로 활용가능하다는 것에 대해서는 회의적인 평가가 제시되었으며 인터넷보다 매스미디어 선거운동의 영향력이 압도적이라고 평가되었다.

정치인 홈페이지 개설 연구에서 제시하는 또 다른 특징은, 젊은 연령, 대도시권 후보, 고학력일수록 개설률이 높다는 것이다. 연령, 학력, 지역 규모 외에 상관성이 있는 변수로는 정당, 성별, 지역, 선수(당선 횟수)가 있지만 이들 변수와 홈페이지 개설률 및 이용도와의 관계에 대해서는 통일된 연구결과가 제시되어 있지 않다(곽진영, 2001: 143; 곽진영·고선규, 2006; 김춘식, 2000: 90; 문형남, 2008; 박동진, 2000; 정연정, 2004: 61). 즉, 홈페이지나 ICT의 활용력(Literacy)에 있어서 정보 격차(Digital Divide)가 존재한다는 것이다.

2105년 현재는 홈페이지보다는 개설 비용이 무료인 블로그로 홈페이지 기능을 대체하는 경우도 다수를 차지하고 있는데 4년의 임기기간이 영원히 이어질 수도 없거니와 블로그만으로도 정보 창고의 역할이 갖춰질 수 있기 때문에 블로그가 홈페이지를 대체하는 측면도 있다.

한편, 트위터, 페이스북 페이지, 다수가 이용하는 카카오나 밴드와 같은 모바일 메신저 등의 대체 미디어가 활성화된 것도 홈페이지 감소의 하나의 원인이라고 볼 수 있다. 즉, 홈페이지 개설도가 하락세를 보이는 것은 트위터나 페이스북과 같은 소셜 미디어 활용 증가, 간편하게 이용하며 상대적으로 이용자 친근성이 높은 블로그를 대체 미디어로 이용하는 것을 원인으로 볼 수 있다.

시기별로 보면, 온라인 정치참여 역사에서 2007년 대선은 암흑기 혹은 침체기로 평가된다. 2000년 낙천낙선운동, 2002년 노사모의 지지활동, 2004년 탄핵 반대 촛불집회 등의 중요사건에 온라인 공간이 적극적으로 활용되는 상승세를 보이면서 2007년은 당시 유행하던 UCC(User Created Contents)[6] 선거운동이 될 것으로 예측되었다.

게다가 이때부터 선거권이 만 19세까지 확대되면서 UCC는 60만

명에 이르는 젊은 유권자층에게 강하게 어필할 수 있는 미디어 전략으로 주목받았다(윤성이, 2008b: 204). 그러나 중앙선거관리위원회의 UCC 규제로 인해 온라인 정치참여의 상승 기류에 제동이 걸렸다. 한편으로는 보수 학습 효과에 의해 보수 진영의 온라인 캠페인이 활성화된 측면이 있지만 명시적인 전략의 부재로 인해 큰 효과가 있었다고 평가하기는 어렵다.

다만 2007년 대선에서는 제목과 내용에 대한 실시간 검색이 가능하여 의제가 빠르게 확산되는 블로그의 활용도가 증가하였다. 메타 블로그 서비스인 '올블로그'는 2007년 대선 특집 페이지를 열고, 대선 후보별 블로그들을 수집하여 보여주는 서비스를 제공했으며, 정동영 후보는 블로거 기자단을 모집하여 일반 기자와 동일한 권한을 부여하고 관련 블로그 글을 생산할 수 있도록 유도하였다.

후보자로서는 법적 제약으로 인해 활발한 온라인 활동을 하기 어려웠기 때문에 블로그 운영과 활용에 치중할 수밖에 없는 상황이었다. 2004년「공직선거법」 개정에 의해 선거기간 외의 선거활동 제약이 강화되었으며, 특정 후보에 대한 지지나 낙선운동도 불가능했다. 때문에 전체 후보자들이 개인 블로그를 열었지만 공약 제시보다는 이미지 제고를 위한 활동을 중심으로 선거운동을 하는 정도에 그쳤다(DMC Media, 2012.9).

2010년 제5회 지방선거에서 세 후보의 온라인 선거운동전략은 정보제공, 관여하기, 연대하기를 중심으로 진행되었다. 오세훈은 정보제공과 관여하기 전략이 두드러졌는데 이는 현직 시장이라는 이점을 효율적으로 활용한 결과였다. 한명숙은 정보제공전략에 주력하였

---

6) 미국에서는 UCC를 UGC(User Generated Contents)라고 부른다.

는데 이는 특정 사건에 연루되었던 점이 강하게 작용한 것으로 평가된다. 노회찬은 연대하기 전략이 활발했는데 이는 군소후보로서 광범위한 유권자를 포획하는데 트위터를 적극적으로 활용했기 때문이다(장우영·민희·이원태, 2010: 66). 또한 후보자 홈페이지를 정보형과 동원형(정보유도, 의견유도, 행동유도)의 기준으로 분석한 결과 동원형보다는 정보제공형이 대다수인 것으로 나타났다(박창문·조재욱, 2010: 176).

<표 2-8> 지방선거후보의 정보제공 채널

선거	후보	채널
제5회 지선 (2010년)	오세훈	·홈페이지, 트위터, 팬카페
	한명숙	·홈페이지, 미니홈피, 트위터, 팬카페
	노회찬	·홈페이지, 미니홈피, 트위터, 팬카페

2014년 제6회 지방선거에서는 기존에 진행된 참여유형이 다양하게 활성화되었다기보다는 정보제공유형이 여전히 강력한 수준에 머물러 있고, 그 외 유형별로 조금씩 편차가 나타났으며 이후의 선거에서나 심화를 기대할 수 있는 수준 정도에 머물러 있다.

먼저 정보제공유형에서는 과거처럼 홈페이지·블로그·이메일을 통한 일방적인 홍보보다는 이미지·동영상·소셜 미디어 중심의 좀 더 적극적인 홍보나 출마선언으로 변화하였다. 선관위는 현직 후보자의 경우, 의정활동보고 제한기간(2014년 3월 6일~6월 4일) 중이라 하더라도, 홈페이지, 게시판, 대화방, 이메일, SMS 및 소셜 미디어를 이용해 의정활동 내용을 전송하는 것은 가능하다고 밝혔기 때문에 온라인 정보제공이 다른 어떤 유형보다 더욱 활성화된 측면이 강하게 나타났다.

구분	2014년 이전 참여유형	2014년 지방선거 참여유형
정보 제공	· 후보자의 홈페이지 · 이메일 · 블로그 홍보 · 시민단체의 낙천낙선운동을 통한 정보제공 · 후보자의 인터넷 광고 · 유권자의 정치 패러디	· 웹툰, 뮤직 비디오, 패러디 - 후보자 공급형 콘텐츠(contents) 제공 - 유권자 눈높이에 맞춘 이미지 홍보 - 만화 정책 홍보('원혜영의 버스 공영제 이야기') - 원순 TV와 같은 동영상 정보제공 - 티브로드, 유스트림 연설 방송 중계 등 동영상 정보제공 · 소셜 미디어 - 트위터, 페이스북, 카카오스토리에서의 홍보 - 소셜 미디어 출마 선언 - 가족의 소셜 미디어 폭로(고승덕) 혹은 지원(조희연) · 모바일 - 앱(김부겸, 김영춘, 김진표, 윤진식, 이강덕, 이시종, 이흥수) - 메신저(밴드, 카톡)
대화	· 후보자와 유권자 간 대화 · 유권자 간 대화 · 게시판에서의 정치 토론	· 모바일 앱 - 새누리당 '응답하라 시장님'
집단화	· 수평형 정치조직 · 후보자 팬클럽	· 페이스북 팬 페이지 - 지지자, 페친 · 트친 · 카친 동원 - 좋아요(likes) 조작 · 소셜 펀드 - 선거 펀드('신영수 희망열쇠 펀드 (http://fund.sysgood.co.kr)')
의제 설정	· 블로그 등 1인 미디어, UCC, 인터넷 언론, 팟캐스트의 의 제설정	· 인포그라픽스 - 비주얼 다이브, 뉴스 젤리 등 그래픽을 활용한 정책정보제공 · 공약 - 레이니스트 공약 블라인드 테스트 · 투표 독려, 투표 인증샷 - 다이노스 야구단 표 지급 - 페이스북 투표인증(I'm a Voter) 서비스 - 미디어 다음 투표 인증샷 · 팟 캐스트 - '그것은 알기 싫다'

* 자료: 조희정 · 신경식(2014: 131~132)을 참고하여 재구성

2) 소셜 미디어를 통한 소통형 정보제공

트위터 정보제공은 2011년 재보궐선거 시기에 가장 큰 위력을 발휘하였다. 이어 2012년 제19대 총선에서 새누리당은 소셜 미디어 전략으로 3A(Agreement, Advice, Always) 전략을 채택하였다(「이데일리」 2012년 4월 13일자). 소셜 미디어 소통 전략을 전담하는 '눈높이 위원회'를 조직하였고, 후보자를 대상으로 소셜 미디어 소통 교육을 실시하였다.

이에 앞서 2012년 1월 11일, 한나라당의 비상대책위원회에서는 'SNS 역량지수'를 공천 점수에 5% 이내로 반영하는 것을 논의하고 있다고 발표하였다. 이에 대해 소셜 미디어 이용 분포에 있어서 지역 편향 때문에 농촌 지역 후보에게 불리할 수 있으며, 후보자들이 실제로는 소셜 미디어를 일방향으로만 이용하기 때문에 반영하겠다는 취지에 부합되지 않는다는 비판이 제기되었다. 한편, 통합민주당의 경우는 빅마우스(big mouth) 12명을 SNS 멘토단으로 구성하였다.

2012년 4월 5일부터 2주 동안 가장 많이 언급된 후보는 김용민 후보로서 트위터에서 228,161건 언급되었다.[7] 그 외에 트위터 언급 순위는 2위 문재인(36,092건), 3위 정동영, 4위 손수조, 5위 문대성, 6위 김형태 순으로 나타났다. 한편 이용률이 그다지 높이 않았던 국내 마이크로서비스인 미투데이에는 448명이 계정을 개설하는 참여도 증가 현상이 나타났다. 그러나 불과 선거일 한 달 전만 해도 미투데이에 계정을 개설한 후보는 150명 내외였다. 즉, 대부분의 정치인

---

[7] 신동아와 미디컴의 조사. "SNS 지목 낙선희망 후보, 10명 중 7명 당선"(「신동아」 2012년 5월 25일자).

들이 선거일 직전에 대거 미투데이 계정을 개설한 것이다.

<표 2-10> 주요 트위터 정치인

순위 \ 평가기준	트위터 적극성 지수+전파력 지수 (2011년 7월 사이람, 시사저널)	트위터 팔로어 수 (2012년 1월 경향신문)
1위	정동영	유시민
2위	이재오	박원순
3위	김문수	정봉주
4위	유시민	이정희
5위	손학규	반기문
6위	한명숙	박근혜
7위	박근혜	문성근
8위	정몽준	한명숙
9위	-	문재인
10위	-	심상정

* 자료: "SNS 선거 허용으로 여야 막론 '트위터 정치' 봇물 터질듯"(『경향신문』, 2012년 1월 25일자);
  "트윗 폴리티카, 정동영이 호령한다"(『시사저널』, 2011년 7월 26일자)

선거 후, 기존 매스미디어에서는 소셜 미디어에서의 인기도나 여론이 실제의 투표 결과와 다른 것에 대한 논란이 제기되었다. 많이 언급되었다고 당선되는 것은 아니라거나 낙선운동에도 불구하고 당선되었다는 식의 분석이 그것이다. 그러나 국내 트위터 이용자가 페이스북 이용자의 1/3에 불과한 연구결과 등을 고려했을 때, 트위터의 과대대표성 문제가 있음을 고려할 필요가 있으며, 집약된 의제로 수렴되기 어려운 총선이라는 선거의 특수성을 고려할 필요가 있다.

2012년 4월 재보선에 대한 사이람(CYRAM)과 서울대 장덕진 교수의 분석에 의하면, 민주당 손학규 후보의 시간대별 득표율은 선거 당일 트위터 이용자들이 멘션을 많이 남길수록 증가하고 멘션을 적게 남길수록 득표율이 떨어지는 경향을 보였다. 또한 손 후보와 최문순 후보 멘션의 리트윗은 서로 두텁게 연결되는 데 반해 한나라당은 강재섭 분당을 후보와 엄기영 강원도지사 후보 간의 멘션이 거의 연결되지 못한 것으로 나타나 강원도지사 선거에도 영향을 미쳤다(장덕진, 2012). 흔히 소셜 네트워크 분석에서는 네트워크란 연결도가 높을수록 영향력과 당선 가능성이 높은 것으로 평가한다.

2012년 제19대 총선에서 친야 성향 트위터 유력자 116명이 압도적으로 야권 지지여론을 만들어 선거당락, 득표율, 20대 투표율에 영향을 주었다. 제19대 총선에서 활약한 트위터 유력자(팔로어 1,000명 이상 기준)는 128명이었고, 그 가운데 90.6%인 116명이 친야 성향이었다. 팔로어 수도 친야 성향의 유력자들은 745만 명인데 비해 친여 성향 유력자들은 32만 5천 명에 그쳤다. 친야 성향의 유력자들은 서울 초접전 8개 선거구에서 영향을 준 것으로 나타났다.

한편으로는 후보자들의 트위터 이용이 과거의 홈페이지 이용 때와 같이 일방향적인 속성이 있다는 것도 평가할 필요가 있다. 즉, 생활 이슈와 감성 이슈에 대해 주목하는 유권자의 속성을 파악하고, 유권자에게 말걸기와 유권자를 결집시키기 위한 트윗을 하기보다는 공감하기 어려운 (대안 없는) 심판 이슈와 단순 의견 제시 혹은 (목적이 불분명한) 일상사의 알림에만 주목하였다는 것이다.

그러나 트위터에서의 성공은 양적인 의미에서 팔로어를 늘리는 것에 있는 것이 아니라 질적인 의미에서 정치인으로서의 자질을 알리고, 공적인 책임에 대한 유연한 동의를 이끌어내며, 그러한 동의를 통해 지지의 외연을 확장하는 전략으로 진행되어야 함에도 불구하고, 진정성 있거나 진취적인 비전을 제시하는 대화의 성공에는 미치지 못했다. 즉, 트위터의 과대대표성만큼이나 트위터 내에서의 정치인의 트윗 담론의 부실함과 불성실함이 문제로 나타났다.

2012년 제18대 대선은 트위터 선거운동이 가장 활발하게 나타났는데, 박근혜 후보의 경우 채널별로 콘텐츠 종류를 달리하는 전략을 구사한 반면, 김문수 후보는 동일한 콘텐츠를 채널별로 전파하는 수단으로 활용하였다(DMC Media, 2012.9). 즉, 채널의 특성과 주이용자에 맞춘 특성화된 타겟팅이 보편적으로 나타난 것은 아니었다. 그 어느 선거에서보다 다양한 채널이 개설되었지만 여전히 쌍방향 대화와 의제 생산을 높이는 데 주력하기보다는 일방적인 정보제공의 편의성만 높이는 데 주력한 후보가 많았다.

<표 2-11> 대선 후보의 정보제공(1997~2012년)

미디어	선거	후보	내용
PC통신	제15대 대선 (1997년)	이회창	· 한나라당 정보서비스(go hannara, 유니텔), 한나라당 포럼 (천리안), 국회큰마당(go assembly), 포럼(go nkptel, 하이텔), 이회창의 사이버카페(go Ihc)
		김대중	· 1996년 홈페이지(www.new97.or.kr/dj) 개설. DJ카페 코너에서 일문일답식 대화 진행 · 국민회의 포럼(go ncnp, 하이텔, 나우누리, 천리안 국회큰마당)
		이인제	· 젊은 희망 이인제 포럼(go inje97, 하이텔, 천리안, 유니텔, 나우누리)
인터넷	제17대 대선 (2007년)	특징	· 유력 후보의 홈페이지 월 평균 방문자 수: 10만 회 이상 · 정치인 팬클럽 방문자 수: 3~4만 명
		문국현	· 웹사이트 점유율 1위(45%, 2007년 11월) · 사이트, 팬클럽, UCC, 미니홈피의 UCC 보유현황: 1,093개
		이명박	· 웹사이트 점유율 2위(23.3%, 2007년 11월) · 사이트, 팬클럽, UCC, 미니홈피의 UCC 보유현황: 2,429개
		정동영	· 웹사이트 점유율 3위(7.9%, 2007년 11월) · 사이트, 팬클럽, UCC, 미니홈피의 UCC 보유현황: 1,090개

소셜 미디어	제18대 대선 (2012년)	박근혜	· 홈페이지(http://www.park2013.com): 기존의 소셜 미디어 와 기타 미디어 채널을 통합. 후원단체 모집, 등록단체와 해당 단체 홈페이지 링크를 메인 페이지에 노출. 전체 채 널을 연결하는 플랫폼 기능 강화 · 트위터: 활동이나 사회적 이슈에 대한 짧은 의견(팔로어 25만 명) · 페이스북: 감성적인 글과 사진 게시(좋아요 3만 건) · 미투데이, 플릭커, 유튜브, 유스트림 · 카카오스토리 · 카톡 플러스 친구: 68만 9천 명 · 박근혜 약속 펀드: 51시간 만에 11,831명이 참여하여 목 표액 250억 원 달성(1인당 평균 211만 원 후원. 문재인 후보 펀드의 1인당 평균액의 3배 이상 규모) · 5000만 상상누리: 공약개발 과정에 국민 참여
		문재인	· 트위터: 팔로어 33만 7천 명 · 페이스북: 좋아요 10만 3천 건 · 미투데이, 플릭커, 유튜브, 유스트림, 카카오스터리, 비메 오, 팟캐스트 · 카톡 플러스 친구: 53만 8천 명 · 핀터레스트: 후보자의 바이오그래피를 알 수 있는 과거 사진 등 개인 콘텐츠 제공 · 문재인 담쟁이 펀드: 후원금 모금. 56시간 만에 200억 원 모금(1인당 평균 57여만 원 후원). 담쟁이 펀드 시즌 2도 하루 만에 모금액 달성 · 픽쏘 서비스에서 문 후보와 셀카를 찍는 인증샷 캠페인
		안철수	· 트위터: 개설 24시간 만에 팔로어 4만 명, 정책네트워크 '내일'의 트위터 계정 개설. 정보제공. 대화는 거의 없음. 후보자의 트위터(@cheolsoo0919)에서는 정보제공과 대화 · 페이스북 페이지 'ahnsspeaker': 출마선언, 선거캠프 이름 공모 / '정책네트워크 내일(ahntomorrow)': 의견수렴 · 블로그 '진심캠프': 정보제공, 의견수렴, 자원봉사자 모집 · '진실의 친구들': 페이스북 페이지. 출마선언 이전부터 정치권의 검증공세에 대응 · 9월 19일, 구세군 아트홀에서 출마선언을 하면서 판도라 TV, YTN을 통해 생중계

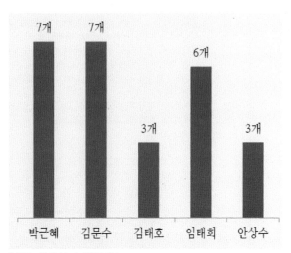

* 자료: DMC Media(2012.9)

<그림 2-3> 새누리당 대선 경선 후보별 소셜 미디어 채널 수

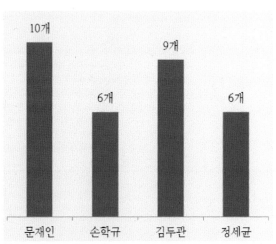

* 자료: DMC Media(2012.9)

<그림 2-4> 민주통합당 대선 경선 후보별 소셜 미디어 채널 수

<표 2-12> 2012년 대선 후보별 이슈어

구분	박근혜				문재인			
	트위터 전체 이슈어 1위	트위터 전체 표현 1위	언론 전체 이슈어 1위	언론 표현 1위	트위터 전체 이슈어 1위	트위터 전체 표현 1위	언론 전체 이슈어 1위	언론 표현 1위
10/1주	안철수	많다	새누리당	밝히다	안철수	밝히다	민주통합당	밝히다
10/2주	새누리당	다르다	새누리당	갈등	안철수	늘다	함께	함께
10/3주	정수장학회	새롭다	정수장학회	나누다	노무현	지키다	민주통합당	의혹
10/4주	정수장학회	비난	대선	비판	노무현	의혹	정치	나누다
11/1주	투표시간	연장	대선	추도	대선	수용	대선	비판
11/2주	대선	개헌	대선	비판	단일화	합의	대선	새롭다
11/3주	대선	위반	대선	비판	단일화	중단	대선	따르다
11/4주	단일화	이기다	대선	비판	단일화	많다	대선	회동
12/1주	이정희	많다	TV토론	사망	이정희	바꾸다	정치	회동

* 자료: http://www.snsminsim.com

2012년 2월, 「공직선거법」이 개정되면서 소셜 미디어를 포함한 온라인 미디어를 활용한 사전 선거운동이 가능해졌고, 스마트폰의 확산에 힘입어 카카오톡이나 카카오 스토리와 같은 모바일 메신저(Mobile Messenger)와 모바일 커뮤니티 활동이 활성화되는 상황이었지만 2012년 제18대 대선에서의 온라인 정치참여는 국가정보원의 댓글 조작이라는 사건에 의해 그 모든 참여의 의미가 퇴색되었다.

3) 실시간 모바일 정보제공

2000년대 후반부터는 유선뿐만 아니라 무선, 즉 모바일을 통한 정보제공이 새롭게 등장하였다. 최초의 모바일 정보제공은 2002년 휴대폰 문자 메시지(Short Message Service)를 통한 선거참여 독려운동이었는데 2002년 12월 19일, 정몽준 후보의 전격적인 노무현 후보 지지 철회로 인해 단시간 내에 폭발적인 문자(SMS) 송신 열풍이 일기도 했다.

요즘은 문자만큼 앱을 많이 이용하는 편인데, 정치인 앱의 경우는 그렇게 좋은 상황이 아니다. 2007년 지방선거에서 안드로이드 마켓에서 135개의 후보자 앱이 제공되었지만 대부분 후보자가 독자적으로 만든 앱이라기보다는 선거홍보업체에서 일괄적으로 만드는 앱이 다수였기 때문에 앱의 표지그림이 거의 같아서 누구의 앱인지 구분하기도 어렵도록 불성실하게 제공되었다. 그렇기 때문에 후보자별 콘텐츠 차별성이 거의 나타나지 않았는데, 오히려 앱보다는 밴드 (BAND)나 카카오톡과 같은 모바일 메신저를 통한 다소 폐쇄적인 그룹 홍보나 직접 메시지 전달에 주력하는 경향을 보였다. 선거정보 제공매체로서 모바일 앱의 기능은 거의 기대하기 어려운 수준이었던 것이다. 물론 이와 같은 상황은 우리나라에만 국한된 것은 아니다. 전 세계 어디에서나 정치인 전문 앱은 특히 인기가 없다.

이어, 2010년 지방선거에서 후보자 앱은 거의 매스미디어나 기관에서 스마트폰용으로 제작한 앱으로서 단편적인 선거 관련 정보제공에만 주력하였다. 2011년부터는 스마트폰 활성화와 2012년 선거를 대비하여 후보자별 앱제작이 활성화되어 '김문수 style'(2010년 5월 제작), '모바일 박근혜'(2011년 2월 제작) 등이 제작되었다.

2012년 19대 총선기간 동안에는 총 73개의 후보자 앱이 등장하여, 과거에 비해 많은 앱이 제공되었다. 47개의 정당과 후보자 앱과 일반적인 선거 관련 앱을 합쳐 총 73개의 앱이 서비스되었다.

<표 2-13> 제19대 총선 후보자 앱(2012년)

후보자	소속정당	서비스 종류	내용
김성식	무소속	안	• 제작: 상상커뮤니케이션 • 의정보고, 포커스, 후원하기, 블로그, 찾아오시는 길 • 트위터, 페이스북과 연결
김부겸	민주통합당	안	• 게임 앱: 의원 캐릭터에 똥침 놓는 게임. 15점 단위마다 캐릭터가 "대구, 기분 좋은 변화" 혹은 "열심히 하겠습니다"라고 외침. 500점 만점 • 블로그, 동영상 바로가기 기능 • 그 외 SNS 연동 없음
김종민	민주통합당	안	• 제작: 이포지션닷컴 • 소개, 광장(지지자 글쓰기 기능), 블로그, 개인 홈페이지 • 페이스북과 연결
김홍준	자유선진당	아/안	• 제작: Mobitle Co. Ltd • 국민공약, 투표하기(유권자 공약 제안), 활동사진, 김홍준TV • 트위터, 페이스북과 연결
문성근	민주통합당	안	• 제작: 디자인샷 • 프로필, 미디어, 공약, 한마디, 정보, 개인홈페이지 • 청년유니온 다음 카페 연결 • 트위터와 연결
문재인 (2개)	민주통합당	아/안	• 제작: 아이후보 • 인사말, 프로필, 비전 공약(선거공약), 지나온 길, 응원톡, 지역소통, 민주통합당 모바일 홈 • 트위터, 페이스북과 연결 [문재인(아/안 모두)] • 문재인 캠프 • 문재인 공약(사상/낙동강 벨트/부산), 커뮤니티(SNS 포함)
문학진	민주통합당	안	• 제작: Open Source Knowledge, Inc. • 문학진입니다, 브리핑룸, 하남소식, 갤러리, 학진닷컴 • 페이스북과 연결
박상돈	자유선진당	안	• 제작: ASB STUDY • 박상돈이란?, 나는 일꾼이다!, 나는 박상돈이다!, 질문하기, 블로그 • 페이스북과 연결
박범계	민주통합당	안	• 제작: 이포지션닷컴 • 소개, 광장(지지자 글쓰기 가능), 블로그, 개인 홈페이지 • 페이스북과 연결
박병석	민주통합당	안	• 제작: 이포지션닷컴 • 소개, 광장(지지자 글쓰기 가능), 블로그 • 페이스북과 연결
박봉현	정통민주당	아	• 제작: Blueriver Co., Ltd.

후보자	소속정당	서비스 종류	내용
박영선	민주통합당	안	· 제작: 아이후보 · 인사말, 프로필, 비전 공약(선거공약), 지나온 길, 응원톡, 지역소통, 민주통합당 모바일 홈, 블로그 · 트위터, 페이스북과 연결
박 정	무소속	안	· 제작: METAKO · 공약, 약력, AR
박주찬	청년당	안	· 제작: GOODLUCK777 · 주찬이는?, 공약게시판, 주찬's Think, 주찬's Photo, 주찬's 일상(이상 메뉴 모두 블로그 링크), 사하구 소식, 소통하기 · 트위터, 페이스북, 유튜브와 연결
손수조	새누리당	안	· 제작: NETCAT · 블로그, 카페 · 트위터, 페이스북, 유튜브와 연결
서상기	새누리당	안	· 제작: Heenman · 프로필, 갤러리, 칼럼, 아이러브북구을, 교육과학, 후원회, 나도한마디(유권자 게시판)
서병수	새누리당	안	· 제작: Open Source Knowledge, Inc. · 의원소개, 브리핑룸, 해운대소식, 알림, 방명록 · 페이스북과 연결
신경민	민주통합당	안	· 제작: 아이후보 · 인사말, 프로필, 비전 공약(선거공약), 지나온 길, 응원톡, 지역소통, 민주통합당 모바일 홈, 블로그 · 트위터, 페이스북과 연결
신계륜	민주통합당	안	· 제작: 아이후보 · 인사말, 프로필, 비전 공약(선거공약), 지나온 길, 응원톡, 지역소통, 민주통합당 모바일 홈, 블로그 · 트위터, 페이스북, 미투데이와 연결
심대평	자유선진당	안	· 제작: igkorea · 소개, 의정활동, 공약, 국회활동, 의정보고서
엄승용	민주통합당	안	· 제작: CookApp · 일상, 뉴스, 인물소개, 블로그 · 트위터, 페이스북, 유튜브(엄지TV)와 연결
오병윤	통합진보당	아/안	· 제작: MORPHEUS. Inc. · 예비후보자 오병윤, 활동보고, 보도자료 · 앱을 설치한 뒤 한 번 더 다운로드를 받아야 콘텐츠를 볼 수 있음
유은혜	민주통합당	안	· 제작: CookApp · 오늘, 생각, 유은혜(소개) · 트위터, 페이스북, 유튜브와 연결
윤재옥	새누리당	안	· 제작: KOREAWIDE · 텍스트 없이 이미지로만 소개, 블로그, 개인홈페이지 · 트위터, 페이스북과 연결

후보자	소속정당	서비스 종류	내용
윤진식	새누리당	안	· 제작: WebKlein · 소개, 언론남당, 영상자료, 사진자료, 블로그 · 페이스북과 연결
윤태진	새누리당	안	· 제작: goodsi · 프로필, 출마의 변, 열정, 카카오톡 응원하기
이계안	민주통합당	안	· 제작: 아이후보 · 인사말, 프로필, 비전 공약(선거공약), 지나온 길, 응원톡, 지역소통, 민주통합당 모바일 홈, 블로그 · 트위터, 페이스북과 연결
이상민	민주통합당	안	· 제작: 이포지션닷컴 · 소개, 광장(지지자 글쓰기 가능), 블로그, 개인홈페이지 · 페이스북과 연결
이성헌	새누리당	안	· 제작: 아이후보 · 인사말, 프로필, 비전 공약(선거공약), 지나온 길, 응원톡, 지역소통, 새누리당 모바일 홈
이용선	민주통합당	안	· 제작: KMC MOBILE · 프로필, 언론 속의 이용선, 발언, 동영상, 갤러리, 여론조사, 후원안내, 우리민족서로돕기, 시민통합당 (혁신과 통합 홈페이지로 연결)
이정현	새누리당	안	· 제작: 인티그램 · 새소식, 매거진, 사서함, 주소록, 내글 반응, 카카오톡, 문자메시지 · 트위터, 페이스북
이종근	무소속	안	· 제작: Three screen Networks · 실시간 방송, 공지사항, 뉴스, 미디어, 공식홈페이지
이한성	새누리당	안	· 제작: 모두나무 · OX퀴즈, 뉴스보기, 응원하기, 후원하기, 공식홈페이 지, 한나라당 홈페이지, 지역 명소 소개
이혁진	민주통합당	안	· 제작: 아이후보 · 인사말, 프로필, 비전 공약(선거공약), 지나온 길, 응원톡, 지역소통, 민주통합당 모바일 홈, 블로그 · 트위터, 페이스북, 미투데이와 연결
정규환	민주통합당	안	· 제작: 아이후보 · 인사말, 프로필, 비전 공약(선거공약), 지나온 길, 응원톡, 지역소통, 민주통합당 모바일 홈, 블로그 · 트위터, 페이스북, 미니홈피와 연결
정동영	민주통합당	안	· 제작: 아이후보 · 인사말, 프로필, 비전 공약(선거공약), 지나온 길, 응원톡, 지역소통, 민주통합당 모바일 홈, 블로그 · 트위터, 페이스북, 미니홈피와 연결
정세균	민주통합당	안	· 제작: 아이후보 · 인사말, 프로필, 비전 공약(선거공약), 지나온 길, 응원톡, 지역소통, 민주통합당 모바일 홈, 블로그 · 트위터, 페이스북, 미투데이, 미니홈피와 연결

후보자	소속정당	서비스 종류	내용
정태근	무소속	안	· 제삭: Digiquitous Inc. · 프로필, 정태근의 약속, 정태근 뉴스, 동영상 · 트위터, 페이스북과 연결
정호준	민주통합당	안	· 제작: 아이후보 · 인사말, 프로필, 비전 공약(선거공약), 지나온 길, 응원톡, 지역소통, 민주통합당 모바일 홈, 블로그 · 트위터, 페이스북과 연결
조경태	민주통합당	안	· 제작: igkorea · 소개, 인사말, 국회활동, 입법활동, 의정보고 · 트위터, 페이스북, 싸이월드와 연결
천정배	민주통합당	안	· 제작: 아이후보 · 인사말, 프로필, 비전 공약(선거공약), 지나온 길, 응원톡, 지역소통, 민주통합당 모바일 홈, 블로그 · 트위터, 페이스북, 미투데이와 연결
최규성	민주통합당	아/안	· 제작: ajnews · 최규성입니다, 의정활동, 신문고, 후원마당, 동영상 언론보도
최재천	민주통합당	안	· 제작: 아이후보 · 인사말, 프로필, 비전 공약(선거공약), 지나온 길, 응원톡, 지역소통, 민주통합당 모바일 홈, 블로그 · 트위터, 페이스북, 미투데이, 미니홈피와 연결
추미애	민주통합당	안	· 제작: 아이후보 · 인사말, 프로필, 비전 공약(선거공약), 지나온 길, 응원톡, 지역소통, 민주통합당 모바일 홈, 블로그
한화갑	무소속	안	· 제작: 아이후보 · 인사말, 프로필, 비전 공약(선거공약), 지나온 길, 응원톡, 지역소통, 민주통합당 모바일 홈, 블로그 · 트위터, 미니홈피와 연결
홍문표	새누리당	안	· 제작: 이포지션닷컴 · 소개, 광장(지지자 글쓰기 가능), 블로그, 개인홈페이지 · 페이스북과 연결
홍준표	새누리당	안	· 제작: DRAGONSTONE Inc. · 게임 앱: Run&Jump게임으로서 부정부패 돼지를 플라잉킥으로 날리는 게임 · 게임 중간마다 하트, 클로버 등의 아이템이 주어지며, 캐릭터가 작아지거나 커지는 등 게임의 재미를 줌 · 게임을 계속할수록 지지율 증가 · 국회 그림과 함께 지지율 100% 달성 축하 메시지가 뜨며 게임 종료 · Endless버전도 있음(이때는 지지율 대신 거리가 기준) · 홍준표 개인에 대한 소개나 SNS 연동 없음

* 아: 아이폰용, 안: 안드로이드용

* 2012년 4월 11일 기준

후보자	소속정당	서비스 종류	내용(앱 이름, 제작사, 앱 구성, 연결 SNS)
박근혜 (3개)	새누리당	아/안	[올댓박근혜(아/안 모두)] · CookApp(Chang Shin Park) · HOT, OLD, TODAY · 연동 SNS 없음 [박근혜(안드로이드)] · Mobile PARKGEUNHYE · 소개, 뉴스, 방송국, 블로그, 글 광장 (유권자 글쓰기 가능) · 트위터 연결 [박근혜(iOS)] · 스마트박근혜 · 최신 뉴스, 공지사항, 실시간 인터넷 생방송, 블로그 · 트위터
황 선	통합진보당	안	· 황선, 통일이 출구다 · 정태현 · 소개, 출마의 변, 777 대박 전략, 황선의 약속, 활동 　모습, 동영상 보기 · 트위터, 페이스북
한명숙	민주통합당	안	· 승리의 한명숙 · we are success · 가장 처음엔 민주통합당 경선을 위해 만들어졌으나, 　업데이트 후 민주통합당 홍보 및 자신의 일정 소개에 　이용되고 있음 · 한명숙의 길, 한명숙의 통합, 한명숙의 소통, 한명숙 　의 소리, 어울림광장(유권자 글쓰기 가능), 모두의 한 　명숙, 나와라! 정봉주 · 트위터, 페이스북

* 아: 아이폰용, 안: 안드로이드용

　일반 선거 앱의 경우, 종류별로는 후보자, 투표소, 관련법에 대한
정보제공이나 일반 미디어의 뉴스 제공 등과 같은 공급자 중심의 앱
이 대부분을 차지하였고(12개), 소셜 미디어 데이터를 분석한 정보
를 중심적으로 공급한 앱도 새로이 등장하였다(4개). 그보다 더 의
미 있는 것은 후보자와 유권자 간에 소셜 미디어를 통해 소통할 수

있는 소셜 댓글이나 유권자가 알고자 하는 후보자의 정보를 후보자
의 소셜 미디어 계정이나 앱으로 연결해주는 플랫폼으로서의 역할
을 한 소통 중심의 앱이 상당수 등장하였다는 것이다(5개).

<표 2-15> 제19대 총선 일반 선거 앱과 후보자 앱의 종류 비교(2012년)

구분	일반 선거 앱(개)	후보자 앱(개)
정보제공	12	46
SNS 분석 정보 / 계정연결	3	33
SNS 소통	7	0
낮은 수준의 소통(의견수렴, 응원글쓰기)	0	24
검색	4	0
위치정보	3	0
여론조사	1	0
공약안내	3	0
자원봉사자 지원	1	0
게임	0	2
이벤트	0	1

아울러 선거의 본질적인 정보로서, 인물뿐만 아니라 공약을 알고,
찾고, 유권자 스스로 제시할 수 있는 매니페스토 관련 앱(3개)이 활
성화되어 가는 경향이 나타난 것도 제19대 총선에서의 특징이다. 이
들 서비스를 통해서는 후보자 정보나 공약 및 투표소 검색은 기본이
고, 선거 당일 투표율 현황, 출구 조사, 개표 결과, 접전 지역 상황까
지 스마트폰으로 확인할 수 있고, 소셜 미디어 계정과의 연동, 토론
동영상 제공, 매니페스토 소개 및 의견조사도 나타나 상대적으로 다
양성과 적극성, 효용성이 높게 나타났다. 이는 후보자보다 자유롭게
활용할 수 있는 유권자의 특징을 반영하는 것이기도 하고 현실적으

로 모바일 앱의 정치적 활용 가능성을 보여주는 것이기도 하다.

또한 일반적인 선거 관련 앱이 아이튠스 스토어(iTunes Store)에 더 많은 것에 비해 후보자의 경우는 안드로이드 마켓(Android Market)에 더 많은 것으로 나타났다. 이는 국내의 관련 제작 업체가 일괄적으로 안드로이드 마켓 중심의 앱을 만들었기 때문이거나 국내 이용자 중심의 공급을 하기 위해서 때문이다. 이러한 편중성에도 불구하고 향후 모바일 앱 분야가 활성화될 경우, 실시간 검색뿐만 아니라 실시간 의견조사, 속보 등 모바일의 장점과 정치적 효용성이 높아질 수 있는 방법으로 활성화될 수 있는 가능성이 제19대 총선을 통해 시도되었다.

그러나 홍준표, 김부겸 후보의 경우 재미있는 게임을 통해 후보자에 대한 관심으로 유도하도록 노력한 반면, 대부분의 후보는 앱 제작사에서 일방적으로 제공하는 정보만 그대로 따르고 있는 수동적인 활용에 머물러 있었다. 이동 중에 흥미로 접속한다는 모바일의 이용 행태를 고려한다면, 게임뿐만 아니라, 단시간에 유권자의 눈을 사로잡아 정치적 흥미를 유발할 수 있는 킬러 콘텐츠(killer contents)가 있어야 하는데, 후보자의 모바일 앱은 그런 상상력과 적극성이 대단히 부족했다.

또 다른 모바일 서비스로 볼 수 있는 팟캐스트 서비스 아이블러그(http://www.iblug.com, 로이터스)는 '누구나 쉽게 팟캐스트를 만들어 배포할 수 있게 해주는 서비스'를 모토로 후보자나 당이 직접 팟캐스트 방송을 내보내거나 기존 운영 채널에 패널로 출연하게 하였는데, 정당의 이용도를 보면 진보통합당, 민주통합당, 새누리당 순으로 활용하였으며, 그에 따라 정치 관련 범주에 속한 캐스트들이 인

<표 2-16> 제19대 총선 선거 관련 앱(2012년)

아이콘	제목	제작자	서비스 종류	내용
	19대 후보자 트위터	J-Hands	안	・정보제공 중심 ・후보자 트위터와 정보제공
	2012 KBS 총선	KBS	안	・정보제공 중심 ・선거 뉴스, 후보자 정보, 여론조사, 투개표 현황, 관심 선거구 ・선거 동영상 중심: KBS에서 진행한 19대 총선 관련 후보자 토론회 제공
	4・11 총선	Jedain C&C	아	・정보제공 중심 ・지역구별 후보 검색, 선거 Dday, 후보별 정보 상세 검색, 후보별 모바일 홈페이지 바로가기 연동
	4・11 총선 앱	DaolSoft	아/안	・데이터 중심, SNS 정보제공 중심 <데이터> ・페이스북, 트위터, 미투데이 ・홈페이지, 유튜브, 후원금 정보 <서비스> ・검색: 후보자, 선거구, 정당, 테마별 ・최신 지지율: 선거구별 지지 현황 ・SNS: 후보자별 SNS와 Info 열람/전달 ・후원금: 지지 후보의 후원금 정보 ・홍보: 후보자 배너광고 유료 등록 ・광고: 중앙일보와 제휴 선거광고 ・이벤트: 팡팡 선물 받기(응모한 후보가 당선되면 245명을 추첨하여 시상)
	국민의 선택	SBS	아/안	・정보제공 중심 ・SBS총선 보도방송 ・뉴스, 보도 중심 ・후보자 검색 ・분석
	나는 찍었다	스퀘어네트	안	・투표 독려 어플리케이션 ・SNS 연동하여 투표 인증샷 공유하기 ・투표소 검색

아이콘	제목	제작자	서비스 종류	내용
	나는 투표소다	Open Source Knowledge	아/안	· 정보제공 중심, 소통 · 투표소 찾기, 개표 현황, 투표 인 증샷, #vote0411로 의견나눔, D-Day 표시
	내 주변 투표소	키위플	아/안	· 위치정보, 증강현실 중심 · 전국 14,800개 투표소 위치를 지 도와 증강현실을 이용하여 제공 · 투표 관할 구역 정보, 투표소 정 보제공 · 길 찾기를 연동하여 손쉬운 길 찾기
	뉴스 프레소	KTH	아	· 뉴스 중심 · KTH의 뉴스전문 모바일 앱인 '뉴스프레소' 안에 2012년 4월 5 일 개설된 4·11총선 서비스 · 총선 관련 이슈와 후보자 정보 검색
	당신이 만드는 선거 YOU	경향신문	안	· SNS 소통 중심 · 선거 관련 SNS 정보를 수집하여 이용자들끼리 공유, 후보자 정보 제공
	당신의 선택	Intoby Co., LTD.	아/안	· 최초 여론조사 어플리케이션 · 사회적 이슈에 대한 여론조사 · 오늘의 당선: 선거 결과 예측 · 정당 및 후보자 정보제공
	대한민국 선거	Plands C&S	아/안	· 뉴스 중심 · 정치뉴스 · 선거정보 · 총선 정보
	땡기지 닷컴	kseek	안	· 후보자와 유권자 간의 소통 · 지역구 후보자 검색, 후보자 정보, 관련 뉴스 제공 · 후보자는 뉴스 업데이트 가능 · 응원 및 제안글 게시 가능
	리더스 선거	인디프로 그	안	· 정보제공 중심 · 위치정보에 의한 지역구 후보자 보기, 정당별 후보자 보기, 관심 후보 등록, 응원 한마디, 후보자 홈페이지 링크, 소셜 홍보

아이콘	제목	제작자	서비스 종류	내용
	매니페스토 정책선거	부산시 선거관리 위원회	아/안	· 매니페스토 앱, 의견수렴 · 유권자 제안 정책보기 · 유권자 정책 제안하기
	선거공약 바로알기	경북대 사회과학 연구원	아/안	· 매니페스토 앱, 설문조사 중심, 경북지역 중심 · 주요 정책의제에 대한 유권자와 후보자 간의 찬반 및 우선순위 비교, 순위를 매기면 해당 지역의 정책이 유사한 후보자 추천 · 10개 정책에 대한 의견조사: 일자리창출을 통한 지역경제 활성화, 농어촌맞춤형 지역정책 수립, 지방대학 졸업자를 위한 지역할당제, 지방산업단지 조성 확충, 국공립 보육시설 확충, 신성장 친환경 그린에너지 관련 클러스터 및 산업단지 벨트 구성, 구미/김천/경산/영천 등을 연결하는 전철화사업, 중앙선 철도 복선화 조기 완공, 혁신도시 완공 추진, 경북도청 청사 이전에 따른 사후 대책 수립
	선거 길잡이	중앙 선거관리 위원회	아/안	· 정보제공 중심 · 관련법규 안내 · 인터넷 문의 · FAQ
	선택 2012	Daum MBC	아/안	· SNS정보 중심, 소통 중심 · 방송국과 포털의 총선 전용 서비스 · 후보자 안내, 투표소 찾기 · '나를 위한 약속' 음원 제공 · SNS 키워드, 별별 랭킹 · 투표 약속 등 유권자 참여 이벤트 · 퀴즈 · 투표인증샷을 올리면 다음 모바일웹과 MBC · 개표방송 'MBC 선택 2012'에 소개 · 선거 당일 투표율 실시간 확인
	선택 4·11	MBN CND	아/안	· 후보자앱 제작 중심, 위치기반 서비스 · 위치기반 앱, 다국어서비스 · 선거 관련 뉴스, 통계자료, 공약

아이콘	제목	제작자	서비스 종류	내용
				을 열람하고 후보자와 직접 소통 가능 · 트위터, 페이스북, 카카오톡 · 후보자의 기본 프로필과 활동 동영상과 보도자료 · 선거유세와 정당행사를 생방송으로 전송할 수 있는 영상 SNS 앱 서비스
smart choice	스마트 초이스	CGN 플랫폼 서비스	아/안	· 매니페스토 정보 중심 · 매니페스토 공약 실천 감시 시민 단체의 정보, 후보자가 올리는 홍보 글, 시민이 올리는 정보 검색 · 시민이 올라와 있는 각 정보에 후기 글을 쓸 수 있으며 평가 (1~5)에 참여
이후보	아이후보		안	· 정보제공, SNS 소통 중심 · 지역별 후보 검색 · 정치인 모바일 홈 · 후보자 어플을 통해 공약과 정보 확인 · SNS와 연동한 소통
정치 9단	정치9단	SNS Page MBC	아	· SNS 소통 중심 · 후보자 정보제공 · 트위터를 통한 소셜 댓글 · 뉴스, 키워드, 별별랭킹 · 후보자 앨범, 후보자의 SNS 계정 현황
D Note	정치인 D노트	SM Software	아	· 약 4,000여 명의 정치인 검색 제공 · 정치인 관련 이슈 작성 및 제공 · 이슈 공유 · 관련 이슈 기사 검색 · 사건 진행과정 꼼꼼히 기록 가능
Change Busan	체인지 부산	GYnet Co.	안	· 2012년 총선 부산지역 자원봉사자 지원
트윗털기	트윗털기	Loooker	아/안	· SNS분석 중심, 토론서비스 · 후보자 소개, 활동과 반응에 대한 평점, 각종 소셜 평가지수, 순위, SNS 정보, 클라우트가 분석한 SNS 활동의 특징, 클라우트스코

아이콘	제목	제작자	서비스 종류	내용
				어+Peer Index를 합친 루커 인덱스 제공, 토론방 개설
	후보자 토론 다시보기	중앙 선거방송 토론위원회	안	· 정보제공 중심 · 지역별 후보자의 선거방송토론 다시보기

* 아: 아이폰용, 안: 안드로이드용

기 상위에 오르게 되었다. 정당별 활용 현황을 보면, 민주통합당은 '19대 총선 후보자 안내'라는 이름으로 후보자들의 후보 영상을 올리고, 진보통합당은 지역구 출마자의 연한 토론 활동을 소개하고, 새누리당 후보는 웹툰 애니메이션 형식을 빌린 스토리텔링을 진행하였다(국내 정치 팟캐스트의 특징과 효과에 대한 세부 내용은 이 책의 제4장 제2절 참조).

소셜 미디어 외에 유튜브, 유스트림, 카카오스토리, 팟캐스트 등의 채널이 등장하면서 단 하나의 미디어에 초점을 맞추는 것보다 미디어 고유의 특성과 이용자들의 다양한 미디어 이용 패턴을 고려하는 것이 더욱 중요한 문제로 부상하였다(DMC Media, 2012.9).

한편, 긍정적인 정보제공 혹은 후보자에 대한 홍보 외에 박원순 서울시장 후보의 경우는 네거티브 신고센터[8]를 통해 온라인 네거티브 URL를 접수하고, 캡쳐(capture)한 이미지를 이메일로 신고받는 네거티브 정보수렴방식으로 정보제공형 선거운동을 실시하였다.

---

8) https://docs.google.com/forms/d/1hSMJyLUGbA7TFroGZOAHJ2ieub-1XMOk-O4KcKB7E6I/viewform

<표 2-17> 제18대 대선 선거 앱(2012년)

제목	서비스 종류	내용
나의 대통령	아 안	· 대선 토론 서비스 · 아이디를 기입하고 지지하는 후보를 선택해서 로그인하면 다양한 의견 게시 가능 · '통계' 메뉴에서 이용자들의 후보 지지도와 후보자별 지지자의 활동량 정보제공 · 위치기반서비스를 활용하여 지역별 지지자의 활동량 정보제공
내 마음 속의 대통령	안	· 후보의 정책만 보고 이용자가 원하는 대통령을 찾을 수 있는 서비스 · 후보의 정책이 담긴 20개의 질문에 답하면 결과에 적합한 대통령 후보를 알려줌
대통령선거 쉽게 잘하는 법	안	· 후보 간략 프로필과 공약을 그래프로 제공 · 역대 대통령 후보와 취임사 제공
대통령은 누가 될까	아 안	· 선거 이슈에 대해 예측하고 결과 적중률에 따라 가상화폐 제공 · 흥미로운 설문조사
문고리		· 인증샷 캠페인 등 게릴라식 놀이문화 틀을 제공 · 미션 부여 후 이의 결과물을 트위터나 페이스북을 통해 확산
문재인의 국민명령 1호		· 국민 제안 정책 아이디어 수렴 앱 · 대통령으로 당선될 경우 첫 번째 국무회의에서 국민명령 1호로 선정된 정책을 대통령의 행정명령 1호로 추진하겠다는 취지로 제작됨 · 앱, 웹, 모바일 웹 서비스 · 공직자 비리 수사처 신설, FTA 재협상, 친일파 척결, 성폭력 예방 대책 등의 의견에 추천이 많음
문톡	안	· 최신 소식 제공(댓글 게시 가능) · 참여마당: 글 게시
박근혜	안	· 개인 앱 · 뉴스, 활동, 영상, 소개, 사진 · SNS와 연동
새누리피플	안	· 2012년 9월 출시 · 새누리당 당원 전용 앱 · 게시판: 당원 간 소통

* 자료: "흥미진진 대선 도우미 앱"(아이뉴스 24, 2012년 11월 24일자)

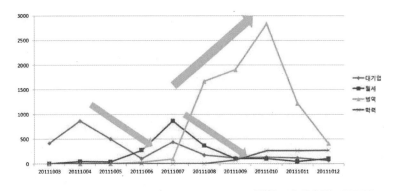

* 자료: 송길영(2012,10,19.: 47)

<그림 2-5> 박원순 후보의 부정 이슈에 대한 언급 추이

이와 같이 네거티브에 대한 단순 해명 차원을 넘어 적극적인 네거티브 정보수집 등의 대응방식은 2008년 미국 오바마 대통령 후보의 선거운동에서부터 활성화된 방식으로 네거티브 정보가 필연적으로 발생할 수밖에 없는 선거운동 구조에서 중요한 정보제공유형으로 나타날 것이다. 네거티브를 단지 흑색선전 마타도어쯤으로 거의 제대로 평가하지 않고 외면했던 이전 상황에 비한다면 네거티브 정보분석 혹은 네거티브 정보수렴을 통한 지지자 결집 효과 역시 주목해야 할 하나의 대상이 되었다.

또 하나의 네거티브 정보 생산 주체는 '가족'이었다. 2014년 지방선거 직후, 재보선에서도 나타난 바와 같이 (고승덕 후보나 조희연 후보 사례처럼) 가족의 소셜 미디어 발언의 중요성이 최초로 사회적 주목을 받았다.9) 후보자나 유권자에 비해 주목받지 않았던 후보자

---

9) 2014년 5월 31일 고승덕 서울시 교육감 후보의 딸이 페이스북에 올린 폭로글은 고 후보의 패인으로 평가된다.

의 가족이 중요한 정보제공자로 등장하게 된 것이다.

3. 정당의 정보제공

2004년 제17대 총선에서 모든 정당 홈페이지에서 공통적으로 나타나는 특징은 네티즌의 시선을 끌기 위해 인터넷 게임, 만화, 패러디 등 오락적 요소를 다양하게 갖추었다는 점이다. 이전까지 정당 홈페이지가 개설 후 휴업과 같은 수동적 상태에 머문 것에 비한다면 매우 주목할 만한 변화가 나타난 것이다.

한나라당은 홈페이지에 '패러디 천국' 란을 마련하여 상대적으로 정치 호응도가 낮은 젊은 층을 공략하였고, 열린우리당은 '0415 게임마당'을 마련하여 '정동영 DDR', '김근태 방울 터뜨리기', '정동영 슈팅게임' 등의 게임을 올렸다. 민주노동당은 네티즌들 사이에서 큰 인기를 끌고 있는 노회찬 선대위원장의 '노회찬 어록' 란과 홍보 만화를 올렸다(윤성이, 2006: 143).

그러나 고도의 정보전략인 게임화(gamification)는 게임 제공뿐만 아니라 게임 속에 정치정보 및 정치메시지와 정치광고 등을 복합적으로 제공할 때 의미가 있다. 가령, 정치교육 메시지를 담은 게임이나 자동차 게임 중에 도로에 입간판으로 정치광고가 반짝하고 등장하는 것이 좋은 사례이다. 그러나 국내의 정치 게임은 여전히 단순 재미만을 목적으로 하는 한계가 있다.

한편, 정당 홈페이지는 멀티미디어 자료를 중심으로 한 정보제공에 초점을 두었지만, 인터넷의 가장 큰 특징인 쌍방향 커뮤니케이션은 제대로 이루어지지 않은 채 정보제공형 홈페이지에 머물러 있었다. 게시판이나 토론방의 형식으로 네티즌 참여공간을 마련하였지만 후보자와 유권자 간 그리고 유권자 사이의 대화와 토론은 없었으며 네티즌의 일방적인 발언만 게시되었고, TV와 마찬가지로 유권자의 감성에 호소하는 이미지 홍보에 주력할 뿐이었다(윤성이, 2006: 144; 김도경, 2008: 75).

이와 같은 전략은 뉴미디어의 쌍방향성이라는 장점을 적극적으로 활용하지 못하는 대단히 수동적이고 소극적인 전략이다. 더구나 쌍방향성이란 단지 정당과 유권자와의 대화에 머무는 것이 아니라, 궁극적으로는 유권자 간의 정치토론을 목적으로 해야 더욱 의미 있는 것이다. 즉, 홈페이지 방문자와 운영자와의 대화 그 이상의 대화를 활성화하여 공론장을 구성하는 것에 주력을 다해야 한다.

2007년 11월 3~4주 동안 정당 웹사이트 순위와 점유율은 1위 한나라당(29.5%), 2위 민노당(26.9%), 3위 대통합신당(13.4%) 순으로 나타났다(윤성이, 2008b: 207).

2012년 2월 중반, 정당의 소셜 미디어 점유율을 보면, 민주통합당의 지지도보다 통합진보당의 지지가 높게 나타났다(『시사인』, 2012년 2월 13일자, 트리움사 조사). 이 시기에는 한미 FTA협상 발효 중단문제와 석패율제, 공천심사위원회 구성문제 등이 이슈가 되면서 한명숙 대표에 대한 언팔 운동과 김진표 원내대표에 대한 퇴진운동이 발생하였다. 이어서 2012년 3월 29일의 조사에서도 통합진보당 트위터가 가장 활발하고, 그다음이 새누리당 순으로 나타났다.[10]

2012년 3월 6일부터 4월 5일까지 한 달 안 11,800만 건의 트윗을

___

10) 통합진보당 팔로어는 3만 명으로 최대이고, 새누리당의 팔로어는 16,000여 명 수준으로 나타났다(「머니투데이」 2012년 3월 29일자).

분석한 다음소프트의 조사에 의하면, 새누리당과 민주통합당 간의
자리바꿈 전환이 일어났고, 통합진보당은 다른 이슈에 묻히는 것으
로 나타났다.

통합진보당은 개인처럼 자유롭게 대화하면서 친근함을 강조하는
전략을 택했고, 새누리당는 공식입장 전달이나 홍보용으로 트위터를
활용하였으며, 민주통합당은 가장 먼저 트위터를 이용하였으며 내용
과 메시지 강조하여 공식입장이나 홍보에 주력하였다.

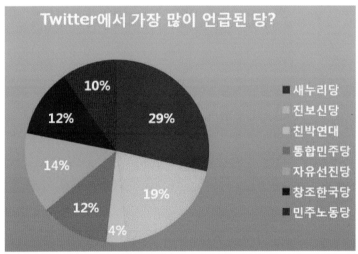

* 자료: http://blog.uxkorea.com/384
  기간: 2012년 3월 27일~4월 3일

<그림 2-6> 트위터의 정당 점유율

2012년 3월 말에는 트위터에서 새누리당이나 민주통합당이라고
쓰인 트윗만 1초에 3, 4개꼴로 올라오거나 리트윗되는 등의 참여가
나타났다. 그러나 선거 초반, 소셜 미디어에서의 통합진보당 우세 현

상은 2012년 4월 3일을 기점으로 역전되었다. 당시의 1주일 동안의 트위터 통계에 의하면 가장 많이 언급된 당은 새누리당(4,492회)이며 가장 적게 언급된 당은 친박연대(569회)로 나타난 것이다.

제19대 총선에서는 대체적으로 새누리당이 30% 내외, 민주통합당이 50% 내외의 점유율을 보이며 큰 기복 없이 점유율의 트렌드가 지속되었다.

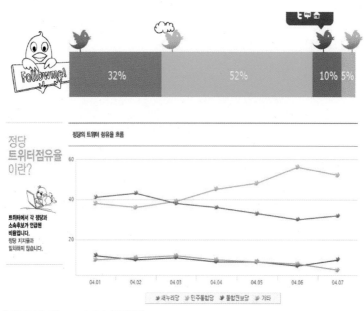

* 자료: http://www.vote4u.kr(경향신문)

<그림 2-7> 정당의 트위터 점유율

트위터 외에 또 다른 마이크로블로그서비스인 네이버의 미투데이에서는 민주통합당의 활동이 새누리당보다 조금 더 활발한 것으로 나타났다.

<표 2-18> 정당별 미투데이 활동 정도

* 2012년 4월 11일 16시 기준
** 단위: 명

구분	새누리당	민주통합당	통합진보당	국민생각	자유선진당	무소속
친구 수	38,350	39,297	8,266	4,367	4,491	27,803
미투 수	12,466	17,481	5,894	1,140	153	1,977
댓글 수	2,946	7,699	2,061	140	63	688
합계	50,816	56,778	14,160	5,507	4,644	29,780

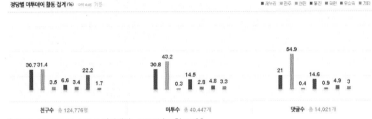

* 자료: http://bit.ly/H8HiL6(검색일: 2012년 4월 11일)

<그림 2-8> 정당별 미투데이 활동 정도

　　2012년만 해도 모바일 앱을 활용한 정당은 새누리당이 유일할 정
도로 스마트폰의 정치적 활용은 활성화되지 않은 상태였다. 새누리
당은 안드로이드와 아이폰에서 이용가능한 '새누리 정책약속'이라는
매니페스토 소개 앱을 통해 분야별/시도별 공약을 제시하였는데, 후
보자 앱의 경우 통상적으로 알 수 있는 후보자 개인에 대한 정보와
공약에 대한 기계적인 소개에 치중하는 경우가 많아서 여전히 공급
자 중심 관점에 제한되어 있는 것으로 나타났다.

<그림 2-9> '새누리 정책약속'

미디어 전환의 특징과 쟁점

1. 미디어별 특성 반영

1) 홈페이지

후보자가 인터넷을 활용하는 정도나 방식은 유권자의 참여 내용 및 방식에 서로 영향을 미친다. 정치인에게 있어서 온라인 공간은 단순한 커뮤니케이션 공간이 아니라 '투표하는 유권자가 있는 공간'이기 때문에 중요하다. 또한 정치인이 적극적으로 온라인 공간에서 반응하면 유권자의 반응도 다양하게 활성화될 수 있다. 즉, 정치 활동의 장을 오프라인 현실에서 온라인으로 옮기는데 중추적인 역할을 수행할 수 있는 것이 바로 정치인 홈페이지이다(성지연·박정의, 2008: 72).

온라인의 본원적인 형태로서, 홈페이지를 통한 정보제공은 검색만 된다면 홈페이지에는 정치인의 모든 정보가 기록되어 있기 때문에 현재에도 위력적인 정보제공 방식이다.[11]

홈페이지를 통한 정보제공의 장점은 첫째, 홈페이지는 통제를 통한 자기 연출의 장으로서, 그 어떤 미디어보다 스스로 자신의 특정 이미지를 구축하는데 용이하다. 정치인들은 모든 콘텐츠에 대한 적절하고도 철저한 통제를 통해 자신의 특정 이미지를 부각시키거나 은폐시킴으로써 자신이 원하는 이미지를 효율적으로 형성하고 관리할 수 있다.

즉, 홈페이지는 신중히 구성된 자기표현의 채널 역할을 수행한다(박정의·성지연, 2006: 123; 성지연·박정의, 2008: 72, 76). 국내 정치인의 홈페이지는 모두 애국자 코스프레와 같은 지루하고 천편일률적인 콘텐츠로 구성되어 있지만 언론의 뉴스 선별이 이루어지는 상황에서 언론에 노출되지 않은 정치인 고유의 정보는 홈페이지에서 찾는 것이 가장 효과적이다.

둘째, 홈페이지는 모든 미디어의 허브(Hub) 역할을 할 수 있다. 홈페이지에 종합 콘텐츠를 저장해놓고 필요할 경우에는 블로그, 트위터, 페이스북, 유튜브 등으로 연결(Link)해 놓음으로써 네트워크의 교두보로 활용할 수 있는 편리함이 있다.

셋째, 홈페이지는 다목적의 정치참여 공간으로서, 정보제공뿐만 아니라 유권자와 대화나 의제 수렴 등의 종합적인 정치참여 도구로 활용할 수 있다. 홈페이지는 그 어떤 미디어보다 검색이 가장 쉽기 때문에 자기정보를 노출하는 제1창구로 활용할 수 있고, 홈페이지에서 게시판을 제공할 경우에는 댓글을 통해 대화할 수 있는 다목적 활용이 가능한 장점이 있다.

---

11) 웨이백머신(http://archive.org/web)과 같은 홈페이지 기록 서비스를 이용하면 과거 홈페이지의 모든 것을 추적할 수 있다. 모든 온라인 콘텐츠를 기록하고 있는 웨이백머신에는 온라인 공간에서 홈페이지가 만들어진 이후 2015년 9월 말 현재까지 4,960억 개의 홈페이지가 저장되어 있어서 우리가 알고 있는 사이트들의 과거 모습도 모두 검색할 수 있다.

넷째, 홈페이지를 통한 정보제공은 정보제공자의 개방성·공유성과 투명성을 상징할 수 있다. 즉, 정보공개를 통해 시민의 알권리를 충족시켜 투명성을 확보할 수 있다.

그러나 이러한 장점이 있는 홈페이지를 통한 정치정보 제공이 언제나 발전적으로 진행되어온 것만은 아니다. 가장 오래 이용한 채널임에도 불구하고 정치인 홈페이지는 개설도와 반응성에 있어서 한계를 보여왔는데, 무엇보다 공급자 중심적인 채널로만 머물러 왔기 때문에 네트워크 사회의 쌍방향성을 발휘하는 데는 제한적일 수밖에 없다는 비판이 주로 제시되었다.

2) 소셜 미디어

후보자들은 생활 이슈와 감성 이슈에 대해 주목하는 유권자의 속성을 파악하고, 유권자에게 말걸기와 유권자를 결집시키기 위한 트윗을 하기보다는 공감하기 어려운 (대안 없는) 심판이슈와 단순의견 제시 혹은 (목적이 불분명한) 일상사의 알림에만 주목하였다.

트위터에서의 성공은 양적인 의미에서 팔로어만 늘리는 것에 있는 것이 아니라 질적인 의미에서 정치인으로서의 자질을 알리고, 공적인 책임에 대한 동의를 이끌어내며, 그러한 동의를 통해 지지의 외연을 확장하는 전략으로 진행되어야 함에도 불구하고, 진정성이 있거나 진취적인 비전을 제시하는 것에는 미치지 못했다. 즉, 트위터의 과대대표성만큼이나 정치인 트윗 담론의 부실함과 불성실함이 드러났다.

2. 쌍방향성과 대화 활성화

제2장 제1절의 미디어 효과론에 정리한 것처럼 미디어 효과론 관점에서는 1) 미디어를 둘러싸고 있는 정치문화 환경, 2) 다양 미디어의 특성, 3) 이용자의 능동성 정도가 중요하다. 지난 선거운동 기간 동안 선거의 중요 행위자로서 공급자들이 정보 제공한 흐름을 분석한 결과, 미디어 다양화에도 불구하고, 여전히 수평적 쌍방향성이라는 뉴미디어의 장점을 적극적으로 활용하기보다는 일방적인 공급자 중심의 미디어 이용이 다수를 차지하고 있으며, 자기애가 강한 일방적 홍보로 인해 다수의 시민과 대화하는 양상은 찾기 어려웠다.

후보자가 온라인 선거운동을 하면서 가장 먼저 생각하게 되는 문제는 어떤 미디어를 통해 유권자들을 만날까이다. 즉, '홈페이지를 개설해놓고 누군가 방문해주기를 기다릴까', '트위터로 일거수일투족을 모두 알리면서 다수와 실시간으로 소통을 할까', '블로그에 내 모든 활동을 알리고 RSS로 피드백 배달을 할까', '페이스북이 유행이라는데 페이스북 친구를 많이 늘려볼까', '유튜브와 인스타그램을 어떻게 할까'와 같은 고민이 그것이다. 이는 비단 후보자뿐만 아니라 온라인 이용자가 되고자 한다면 누구나 해야 할 선택의 고민일 것이다. 이와 같은 과정은 오프라인 현실공간에서 나를 알리기 위해 어디에 가서 누구를 만날 것인가 하고 고민하는 것과도 같은 맥락이다.

자원과 시간이 충분하다면 모든 채널을 운영하는 팀이 있을 것이고, 전국 차원의 후보도 아닌데 출마지역에 한정하여 이용하되 그냥 좀 시대에 뒤처지는 정치인으로 여겨지고 싶지 않아서 활용하는 것이라면 한 개의 채널을 소박하게 이용하고자 할 수도 있다. 무엇을 하든 신문과 TV에 나오는 정치인은 한정되어 있으니 온라인이라도 이용해야 나를 좀 알릴 수 있지 않을까 하는 절박함이 있을 것이다.

그러나 온라인을 이용할 때의 함정은 이 절박함이다. 나를 알리는 데에만 치중하다 보니 일방적인 홍보에만 힘을 쏟고, 온라인을 방문하는 사람들과 전혀 소통하지 않는다거나 자기 자랑만 일방적으로 해댄다거나 하는 등 공급자 중심형의 온라인 이용패턴이 다수가 되어버린 것이다. 이러한 일방적인 홍보는 참여 독려나 긍정적인 홍보 효과가 없다는 것이 기존 연구에서의 주된 논지이다. 게다가 뉴미디어의 최고 장점은 수평적 쌍방향 소통에 있기 때문에 뉴미디어를 뉴미디어 '답게' 이용하는 것이 중요하다는 과제가 지속적으로 강조되고 있는 상황이다.

공급자 중심의 홍보는 유권자의 요구를 발굴하고 유권자와 대화하고 때로는 적극적으로 유권자를 결집하기 위한 능동적 행태라기보다는 매우 수동적인 대응이며, 한편으로는 미디어를 이용한 홍보에 있어서 후보자 스스로의 전략이 매우 부족하다는 한계로 이어진다. 이와 같은 한계가 나타나는 것은 기술 자체를 그저 도구로 폄하하는 관점으로 인해 발생하는 것인데, 향후 한국의 온라인 선거운동에서는 이와 같은 과제에 대한 적극적인 해결이 필요할 것이다.

3. 전략적 미디어 이용

정당과 후보자들이 새로운 미디어를 개설하는 데 급급하지 않고 전략의 필요성을 준비하게 된 것은 인터넷이 보편화된 지 10년이 지난 2010년대 초반의 일이다. 특히, 보수 정당의 경우, 진보와 젊은 세대가 온라인 공간을 독점하고 있다는 자각하에 뒤늦게 전략을 마련하는 등의 대응 방식을 보였다.

상업적인 광고회사가 하나의 상품을 홍보하기 위해 수많은 데이터와 방식을 고민하고 전략을 마련하는 것처럼 정당과 후보자가 선거운동을 전개하기 위해서는 전략 마련이 필수적이다. 그리고 이러한 전략은 완벽한 이상형(ideal type)이 하나로 고정되어 있다기보다는 매우 다양하게 형성될 수 있다.

가장 이상적인 것은 모든 채널이 연결된 플랫폼을 형성하여 그 안에서 많은 사람이 북적거리며 수평적으로 소통하고 그들의 의견이 정책으로 수시로 반영되는 상황이겠지만 현실적으로 그런 플랫폼을 만들어 성공한다는 것은 매우 어려울 뿐만 아니라 아주 예외적인 상황으로 평가되고 있다. 또한 정보제공 주체마다 보유하고 있는 인적·물적·기술적 자원이 상이하기 때문에-자원을 별도로 확보해야 하는 문제를 차치하고라도- 정보제공전략은 제한적인 자원 속에서 구성해야 한다는 현실적 문제를 안고 있다.

그럼에도 불구하고 각 채널의 속성이 다르고, 채널의 속성만큼 이용자의 행태가 다르다는 점을 고려하여 온라인 정보제공 전략이 마련되어야 한다. 미디어 효과를 극대화하기 위해 각 채널의 속성을 파악하고, 사람들이 텍스트에 반응하는지, 이미지에 반응하는지, 동영상에 반응하는지 아니며 이 모든 것을 합쳐야 하는지, 텍스트의 표현은 어떤 어투가 적절한지 등에 대해 끊임없이 연구하고 토론해야 한다. 흔히 대선이 아닌 총선이나 지방선거에서 지명도 없는 정치인이 온라인을 활용하여 무엇하겠는가, 차라리 시장에서 악수를 한 번 더하는 것이 훨씬 더 선거운동에 유용하다는 이야기를 하곤

하는데 이는 시대 변화를 자각하지 못하는 무지한 발상이다.

온라인 공간은 특정 지역이나 특정 인물에 한정되어 있는 공간이 아니라 누구에게나 열려 있고, 그렇기 때문에 출마 지역이 아닌 곳에서의 입소문으로 자신의 지명도가 올라갈 수 있으며, 적어도 공인으로서 자신을 알릴 수 있는 가장 효과적인 대안 경로가 온라인이 될 수 있다는 사실에 대해 유념할 필요가 있다.

맹목적으로 하염없이 자기홍보에만 몰두하는 것도 매우 비효율적인 전략이다. 지성이면 감천이니까 누군가 알아주겠지라는 마음으로 일방적으로 홍보하는 것은 오프라인의 광고판을 온라인으로 기계적으로 이입해놓은 것에 다름 아니다. 즉, 하나의 글이나 이미지를 올리더라도 다수의 '공감'을 확보하고자 하는 열의가 표출되어야 하며, 콘텐츠나 인물은 빈약한데 포장에만 급급하여 결과적으로 불량상품을 소비자에게 제공하는 것과 같은 일은 피해야 한다. 이 모든 항목이 하나의 체계적인 온라인 정보제공 전략으로 구성되고 꾸준히 추구될 때 온라인 정보제공의 효과와 쌍방향성 그리고 민주성이 극대화될 수 있다.

4. 적극적 대응

현재까지 진행된 공급자들의 온라인 정보제공은 능동성이 부족한 경우가 다반사이다. 온라인 공간에서 이미 사건은 벌어지고 의견은 제시되었는데 따라가는 경향이 대부분인 것이다. 공급자들은 마치 온라인 이용자가 아닌 것처럼 공간에서 한 발짝 뒤에 서 있다. 모두가 경계 없이 이동할 수 있는 이용자라는 사실에 대해 아직도 권위적이고 일방적인 시각이 존재하고 있는 것이다. 온라인 정보제공의 정치적 가치가 이 부분에도 반영되어 있다고 할 수 있는데, 이제는 공급자와 수용자의 경계가 의미가 점점 열어지고 있다.

소수 엘리트의 권력 독점에 대해 몰두하고 있는 사람보다는 다수의 성취와 관여력에 의미를 부여하는 사람들이 증가하고 있는 시대이다. 물론 누군가는 나를 대표하고 누군가는 정책을 만들고 누군가는 실행력 있게 이를 추진하는 것이 중요하지만 그것이 단지 현실적으로 고정된 직책을 가진 이의 독점능력이라고 평가하는 경향은 과거에 비해 상당히 약해졌다.

따라서 누구나 예외일 수 없는 다수가 평등한 온라인 공간에 수평적 눈높이로 접근하려는 자세가 요구된다. 전혀 업데이트 되지 않는 홈페이지와 콘셉트가 무엇인지 모르겠는 블로그 디자인, 아무도 깔고 싶지 않은 모바일 앱, 심하게 맞춤법도 틀리고 공인의 책임감과 격이 반영되지 않은 트윗, 누가 너무 일방적으로 만들어주고 있는 것 같은 페이스북의 포스팅이 인기를 끈다는 것은 불가능하다. 수평적 높이에서 말걸기, 자신의 모든 정보를 개방하고 공유하기, 이 사회의 문제에 대한 공인으로서의 식견을 체계적으로 표현하기와 같은 능동적 행위자로서의 행태가 표출되어야만 한다.

미디어별 구분 없는 이용, 공급자 중심의 행태, 전략의 부재 및 수동적 반응은 기본적으로 기술 위치에 대한 폄하로부터 발생한다. 온라인은 젊은 기술맹신자들만이 활동하는 공간이라는 선입견이 상당기간 동안 지속되고 있다. 말로는 ICT 강국이지만 그 훌륭한 하드웨어와 기술 인프라를 사회나 공적인 활동 혹은 정치나 선거운동에서 어떻게든 유용하게 쓰고자 하는 관점이 매우 부족했다. 이는 단지 기술을 몰라서 발생하는 문제가 아니라 기술의 유용성을 사회로 끌어오고자 하는 의지가 없어서 발생하는 문제이다.

아주 오랜 시간 동안 TV나 신문과 같은 매체가 다수에게 정보를 전달해줄 수 있으니 얼마나 유용한가 라는 관점이 작동하였다. 온라인 공간이 이들을 대체할 수 있다는 것에 대한 의구심은 여전히 지속되고 있다. 그렇기 때문에 선거운동 기간에만 반짝 온라인 선거운동이 이루어지고 그 외의 기간에는 개점휴업 상태인 경우가 너무 많다. 이 기간 외에 TV나 신문이 그다지 특정 정당과 정치인에 대해 효과적으로 정보제공을 하지 않기 때문에 상시적인 정보제공 공간은 따로 없음에도 불구하고, 온라인 공간까지 방치되어 있다는 것은 이해하기 어려운 현상이다.

기술이 망치와 도끼와 같은 수단(tool)이 아니라 미디어라는 것을 자각해야 하는 시대가 되었다. 즉, 사람과 사람을 효과적으로 매개할 수 있는 훌륭한 매개체라는 것이다. 기술 위치에 대한 회복과 가치평가의 전환 없이 효과적인 온라인 선거운동이나 정보제공을 기대하기 어렵다.

제3장

온라인 선거운동과
행위자의 전환

이론틀: 네트워크론과 사회자본론

1. 네트워크론[12]

새로운 정치 행위는 주변 조직(peripheral organization)과 임의 집단(ad hoc group)이 정보 인프라를 이용하여 '정치적 권익 주창(political advocacy)'을 적극 수행하는 것이다(Bimber, 2007: 20). 온라인에 의해 추동되는 새로운 정치(new politics)의 특징은 기존 정치와 같은 위계적이고 폐쇄적인 엘리트만의 구조가 아니라, 개인화되고 탈이데올로기적이며 분권화된 네트워크에서 정치가 진행된다는 데 있다.[13] 그런 의미에서 온라인 선거운동 집단의 네트워크 참여를 설명하는 가장 효과적인 이론은 네트워크론이다.

온라인 정치에 적용되는 시기를 중심으로 네트워크론은 전기(前期) 네트워크론과 후기 네트워크론의 두 시기로 구분할 수 있다. 인터넷이 개발되기 훨씬 전인 250여 년 전부터 시작된 전기 네트워크론은 행위자 간 연결의 특징만을 강조하였기 때문에 네트워크는 변

---

12) 네트워크론은 조희정(2010)의 1장 2절을 수정·보완한 것이다.

13) Barrie Axford · Richard Huggins eds.(2001) 3장.

화하는 것이라기보다는 정적인 상태에 연결된 구조일 뿐이었다.

이런 네트워크 개념은 1990년대 중반까지 지속되었는데, 1990년대 후반 바라바시와 와츠의 이론이 제시되면서 네트워크 구조 변화에 대한 문제가 중요한 이슈로 부각되었다. 즉, 네트워크 자체의 형성 요인과 변화 요인에 대한 분석이 중요한 연구 주제로 부상하면서 후기 네트워크론을 구성하고 있다.

<표 3-1> 전기 네트워크론의 주요 연구 내용

시기	연구자	분야	내용과 특징
1736년	오일러 (Leonhard Euler)	수학	· 오늘날 네트워크론의 기초가 되는 그래프 이론의 창시자 · 도시의 7개 다리 가운데 같은 다리를 두 번 건너지 않고 7곳을 모두 건널 수 있는 방법을 실험 → 불가능 · 링크(다리)에 의해 연결된 노드가 그래프를 구성함. 경로의 존재는 그래프 속성에서 기인함. 네트워크 속성이 행위자를 제약할 수 있음 · 현실은 정적인 네트워크가 아니라 동적인 네트워크라는 사실을 간과함
1951년	라포포트 (Anatol Rapoport)	수학	· 질병의 확산 과정 연구 · (임의 네트워크와 달리) 짐멜의 주장과 유사한 친분 관계에 있어서의 '삼각형 완성(triadic closure)' 개념 완성. 짐멜 개념과의 차이는 관계의 다이나믹스를 지적했다는 것 · (대부분의 네트워크론이 정적임에 반해) 관계의 다이나믹스 지적(단, 데이터와 처리 능력의 한계) · 임의 편향 네트워크(random-biased net) 제시
1959년	에르되스 (Paul Erdös)	수학	· 레니(Alfred Rényi)와 함께 사회현상의 중요한 경계값(threshold)을 알기 위해 여러 개의 단추에 실의 수를 늘려가며 연결하는 실험 실시 → 임계점에서 상전이 현상이 발생하는 현상 발견. 즉, 전체적으로 연결된 상태가 점진적으로 도달되는 것이 아니라 갑작스럽고 급격한 도약에 의해 이루어진다는 것 · 커넥터와 같은 개념인 컴포넌트(connected component) 개념 제시 · (이전까지의 정규 그래프가 아닌) 무작위(임의) 그래프 이론 수립 → 그렇게 해도 종형 그래프(포와송 분포)가 나타남 ↔ 복잡성을 무작위성과 동일시. 네트워크 형성의 보편적 이론이라 평가하기는 어려움 · 에르되스 지수(Erdös Number)로 유명

1967년	밀그램 (Stanley Milgram)	사회 심리학	· 전혀 모르는 개인이 알기 위해 그 사이에 몇 명이 필요 한가를 실험: 한 도시에서 무작위로 뽑은 5백 명이 멀리 떨어진 도시의 증권거래인에게 편지를 도달시키기 위해 몇 명을 동원하는지를 실험. 중간단계에는 개인과 이름 정도는 아는 친분 관계 이상의 사람만 연결 가능. 물론 최종 목표인에게 직접 전달도 가능 · 심리학자 클라인펠트(Judith Kleinfeld)는 밀그램의 표본 이 대단히 편중되어 있고 성공률도 낮았기 때문에 일반 화되기 어렵다고 비판 · 6단계의 분리 발견(정확하게 이 표현을 쓴 것은 '91년 의 구아레) · 작은 세계 현상 제시 · 40명의 피실험자를 대상으로 권위자의 지시에 따라 행 동할 경우 보통사람이 무고한 사람에게 어느 정도까지 고통(전기충격)을 가할 수 있는가를 실험. 26명이 450볼 트까지 지켜봄. 사회적 상호작용의 패턴 분석
1973년	그라노베터 (Mark Granovetter)	사회학	· 그룹 구조를 관찰하는 것만으로도 유대 관계의 강약을 구분할 수 있다. 강한 고리는 없애도 되지만 약한 고리 는 이를 통해 다른 것과 연결되는 일종의 지름길 역할을 하기 때문에 매우 중요하다 → "강한 유대보다 약한 유 대의 사회적 영향력이 더 강하다" · "약한 유대 관계의 힘(The Strength of Weak Ties)" · 인간에게는 경계값(threshold)이 있으며 이는 집단행동 의 복잡성과 비예측성에 영향을 미친다
1990년	구아레 (John Guare)	문학	· Six Degrees of Separation라는 희곡으로 6단계의 분리 개념 사용

* 자료: 조희정(2010: 52)

네트워크론의 종류와 네트워크에 대한 정의는 매우 다양하며 때
로 모호하다. 또한 네트워크론이 처음부터 이러한 문제의식을 중심
으로 진행된 것도 아니었다. 즉, 네트워크론 자체도 무수한 진화 과
정을 거쳐 왔는데, 기존 연구에서의 네트워크가 규칙적인 정규 그래
프에서 무작위 네트워크로 논점이 변화하여 왔다면, 이제는 복잡계
네트워크(complex network) 혹은 소셜 네트워크 및 그 분석에 대한
논의로 진행되고 있다.

어쨌든 온라인 선거운동에서 활용할 수 있는 네트워크 연구 분야

의 핵심 성과는 6단계 이론(six degrees)과 작은 세상 이론(small world), 약한 연결의 힘, 멱함수 법칙이라는 세 가지 특징으로 정리할 수 있다(Milgram, 1967; Traverse & Milgram, 1969; Watts, 1999; Barabasi & Albert, 1999; Strogatz, 2003).

1) 6단계 이론과 작은 세상 이론

밀그램(Stanley Milgram)의 6단계[14] 분리 실험은 오늘날 에르되스 넘버(Erdös Number, 보통 EN이라고 부름)[15]나 케빈 베이컨의 수(Kevin Bacon Number, 보통 KN이라고 부름)[16]로 응용되기도 한 "6단계만 거치면 목표물에 연결될 수 있다"는 논리로 이어졌다. 나와 아무리 멀리 떨어져 있는 사람이라 하여도 6명의 사람만 거치면 알 수 있다는 것이 핵심 내용인데, 그렇게 따지면 우리가 살고 있는 세상은 몇 단계만 거치면 알 수 있는 작은 세상(small world)이며, 그렇기 때문에 밀도 있게 연결되어 있다는 것이다.

물론, 이 이론을 통해 내가 유명인을 알게 된다 하여도 상황은 변하지 않을 수 있다. 즉, 내가 빌 게이츠를 알게 된다 하여도 빌 게이츠에 영향을 줄 수 있다는 확률이 높아지는 것은 아니라는 허무한

---

14) 밀그램 자신은 6단계의 분리라는 표현을 사용하지 않았으며, 이 표현은 20년 이후 1990년 연극연출가 구아레(John Guare)의 희곡 명칭에서 정식으로 사용되었다.

15) 현존하는 수학자 가운데 가장 많은 수의 논문을 발표한 에르되스와 다른 수학자들 간의 연결고리를 측정하는 프로젝트에 대해서는 오클랜드 대학의 에르되스 프로젝트(oakland.edu/enp) 참조.

16) 이를 응용하여 1997년 차텐과 왓슨(Brett Tjaden, Glenn Wasson)은 영화데이터베이스인 (IMDb)의 영화배우들이 케빈 베이컨과 몇 단계로 연결되어 있는가를 알 수 있는 케빈 베이컨의 신탁(Oracle of Bacon)이라는 유명한 웹 사이트(oracleofbacon.org)를 개설하였다. 여기에서 BN은 케빈 베이컨과 함께 공연하면 1, 함께 공연한 사람과 함께 공연하면 2가 된다. 그런데 한 가지 흥미로운 사실은 IMDb에 속한 배우가운데 약 90%가 일정한 BN을 가지고 있다는 것이었다. 이러한 결과에 의하면 굳이 케빈 베이컨이 아니더라도 대부분의 영화배우들의 지수는 유사할 수 있으며 이는 영화계가 매우 작은 세계라는 것을 나타내는 것이라고 할 수 있다.

결론을 얻게 되는 것이다. 와츠는 이에 대해 다음과 같이 표현한다. "이론상으로는 우리가 전 세계의 모든 사람과 불과 6단계의 거리에 있다고 해도 여전히 저 밖에는 60억 명의 인구와 최소한 그만큼의 경로가 존재한다. 두 단계를 넘어가면 이미 천 단계와 다를 바 없다"(Watts, 2004: 181, 391).

또한 심리학자 클라인펠트(Judith Kleinfeld)는 밀그램의 실험이 사실은 무작위 실험대상이 아닌 편중된 표본을 사용하였으며, 그 성공률 또한 대단히 낮았다는 사실을 밝힘으로써 이 이론의 일반화에 의구심을 표명하기도 하였다(Watts, 2004: 176~178). 이러한 한계에도 불구하고 밀그램의 이론은 이후의 와츠가 제시한 '작은 세상 이론'의 단초가 되었다.

와츠와 스트로가츠의 네트워크 모델 원칙은 다음과 같다. 첫째, 사회 네트워크는 서로 겹쳐지는 수많은 작은 그룹들로 이어지고 그룹 내부는 촘촘하게 연결되어 있으며 다수의 그룹에 가입한 개인들에 의해 겹쳐진다.

둘째, 사회 네트워크는 정적인 대상이 아니라 계속해서 새로운 관계가 맺어지고 오래된 관계가 끊어지기도 한다.

셋째, 잠재적인 관계가 발생할 확률은 동일하지 않다. 최소한 어느 정도까지는 우리가 오늘 알고 있는 사람에 의해 내일 알게 될 사람이 결정된다.

넷째, 그렇지만 전적으로 내재된 선호도와 개성에 의한 행동을 할 때도 많다(Watts, 2004: 94).

와츠와 그의 스승인 스티브 스트로가츠(Steve Strogatz)는 밀그램의 6단계 분리 실험의 한계에 대한 대안으로 군집화 개념을 제시한다. 어느 한 그룹의 개인이 다른 그룹에 속하게 될 때 교집합이 형성되면서 그룹도 서로 연결되고 이는 네트워크의 작은 세계 문제와 연결되어 나타난다. 군집화의 중복성이 결론적으로는 네트워크를 작은 세계로 인식하게끔 만들어주는 것이다. 물론 여기에서의 본질적인 문제는 '우리가 아는 이 세계는 얼마나 작은가'라기보다는 '우리의 세계뿐만 아니라 모든 세계가 작으려면 어떤 특성이 필요한가'이기 때문에, 와츠는 2000년부터는 거리의 개념으로 그룹을 규정하는 것이 아니라 그룹을 이용하여 거리를 측정하는 것에 관심을 가져 서로 다른 구조의 관계에 관심을 갖게 되었다.[17]

그리하여 그의 주요 관심 분야는 소속 네트워크(affiliation network) 연구로 변화하였는데, 이 소속의 네트워크는 실제 사회적 유대관계의 네트워크가 활동하는 기관이 된다. 즉, 어디에도 소속되어 있지 않다면 사람이 연결될 기회는 거의 없는 것이다. 공유하는 소속이 많을수록 그리고 각각의 소속감이 강할수록, 둘은 관련된 맥락의 성격에 따라 친구·지인·사업상의 동료로서 상호작용을 하게 될 가능성이 높다.[18]

에르되스가 제시한 컴포넌트(connected component) 개념은 와츠에게 있어서도 중요한 의미를 가지게 된다. 군집화된 네트워크 내에서 군집 간 연결이 점진적으로 이루어지는 것이 아니라 경계값에 의해 갑작스럽고 급격한 도약에 의해 이루어진다고 보았기 때문인데

---

17) Watts(2004: 53). 와츠는 밀그램의 네트워크와 자신들의 연구의 네트워크의 차이를 '브로드캐스트 검색'과 '지정 검색'과의 차이로 비유한다.

18) 온라인 서점 사이트에서 책을 구입하면 선택한 책 옆에 "이 책의 독자들은 다음 책들도 구입하였습니다"라며 목록이 제시되는데 이것도 소속 네트워크의 일종이라 할 수 있다(Watts, 2004: 155).

와츠는 우리 사회에서 그러한 경계값은 정보화, 질병, 돈, 혁신, 유행, 사회규범 및 그 밖에 현대 사회에서 중요시되는 대단히 많은 것의 흐름에서 매우 중요한 지표로 작동하고 있다고 평가한다.

2) 약한 연결의 힘

약한 연결의 힘은 그라노베터가 제시한 개념으로써 네트워크 내의 그룹 구조를 관찰하여 그룹 내에서 강한 고리보다는 그룹과 그룹을 연결하는 약한 고리가 네트워크에서 일종의 지름길 역할을 함으로써 사회적 영향력이 더 크다는 내용이다. 예를 들어 한 개인이 일자리를 구할 경우, 자신과 늘 같은 정보를 공유하고 친분관계가 높은 강한 연결의 지인보다는 다른 그룹들의 정보도 알고 활발히 활동하지만 나와는 덜 친한 약한 연결의 지인이 더 잘 일자리를 구해줄 수 있다는 것이다.

이러한 주장대로라면 우리 사회의 네트워크는 매우 독특한 구조를 갖고 있는 것이 된다. 즉, 사회 네트워크는 작은 완전 연결 그래프들의 연합체를 이룬 것과 같이 되고, 그 각각의 내부는 모든 노드가 그 클러스터 내의 모든 노드와 연결되어 있는 모양을 갖고 있는 것이 된다(Barabási, 2002: 75).

1973년에 발표된 '약한 유대 관계의 힘(The Strength of Weak Ties)'이라는 그라노베터의 논문은 기존의 조직사회학의 틀을 깨는 파급력을 보이며 이후의 연구에 큰 영향을 미쳤다. 이후에 와츠와 스트로가츠는 클러스터링(clustering, 군집화)을 수용하는 모델을 제시함으로써 그라노베터가 제시했던 이미지를 공식화하기도 하였다. 또한 그룹 간 연결의 중요성에 대한 지적은 네트워크론 내에서, 이전에 에르되스가 제시한 컴포넌트(connected component) 개념이나 이후의 글래드웰이 제시한 커넥터 개념과 유사한 개념으로서 네트워크의 핵심적인 성장 요인을 제시한 것으로 평가할 수 있다(Gladwell, 2000).

3) 멱함수의 법칙

바라바시와 앨버트는 현실의 많은 네트워크가 노드(K)와 평균 연결선 p(k)의 분포의 관계가 정규 분포가 아닌 멱함수 분포를 나타낸다는 것을 증명하였다. 즉, 큰 k값이 나올 가능성이 훨씬 높다는 것이다.

멱함수의 두 가지 특징은 정규 분포와 달리 평균값에서 솟아오르는 정점이 없으며, 붕괴되는 속도가 정규분포에 비해 훨씬 느리다는 것이다. 이는 극단적인 사건의 가능성이 훨씬 높다는 것을 의미하기도 한다.

종형 곡선에서는 꼬리 부분이 지수함수적으로 감소하고, 그 속도도 멱함수에 비해 빠르기 때문에 허브가 존재할 수 없다. 이에 비해 멱함수 분포는 훨씬 천천히 감소하므로 허브와 같은 희귀한 사건의 발생가능성이 높은데, 도로지도(종형 곡선)와 항공노선도(멱함수)의 비교로도 우리 생활에서 쉽게 이해할 수 있는 부분이기도 하다(Barabási, 2002: 114~123; Watts, 2004: 138).

이러한 멱함수를 갖는 네트워크는 대부분의 노드가 상대적으로 적은 연결고리를 갖는 반면 소수의 선택된 허브들은 대단히 많은 연결고리를 갖는다. 이는 평범한 임의 그래프와는 대조되는 것으로서 바라바시와 앨버트는 현실의 많은 네트워크가 척도가 없다는 결론을 내렸다. 즉, 선호성 성장 모델로서 성장과 선호적 연결이라는 기본 원리를 따르면 척도 없는 네트워크가 등장한다는 것이다.

또한 바라바시가 보기에는 현실 네트워크의 다양성에도 불구하고 그것이 성장한다는 한 가지의 본질적 특성이 나타난다. 이에 더하여 선호적 연결(preferential attachment)이라는 법칙도 존재한다. 선호적 연결을 통해서는 연결선 수가 많은 노드들이 뒤늦게 들어온 노드보다 훨씬 많은 링크를 붙잡게 되는 부익부 현상이 나타나게 된다. 그 가운데서 노드들은 항상 연결을 위해 경쟁하게 되는데 상호 연관된 세계에서 링크는 곧 생존을 의미하기 때문이다(Barabási, 2002: 138, 144, 147, 175).

한편 척도 없는 네트워크는 능력의 작은 차이나 순전히 임의적인 선동이라도 고착되어 시간이 흐르면 대단히 큰 불균형을 낳을 수 있다는 것, 그렇기 때문에 장애나 공격에 취약하다는 특징을 지니기도 한다. 바라바시는 이에 대해 "모든 것이 링크되어 있는 상황은 모든 위험이 연결되어 있다는 것과 같은 의미"라고 표현한다(Barabási, 2002: 179). 그러나 이러한 척도 없는 네트워크에서 가장 많은 연결고리를 가지고 있는 노드가 제일 먼저 장애를 일으킬 경우 균일한 네트워크보다 훨씬 더 취약할 수 있다는 것에 대해 바라바시는 명쾌한 해결책을 제시한다. 척도 없는 네트워크의 불완전성은 역설적이게도 이 네트워크의 견고함을 유지하는 원인과 동일한 원인 때문이지만 척도 없는 네트워크의 전체 기능에서 연결고리가 가장 많은 노드가 갖는 중요성은 훨씬 결정적이라고 본 것이다.

즉, 네트워크의 견고함은 가장 크고 장애의 경향이 높은 허브가 다른 상대적으로 안전하고 적은 허브로 그 장애를 분산시키는 것에 의해 구현될 수 있다. 이렇게 함으로써 치명적인 피해를 줄이고 시스템 전체가 감수해야 할 타격도 줄어들게 되며 무엇보다 네트워크 자체를 안전하게 유지할 수 있게 된다(Barabási, 2002: 183~200; Watts, 2004: 250~251).

최근 들어 네트워크론이 유행하게 된 결정적인 이유는 무엇보다 ICT 발전을 통해 네트워크 분석에 필요한 자료들의 디지털화가 가능해졌다는 것에서 기인한다(Watts, 2004: 11). 즉, 1950년대만 하더라도 전기 네트워크론의 유명한 연구자들이 네트워크의 특성을 검증할 만한 실험을 할 수 있는 명료한 데이터와 정보처리 방식이 보편화되지 않은 것에 비해 현재는 매우 많은 명료한 데이터들을 얼마든지 얻을 수 있고, 아무리 많은 데이터라도 처리할 수 있는 좋은 프로그램들이 많기 때문이다.

그러나 이러한 기술적 요인 외에 네트워크론의 발전은 최근 들어 사회의 복잡성의 증가에 따른 예측성에 대한 학문적 관심이 증가되었다는 본질적인 요인에서 비롯되었다고 할 수 있다. 그럼에도 불구하고 이에 대해 네트워크 이론가들은 이론의 한계성을 모두 공통적으로 지적한다.[19] 이러한 극단적인 회의론에도 불구하고 네트워크론이 현실에 기여하는 바는 다음과 같다.

네트워크 이론가들은 기본적으로 구조는 부분의 합이 아니라는 관점에서 시스템 상호의존성에 대한 이해가 매우 중요함을 강조한

---

19) "복잡하게 연결된 세계에서는 제아무리 완벽한 정책이라도 타이타닉호 갑판의 의자들을 재배치하는 것에 지나지 않을 수 있다"(Watts, 2004: 26).

다.[20] 여기에서 구조로서의 네트워크는 순수한 구조, 즉 그 특성이 시간의 흐름에 관계없이 불변하는 것이 아닌 구성 요소가 변화하고 그 변화에 따라 네트워크 자체도 진화하는 구조라는 특성을 가진다. 따라서 현재의 사회 변화는 모두 네트워크에 달려 있다고도 평가할 수 있는데, 네트워크를 바라보는 이러한 시각의 변화가 네트워크 이론의 가장 큰 특징이라고 볼 수 있다. 이러한 시각 변화를 바탕으로 네트워크 분석은 네트워크의 동역학과 네트워크상의 동역학을 동시에 분석하는 과정으로 진행되어야 한다.

'사회적인 문제가 발생할 경우 처음의 장애가 뒤이어 일어날 장애의 가능성을 한층 높이고 그렇게 다시 장애가 발생하면 이후의 장애 가능성이 더 높아지는 식의 상황에 대한 이해(Watts, 2004: 30)'는 사회 내에서의 모든 갈등과 변화의 근원을 기본적으로 '연결'된 것으로 접근하게끔 한다.

이러한 연결에서는 물론 활발한 활동을 하는 커넥터와 많은 노드와 링크를 가지는 허브 그리고 집단 내에 존재하는 군집이 핵심적인 존재이다. 그러나 이들의 존재가치 또한 연결에서 나온다는 것이 더욱 중요한 문제일 것이다. 더구나 기존의 집단구성원리와 같은 강한 연결이 아닌 집단 간의 약한 연결이 네트워크의 힘을 더 강하게 만든다는 점에서 연결에 대한 새로운 시각을 제시하고 있다고 할 수 있다.

던바는 인간이 감당할 수 있는 의미 있는 사회적 관계의 평균 범

---

[20] 바라바시 또한 환원주의의 오류를 지적하면서 이와 같은 이해의 필요성에 대해 다음과 같이 표현한다. "우리는 세계를 분해해놓고 그것을 어떻게 결합해야 할지 모르고 있다"(Barabási, 2002: 19). 즉, 자연은 레고 블록과 같은 퍼즐의 조합이 아니라는 것이다.

위는 150명이라고 밝혔다(Dunbar, 1993; Hill & Dunbar, 2003; Robert, Dunbar, Pollet & Kuppens, 2009, 한편 플라톤은 이상적인 공동체 규모를 5,040명이라고 했고, 아리스토텔레스 1,000~2,000 명, 아나키스트인 푸리에는 1,000명이라고 밝힌 바 있다. 그 이상이 되면 상호부조를 조절하는 사회적 결속이 약화된다는 것이다).

또한 2016년 1월 연구결과에서는 페이스북에서 위기에 처했을 때 의지가 되는 진짜 온라인 친구는 4명뿐이라고 밝혔다. 던바는 인간 관계는 관계에 투자한 시간과 정서적 친밀감이 비례하기 때문에 소셜 미디어를 통해 온라인 접촉을 늘려 우정의 소멸을 방지하는 방식으로, 가까운 친구를 확대하는 것이 아니라 느슨하게 연결된 지인을 늘리고 있다고 분석하였다(Dunbar, 2016.1.20).

네트워크 안에서 군집이 형성되어 있다는 사실은 만약 군집이 없었다면 발생하지 않았을 사적 자본(social capital)을 육성하는 경향을 갖는다(Buchanan, 2003: 327~330). 따라서 네트워크론과 사회자본론의 연계가 이루어질 수 있는데, 여기에서 사회자본은 법적 구속력을 지니는 규칙이나 규제에 의존하지 않고 조직 차원에서 한 팀이되어 움직일 수 있는 능력, 즉 네트워크의 또 다른 동인(動因)으로 작용하기 때문이다. 이는 급변하는 사회에서 갑자기 발생하는 장애에 대한 가장 효율적인 해결책을 제시하는 것이기도 하다. 따라서 콜맨(Coleman)이 제시하고 퍼트남(Putnam)으로 인해 잘 알려진 사회자본의 교량자본(bridging capital, 교류자본)과 결속자본(bonding capital, 유대자본)이 네트워크 분석에 기여하는 바를 분석한다면 더욱 효율적인 연구 성과를 기대할 수 있을 것이다.

2. 사회자본론

1) 다양한 사회자본 개념

참여 원인에 대한 하나의 이론[21]으로서 민주주의 발전 요인을 설명하는 사회자본론은 경제를 움직이는 돈과 같은 물질자본(material capital)처럼 사회를 움직이는 동력으로서 인간관계와 같은 사회자본(social capital)의 중요성을 연구한다.

특히 사회자본을 구성하는 신뢰·규범·네트워크 형성 방식과 정치참여도 간의 상관관계를 분석한다. 자본은 보다 더 많은 부를 창출할 수 있는 축적된 부이다. 이러한 점에서 사회자본은 상호관계에서 발생되는 여러 가지 유형의 부를 의미한다(이명진·박현주, 2012: 7).

일반적인 정치참여 이론에서 참여를 높이는 효과로는 비용 절감 등의 사회경제적 요인 등이 강조되어 왔다. 그러나 온라인 정치참여에서는 사회자본을 중요한 독립변수로 평가한다.

사회자본의 원류는 부르디외(Bourdieu), 콜만(Coleman), 퍼트남(Putnam)의 논의에 뿌리를 두고 있다. 부르디외는 사회자본은 개인이나 집단이 다소 제도화된 관계로 이루어지는 네트워크를 보유함으로써 얻게 되는 실제적이거나 가상적인 이익이나 기회에 대한 자원의 총합이라고 정의한다(Bourdieu, 1985: 248).

콜먼(1988)은 사회자본을 기능적인 면에서 정의할 때 사람 간 관계구조에서 부여되는 것으로 그들의 관심사를 충족시키기 위해 사

---

21) 그 외에 투표 참여를 설명하는 이론으로는 합리적 결정모델, 합리적 행도이론, 계획된 행동이론 등이 있다(홍원식, 2012: 468~472).

용할 수 있는 자원이라고 보았다. 즉, 사회자본은 어떤 집단에 속해 있기 때문에 얻어지는 이익이라기보다는 개인과 개인 간 상호관계에서 형성되는 신뢰와 규범에 가깝다고 보았다(Coleman, 1990).

버트는 사회자본을 "그것을 통해 자신의 재정적·인적 자본을 사용할 수 있는 기회를 얻을 수 있는 친구, 동료 그리고 그 이상의 일반적인 계약"이라고 정의하였다(Burt, 1992: 9). 퍼트남은 사회자본을 상호이익을 위해 조정과 협동을 촉진시키는 네트워크·규범·신뢰와 같은 사회조직의 특징으로 정의하였다(Putnam, 1995: 67).

후쿠야마는 집단이나 조직 내에서 공통 목표를 위해 함께 일하도록 하는 사람들의 능력을 사회자본이라고 보았다(Fukuyama, 1995: 10). 린은 사회자본이 행위자, 집단, 조직, 지역사회, 지역, 국가와 같은 다양한 수준에서 긍정적인 보상을 가져다주는 사회적 네트워크를 통해 발생한다고 보았다(Lin etc., 2001: 6).

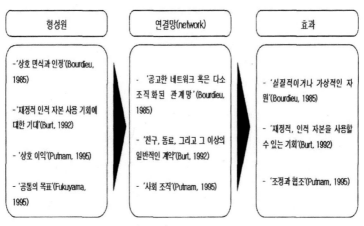

* 자료: 이준웅·문태준·김은미(2006: 141)

<그림 3-1> 사회자본의 설명 구조

이렇게 다양한 사회자본론이 제시되는 이유는 사회자본의 형성원, 연결망, 효과에 대한 강조점이 연구자마다 다르며, 한편으로는 사회현상 설명을 위해 이 세 가지 요소를 모두 동원하여 분석해야 하기 때문이다(이 세 가지 요인을 통합한 모델로서 커뮤니케이션 품질에 관한 논의는 이준웅·문태준·김은미, 2006: 141 참조).

2) 온라인 공간의 참여와 사회자본

온라인 공간의 참여 분석에 사회자본을 적용할 경우 공동체 참여 등의 참여활동을 함으로써 공통된 관심사를 논의하고 특정 목적을 위해 협조하게 되며 이런 과정에서 신뢰가 구축되고 협조가 강화된다고 볼 수 있다. 나아가 사회자본을 구분하여 온라인에 익숙한 사용자일수록 단결력을 강화할 수 있는 결속자본 역할이 크다거나 덜 익숙한 세대일수록 연결성이 강한 교량자본 역할이 크다는 식의 분석을 함으로써 단순히 사회자본의 일부 요소로서의 신뢰가 정치참여에 미치는 효과를 분석하는 데 그치는 것이 아니라 결속형 자본, 교량형 자본 나아가 크로스컷팅 자본(cross-cutting capital) 역할까지 미시적인 분석을 하고 있다.

사회자본의 핵심 요소인 신뢰 외에 사회자본에서 구분하는 시민참여(civic participation)와 정치참여의 구분도 유념해야 한다. 퍼트남에 의하면[22] '공동 이익을 위한 협조나 협업을 용이하게 하는 연결망·규범·신뢰 등과 같은 사회구조상의 특징'인 사회자본의 정도는 관습

---

[22] 근대적인 용어로서 사회자본이란 용어를 처음 사용한 사람은 하니판(Lyda Judson Hanifan)이다. 그러나 사회자본은 퍼트남(Putnam)과 콜먼(Coleman)에 의해서 폭넓게 사용되었다.

적 정치참여와 깊은 연관성을 갖고 있을지언정 동일한 것은 아니다. 즉, 정치참여는 시민들의 정치기구나 제도와의 관련성을 의미하고, 사회자본은 이들 간의 연계성을 의미한다(Putnam, 1993: 35~36, 665).

따라서 사회자본은 '시민들과 그들의 지역사회 생활 간의 연계성'으로 정의되는 시민참여 개념으로 구체화된다. 물론 이 두 유형의 참여가 상호유기적인 관계에 있는 것이기는 하지만 시민사회에 속한 사회구성원들 간의 수평적 상호작용이나 협동과 같은 시민생활 참여는 정치인 선출이나 행정관료에 대한 지원과 같은 행위를 포함하는 정치참여와는 구분되는 것이다(강내원, 2004: 118~119).

특정 집단은 그 집단 내에서 아주 높은 수준의 사회적 자본을 가질 수 있지만 이것이 항상 좋은 것만은 아니며 오히려 자신들만의 집단 결속력 때문에 다른 집단으로부터 배제될 수도 있는 경우가 발생할 수 있다. 마피아나 KKK단과 같은 형태에서 볼 수 있는 이런 사회자본은 결속자본으로 구분할 수 있다.

이에 비해 자신들만의 집단 결속력을 넘어서 사회 내의 다양한 집단들과의 관계를 형성하는 한층 발전된 사회적 자본은 교량자본으로 구분한다. 결속적 사회자본은 강력한 내부 충성을 유도함으로써 구성원이 아닌 사람들에게 부정적 외부효과가 나타날 가능성도 있다. 퍼트남은 그럼에도 불구하고 대부분의 상황에서 결속형 자본과 교량형 자본은 모두 강력한 긍정적 효과를 가져온다고 본다(Putnam, 2004: 23).

특히 일반적인 의미에서의 결속자본과 교량자본의 경우를 비교한 것에 더하여 교차자본에 대한 논의 등으로 세분화되고 있는 상황이다. 한편으로는 네트워크에 초점을 맞추고 개인·집단·조직들이 네트워크를 구축하고 각 주체들이 그들의 이익과 자원을 확보하려는 외재적 결합 개념과 행위자들의 집합적 공동 목적을 위해 공유된 규범과 문화 그리고 가치를 의미하는 내재적 결합 개념으로 구분되기도 한다(김구, 2010: 8).

정치신뢰는 시민들의 정치적 만족을 반영하는 개념으로 오랫동안 연구되어 왔다. 퍼트남은 정치신뢰를 국가나 제도에 대한 국민들의 긍정적 기대감이라고 정의하였으며, 루돌프(Rudolph & Evans, 2005; Rudolph, 2009)는 정치적 불만에 대한 방안으로서 정책에 반대하는 정향이라고 정의하였으며, 콜맨(Coleman, 1990)과 헤더링턴(Hetherington, 2005)은 시민들의 정부 정책 방향에 대한 규범적 기대와 실제 정책의 연관성에 대한 평가의 비율이라고 보았다. 일반적으로 정치신뢰도는 정치가 합리적으로 보여지거나 시민들의 기대와 정치적 결과가 일치한다고 인지되어질 때 높아진다(이정기·금현수, 2012: 166).

오프라인에서의 결사체를 통해 신뢰, 네트워크, 규범과 같은 사회자본이 향상되고 참여가 증진되는 것처럼 온라인 집단을 통해서도 사회자본이 형성되고 참여를 증진시킬 수 있다(서진완·박희봉, 2002; 송경재, 2002). 그러나 한편으로는 온라인 집단 활성화에 의한 사회자본 증가가 인터넷 정치참여 증가에 자동적으로 연결되지 않는다는 사실에 유념할 필요가 있다. 즉, 퍼트남의 사회자본은 일반 시민의 사회활동부터 투표와 같은 정치활동까지 모두 망라한 폭넓은 개념이기 때문에 높은 수준의 사회자본을 가지고 있어도 실제 정치참여는 낮을 수 있는 '시민참여의 역설' 문제가 발생하는 것이다(Harwood & Lay, 2001; 이원태, 2004 재인용).

에드워드와 폴리(Edward & Foley, 1998; 류정호, 2010: 10 재인

용) 또한 사회자본 개념은 과소 이론화되고 과도하게 단순화되어 개념적으로 불확실하다고 비판한다. 이와 유사한 주장은 정치참여는 사회자본이라는 시민의 덕성과 문화만으로 저절로 형성되지 않는다는 월터스의 지적에 의해 앞서 제시된 바도 있다(Walters, 2002).

사회자본의 개념을 확장시켜 온라인 정치자본을 중심으로 한 경험연구에 의하면 인터넷 이용자의 정치심리변수인 탈물질적 가치, 자아강도, 정치효능감, 정치만족도 등에서 정치참여에 미치는 효과가 각각 상이하게 나타날 수 있음이 발견되었다(안명규·류정호, 2007). 결국 사회자본과 참여의 관계를 더 효율적으로 설명하기 위해서는 사회자본의 범위를 정치영역으로 한정하여 정치자본 개념으로 정교화 할 필요가 발생하는 것이다.

류정호는 좀 더 분석적인 차원에서 온라인 정치자본(Online Political Capital)개념을 제시하였다(류정호, 2010). 류정호는 슈구렌스키의 정치차본 개념을 적용하여 분석하고 있는데, 슈구렌스키의 정치자본 개념이란 잠재적인 정치영향력의 총합으로 정치과정에 대한 지식, 정치활동에 필요한 기술, 정치효능감과 같은 정치적 태도, 시민과 정치권력 사이의 근접성, 그리고 정치적 의사결정에 영향을 미치는 데 필요한 시간이나 경제적 자산 같은 개인적 자원으로 구성되는 개념으로서 사회자본의 한계를 보완하면서 정치참여를 보다 직접적으로 설명할 수 있는 개념이다(Schugurensky, 2000; 류정호, 2010: 7 재인용).

훅스 등은 정치자본을 '정치에 참여하기 위한 기회와 능력을 구축하려는 태도, 결사체 멤버십, 네트워크 및 구조적 지위'로 정의하였다(Fuch et al., 1999; 류정호, 2010: 11 재인용). 그리고 정치자본은 구성원 자신의 정치참여 경험에 의해 축적된 시민성(citizenship)과

정치적 귀속성(political membership), 즉 정치정보이용과 토론 과정에 참여하는 개인 및 집단의 네트워크 영향력에 의해 측정될 수 있다고 보았다. 부스와 리처드는 정치자본을 '국가와 국가의 성과에 영향을 미치는 행태와 태도'라고 정의하였다(Booth & Richard, 1998; 류정호, 2010: 11 재인용).

2012년 연구에 의하면 트위터 집단의 경우 정치적 관심, 정치적 지식, 정치참여 수준이 페이스북 집단보다 높았으며 트위터 이용과 관련하여 이들의 인터넷 및 현실 정치참여를 설명해주는 영향력 있는 변수도 많은 것으로 나타났다. 또한 집단 내에서는 교량적 사회자본이 결속적 사회자본보다 높게 형성되고, 집단 간 비교에서는 페이스북 집단보다 교량적 사회자본을 더 높게 형성하고 있음이 밝혀지면서 트위터의 인적 네트워크의 특성도 뚜렷이 부각되었다(신소연·이상우, 2012: 223).

반면, 페이스북 집단은 트위터 집단보다 상대적으로 결속적 사회자본을 높게 형성하는 결과를 통해 네트워크적인 특성을 파악할 수 있었지만 사용자들의 정치행위를 설명하는 유의미한 변수는 많지 않은 것으로 나타났다. 이는 페이스북이 주로 개인적인 이슈를 중심으로 이용되는 특성을 반영하는 것으로 전체적으로 페이스북의 이용이 정치참여에 영향을 주지는 않았지만 정치적 이용이라는 목적을 갖고 이용되었을 때는 정치적 매체로써 유효하게 활용될 수 있음을 의미하는 것으로 분석되었다(신소연·이상우, 2012: 223~224).

다양한 행위자의 온라인 선거운동

1. 네트워크 시민

웰먼이 2002년에 처음 제시한 네트워크화된 개인(Networked Individuals, Wellman, 2002) 개념은 사회 내 고립된 개인이 아니라 서로의 연결력을 중심으로 존재하는 개인, 그리고 사회화된 개인을 의미한다. 온라인 공간의 발전에 따라 국내에서도 네트워크화된 개인의 위력에 대한 연구가 진행되고 있다(윤성이, 2008b).

네트워크화된 개인을 표현하는 또 다른 용어로는 디지털 세대가 있다. 디지털 세대는 성장하면서 디지털 환경을 당연히 받아들이는 세대로서 대략 1977년 전후에 태어난 이들을 지칭했는데, 최근에 와서는 디지털 세대가 점점 더 심화되고 있는 현실을 반영하여 오늘날의 10대들(1997년 전후 태어난 세대)까지 폭넓게 지칭하는 용어로 이용되고 있다(이원태, 2013: 39).

세대 호칭	정의
디지털 세대 (넷 세대)	· 디지털 환경에서 자라 기술친화적이고 사이버공간과 SNS를 통해 전 세계의 이용자들과 사회·문화·정치적으로 소통하는 세대(이원태, 2013: 40)
소셜 네트워크 세대	· 디지털 환경에서 소셜 네트워크 기반의 소통양식 변화에 친숙하여 사 회의 정치·경제·문화적 가치를 변화시키고 주도하는 집단(송경재, 2011: 65)
온라인 세대	· (유무선과 모바일을 포함하여) 웹(Web) 환경 일반을 수용하여 사회변 화를 주도하는 집단

일반적인 범주에서 온라인 세대의 특징을 종합적으로 제시한 연구자로는 넷 세대를 개념화한 탭스콧(Tapscott, 1998; 2000)을 들 수 있다. 세대 진화에 주목하여 혁명적 사회변화 능력을 가진 넷 세대의 능력을 강조하는 탭스콧은 연령·규모·교육수준·기술·가치 등의 분야에서 넷 세대의 이전 세대와의 차별성을 강조하였다. 이는 미국이라는 공간에 제한된다기보다는 일반적인 넷 세대의 특징으로 세계적으로 확산되었다.

사회 내에 안정적으로 현실화되었다기보다는 상징적이고 이상적인 가치 제시에 비중을 둔 이와 같은 온라인 세대 낙관론[23]은 이후의 비관론과 낙관론 간의 갈등을 야기하기도 하였다. 한편, 이러한 가치는 실재가 아니라 가능성이기 때문에 각국이 처한 환경에 따라 검증되어야 하는 가설들을 제시하고 있다.

낙관적인 온라인 세대론에서 제시하는 (미국) 넷 세대의 분야별 특징은 다음의 <표 3-3>과 같은데, 이 가운데 정치적 변화를 추동할 수 있는 특징으로는 높은 정보 습득력과 정치적 관여도, 적극적 개

---

23) 대표적인 온라인 세대 낙관론자는 Qualman(2009); Shirky(2010); Botsman & Rogers(2011); Leadbeater; 한종우(2012) 등 참조.

인, 협업, 집단 지성의 스마트한 선택, 정치문화 영역의 확장력을 들 수 있다.

<표 3-3> 미국 넷 세대(Net Generation)의 특징

* 2008년 기준(미국 전체 인구 3억 명)

구분	내용
연령	- 1977~1997년 출생 * 비교 - 베이비붐 세대(1946~1964년 출생), X 세대(1965~1976년 출생), 다음 세대(1998년 이후 출생)
규모	- 전체 인구의 27%(8,100만 명) * 비교 - 베이비붐 세대: 인구의 23%, 7,700만 명, X 세대: 인구의 15%, 4,500만 명
교육수준	- 높음
기술	- 공기와 같이 익숙한 환경으로서의 기술 - 기술 전파 속도와 기술 혁신은 일상적인 생활의 일부
가치	- 선택의 자유 중시 - 다양성 중시
관계	- 대화 지향적(커뮤니케이션 혁명의 영향)
정치	- 높은 정치적 관심과 참여도 - 풀뿌리의 위력(수평적 관계): 네트워크 중심의 높은 관여력 - 자발적 의제설정(agenda-setting) 능력 - 정보공유의 네트워크 - 기존 권력에 대한 역감시 - 정보공개(정보 독점을 통한 권력 획득이 아니라 정보공유를 통한 공감대 형성과 신뢰 증진) - 새로운 민주주의의 중요 변수
사회	- 협업, 자기 조직화, 집단지성 * M-Factor(Millennial Factor): 부모, 권능감, 의미, 높은 기대치, 빠른 속도, 소셜 네트워킹, 협력이 조합된 개념
경제	- 프로슈머(생산+소비+모니터링) - 소유보다는 공유, 협동소비 * 비교 - 베이비붐 세대: 이베이(전체 사용자의 20%가 50세 이상) 중심, X 세대: 서비스 물물교환 중심

* 자료: D. Shah, N. Kwak & L. R. Holbert(2001a); Loader(2007); Don Tapscott(2008); Lancaster & Stillman(2010); Botsman & Rogers(2011)를 참조하여 재구성

온라인 세대를 부르는 호칭은 매우 다양하다. 기술적 수용성을 강조하는 용어로서 '넷 세대(Net Generation, Don Tapscott 1997)', '디지털 세대(Generation Digital, Montgomery 2007)', '디지털 원주민(Digital Natives)'[24] 등이 있고, 정치적인 행태 중심으로는 시민의 적극적인 관여력을 강조하는 '스마트 몹(Smart Mob, Howard Rheingold)'이 있으며, 20세기 후반부터 21세기 초까지의 세기말이라는 시기적 특징을 강조하며 미국 학계에서는 '밀레니얼 세대(Millennial Generation, Lancaster & Stillman 2010)'라고 부르는 것이 주된 호칭들이다. 이 외에도 Y(Year 2000) 세대, 구글(Google) 세대, 에코 부머(Echo Boomer), 테크(Tech) 세대라는 호칭들도 있다.

그러나 일반적인 세대론이 내포하고 있는 세대 개념에 대한 논쟁과 마찬가지로 온라인 세대 또한 개념의 모호성부터 문제되고 있다. 인터넷 발전에 따라 나타난 특정 그룹이 이전과는 다른 정치·사회·문화적 변화를 야기했다는 부분에 대해서는 공감대가 형성되어 있는 반면, 변화의 동인은 온라인 사용 때문이 아니라, 주 컴퓨터 사용층인 10대와 20대에 한정될 뿐이라는 부정론(혹은 제한론) 또한 강하게 제기되고 있는 상황이다.

또한 새로운 세대의 특징을 성급히 일반화하여 국가별 특성이나 환경의 의미를 축소시키는 효과마저 나타나고 있다. 따라서 온라인 세대의 개념화 문제는 그들의 정치참여효과에 대한 객관적 검증을 통해 지속적으로 형성되는 문제라고 평가할 수 있다.

---

24) 김용섭은 디지털 기술에 대한 적응 여부를 기준으로 디지털 원주민과 디지털 이주자(Digital Immigrants)를 구분한다. 전자는 디지털 시대에 태어나 자연스럽게 디지털에 적응한 세대를 의미하며, 후자는 아날로그 시대에 태어나 의식적으로 디지털화에 적응하고자 노력하는 세대를 지칭한다. 물론 이와 같은 구분의 기반은 연령이다(김용섭, 2006).

1) 높은 정보습득력과 정치적 관여도(political empowerment)

소셜 미디어와 모바일에 의해 많은 정보를 습득한 개인은 똑똑한 시민(smart mob)이 됨으로써 정치적 관여도가 증가할 수 있다는 것이 온라인 정치참여를 설명하는 변화가설의 주요 내용이다. 이에 반하는 정상화 가설에서는 정보습득력은 온라인에서 새롭게 신장될 수 있는 것이 아니라 인적·물적 기반을 많이 가진 기존의 세력 기반을 더 강화할 뿐이라고 주장한다.

이분법적인 이러한 대립 가설을 전제로 국내에서 진행된 초기의 온라인 세대의 정치적 효과에 대한 연구는 인터넷을 매개로 하는 세대에 주목하여 정치참여 효과에 대한 분석을 주로 진행하였다. 그러나 미디어가 확산되고 새로운 미디어가 등장하면서, 이후의 연구에서는 인터넷뿐만 아니라 새로운 서비스로서 소셜 네트워킹 과정을 분석하거나 오프라인에서 소셜 네트워킹이 진행되는 과정을 분석하는 기술 중심의 비교 연구로 진행되고 있다.[25]

2) 적극적 개인, 협업, 집단 지성의 스마트한 선택

정치참여 측면에서, 새로운 경제적 방식인 협동소비는 집단지성과 협업이라는 정치적 가치로 전환된다. 보츠먼이 제시한 협동소비 개념은 임계질량(티핑 포인트), 유휴 생산력, 공공재에 대한 인식(네트워크 효과[26]), 신뢰라는 네 가지 요인에 의해 가능한 개념으로서

---

25) 그 외, 2011년까지 진행된 기존 연구의 주요 내용은 송경재(2011, 64) 참조.

26) 네트워크 효과는 공동의 자유가 모두에게 파멸을 가져오는 공유지의 비극이 아니라 많은 사람이 나눔으로써 효과는 크게 증대한다는 것을 의미한다.

개인의 희생을 강조하지 않고도 사용자 이익에 기여할 수 있는 방식을 의미한다(Botsman & Rogers, 2011). 쓰고 버리는 것이 아니라 모든 것이 선순환될 수 있다는 이러한 시도는 소비 대상이 아니라 방식에 주목함으로써 소유하지 않아도 사용 가능한 시스템이다.

협동소비 행위자들은 물건이 아니라 물건이 채워줄 욕구와 경험을 원한다. 실제적 소유보다는 실증적 이용이 중요해지고 이에 따라 소유대상의 비물질성이 더욱 크게 평가되는 특징이 나타난다(Botsman & Rogers, 2011: 132~133). 즉, 인간의 얼굴을 회복한 시장, 적극적인 참여자, 미 제너레이션(Me Generation)이 아니라 위 제너레이션(We Generation)이 등장함으로써 로컬(local)의 중심성이 회복될 수 있다는 사회적 가치를 가진다.

2008년 미국 대선에서 오바마 선거운동의 핵심이었던 마이보(MyBo)와 보트 포 체인지(Vote for Change)에서는 마이보 액티비티 트랙커(MyBo Activity Tracker)라는 도구를 통해 유권자 참여를 이끌어내고 정치적 협업 시스템을 구축하였다.

마이보 액티비티 트랙커는 사람들이 주도적으로 선거운동에 참여할 수 있게 해주는 도구로서 유세 과정을 쌍방향 게임으로 전환시켰다. 이 게임에서는 유권자의 활동에 따라 가산점을 부여하였는데 지역행사 개최(15점), 개인정치자금 모금 페이지에 기부(15점), 행사 참여(3점), 블로그에 포스팅(3점)을 부여하는 식의 방식이다. 특히 온라인 활동보다 오프라인 활동에 가산점을 부과하였으며, 사용자의 프로필에 점수가 종합되면 최근 활동을 중심으로 등급을 매겨 사용자들이 지속적으로 참여하도록 독려하였다. 즉, 최근에 한 일이 많을수록 점수는 더 커지는 방식이다.

마이보는 협업과 건강한 경쟁 사이에서 중심을 정확히 잡았다고 평가되는데, 2008년 11월 대선 즈음에 7만 개가 넘는 정치자금 모금 페이지에 3천만 달러가 모였고, 유권자 사이에서 20만 개가 넘는 지역행사가 열렸다. 더불어 18세~35세 사이의 젊은이들이 이전보다 더 많이 선거에 참여하고 투표하였다(Botsman & Rogers, 2011: 79~80).

이 외에도 전 세계적으로는 저발전국가 감시 협업 서비스인 우샤히디(Ushahidi)의 성공 사례가 있다. 이에 대해 페이스북 설립자이나 마이보 개설자인 크리스 휴즈는 "우리 세대가 더 책임감이 높은 건 아니다. 다만 더 스마트한 선택을 할 뿐이다"라고 평가하였다(Botsman & Rogers, 2011: 81).

3) 정치문화 영역의 확장력

디지털 세대 개념을 제시한 몽고메리(Kathryn C. Montgomery, 2007)는 디지털 기술에 익숙한 정보문화의 형성을 강조한다. 몽고메리는 새로운 세대가 정치적인 사회관계망의 확대와 경제적으로 개인의 행동과 사회심리적 정보가 종합되는 기술을 사용함으로써 동등계층형 정치(peer-to-peer politics)를 형성하고 있다고 분석한다.

또한 미국 선거에서 주목받고 있는 무브온(MoveOn.org)이나 미트업(MeetUp.com)에서 동등계층형 정치원리를 통해 자발적인 시민정치조직, 동원의 지지집단이 형성된다고 분석하였다(송경재, 2011: 62~63). 이러한 시각을 국내 정치에도 적용한다면, 노사모, 비정치적인 온라인 커뮤니티의 정치적 네트워크 등을 사례로 들 수 있을 것이다.

한편, 온라인 세대연구의 다층적 특징이 나타나는 이유는 바로 이 지점인데, 선거라는 특수 국면을 중심으로 단선적인 기술수용 정도가 참여효과로 논증되는 것만큼 중요한 것이 선거 외의 일상 정치생활에서 드러나는 정치문화의 누적적이고 생활적인 특성의 온라인 세대의 정치문화를 형성하는 데 매우 중요한 요소이기 때문이다. 즉, 선거 때에 온라인 세대의 정치참여 정도가 측정될 수 있다는 가설만큼, 일상의 정치가 정치행태를 변화시킬 수 있다는 정치문화 중심의 가설도 중요하다는 것이다.

온라인 세대연구가 설명력을 높일 수 있는 지점도 이 지점인데, 실제로 온라인 커뮤니티나 온라인 공론장에서 무수히 실험되는 비제도적인 정치 실험 또한 의미 있는 정치참여 요소라고 볼 수 있기 때문이다. 다만, 정치문화의 중요성에도 불구하고 일상 정치와 새로운 정치문화 형성은 또 다른 온라인 세대연구의 주제가 될 수 있는 분량이기 때문에 여기에서는 국내외 선거에서 나타난 정치참여 행태에 주목한다.

온라인 세대의 정치참여에 대한 영향력을 연구한다는 것은 객관적으로 입증하기 어려운 온라인 세대의 존재를 선험적인 독립변수로 가정하고 성급히 정치참여를 종속변수로 적용한다는 비판을 받아왔다. 즉, 본질적으로 무엇을 어떻게 측정할 것인가의 문제를 명쾌하게 극복하지 못하고 있다는 비판이 그것이다.

그러나 한편으로는 이러한 연구의 불완전성을 보완하기 위해 연령 제한적 혹은 계층 제한적인 의식조사임에도 불구하고 지속적인 연구가 이루어졌으며, 그 과정에서 온라인 세대 그룹의 세분화와 정치참여현상의 다양화에 대한 필요성이 강조되며 연구가 진행되어오고 있다. 아울러 양적인 측정을 하기 위한 단순 연구에서 SNA와 서베이를 결합하여 기존 오프라인의 서베이보다 훨씬 다양한 주제를 논증하는 질적 주제에 대한 연구로 발전하고 있기 까지 하다.

많은 한계가 있음에도 불구하고 온라인 세대연구의 정치적 효과에 대한 경험적 연구 및 온라인 세대연구는 더욱 활성화될 필요가 있다.

<표 3-4> 향후 온라인 세대의 정치참여 연구의 주요 내용

항목	내용
조사내용	- 사용자의 인구통계학적 특성에 의한 개념화: 연령, 학력, 지역, 이념/매스미디어, 유선, SNS, 모바일, 오프 사용자 - 정치정보습득 정도, 정치정보습득 경로: 매스미디어, 유선, SNS, 모바일, 오프 사용자/온·오프 간 상호강화 효과 - 정치정보에 대한 대화 정도, 정치정보에 대한 대화 상대: 개인, 집단, 기관 간 관계 - 대화상대와의 신뢰도: 교량형/결속형 자본의 영향력 - 일상적 참여문화 측정: 정치참여 방식의 다양화, 온라인 커뮤니티에서의 관계가 정치참여에 미치는 영향력
방법론	- 종합적(혹은 한국적) 지표 개발: 통합 모델, (예) 정치참여도 등 - 서베이: 일반 서베이, 구조분석모형 - 사회연결망 분석

첫째, 인구의 대다수가 온라인 사용자라는 점에서 정치효과에 대한 인과관계 검증은 더욱 과학적으로 이루어져야 한다. 특히, 위계적·일방적·규범적·단선적인 사회가치와 세대가치가 지배적이던 과거 산업사회와 달리 정보사회에서는 수평적·소통적·자발적·중층적인 가치가 더욱 활성화될 수 있는 가능성이 매우 높다. 따라서 정보사회 행위자가 세대로 귀결되든 계층으로 귀결되는 뉴미디어

도입에 의해 변화하는 정치적 가치를 측정하려고 노력한다는 것은 정치적으로 매우 중요한 과제이다.

둘째, 이제까지 국내에서 진행된 관련 연구는 일반화되기 어렵다는 것을 전제할 필요가 있다. 즉, 각국이 해당시기에 처한 환경에 따라 온라인 세대의 행태는 다를 수밖에 없다는 제한적인 전제를 신중히 고려해야 한다. 물론 거시적인 관점에서 온라인 세대 일반의 속도, 다양성, 협업 등의 특징을 전제할 수 있지만 각국이 처한 환경에 따라 그 정도는 매우 다르다는 것을 유념하여 연구설계를 해야 한다.

셋째, 경험 연구의 필요성만큼 선행 연구검토에서는 정상화 가설과 변화 가설을 뛰어넘는 문화적 질적 연구성과를 고려한 다양한 가설이 제시될 필요가 있다. 이러한 보완을 통해 온라인 민주주의의 다양한 주제를 발굴하고 뉴미디어만이 제시할 수 있는 독특한 정치적 가치에 대한 고려가 필요한 것이다. 87년 민주화 이후 사회의 주도적 세력 계층에 대한 해석이 제시되었지만 과거 세대에 비해 온라인 세대가 제시할 수 있는 정치적 기여 가능성을 충분히 제시해야 한다는 것에 주목해야 한다.

즉, 민주화 세대가 평등과 참여라는 탈산업화 세대의 가치로서 제시했다면, 민주화를 포함한 온라인 세대의 독창적인 가치가 무엇인가를 분명히 할 필요가 있다는 것이다. 민주화 세대가 참여 범위의 확대에 기여했다면 온라인 세대는 참여의 심화와 다양화에 기여하고 있다는 논증이 보완될 때 온라인 세대론의 정치학적인 의미가 상승할 수 있기 때문이다.

2. 온라인 커뮤니티

1) 제17대 총선(2004년)

2004년 제17대 총선 기간 중 다음(Daum)에는 총선과 관련된 카페가 400여 개 운영되었다(이 가운데 최소 회원수 10명 이상의 카페는 140여 개에 달했다). 이들은 총선 관련 카페, 탄핵 관련 카페, 특정 정당이나 후보자 지지 또는 안티 카페 등으로 분류된다(윤성이, 2006: 145).

이 가운데 "국민을 협박하지 마라(antitanhak)"에는 100,050명의 회원이 있었는데 2004년 3월 6일, 탄핵을 반대하고 수구 보수 정치인을 몰아내자는 취지로 개설된 이 카페에서는 13명의 운영진이 카페를 관리하였고, 토론방에는 3,000여 건이 넘는 글이 게시되었으며, 선거가 가까워올수록 6,000여 개의 글이 게시되었고, 주회수는 100회 이상을 기록하였다.

이 외에도 탄핵 카페로는 "탄핵에 반대하는 네티즌 모임 다모여"(292명), "탄핵!충격!노무현 대통령"(748명) 등 모두 38개가 운영되었으며, 안티카페는 정몽준, 국회, 한나라당, 총선연대 등 7개가 운영되었다(윤성이, 2006: 145~146).

디시인사이드 토론방에는 2004년 3월 12일 탄핵안 가결 이후 25일여 만에 2만 개가 넘는 글이 게시되었다. 토론방의 역사로 보았을 때 이런 기록은 가히 메가톤급이라고 할 수 있다. 가장 많은 글이 게시된 미군 여중생 살해사건(2002년 11월 29일~2003년 3월 13일, 3,321건), 유승준 입국 찬반 논쟁(2003년 5월 30일~2003년 7월 30일,

2,365건)과 비교해 보면 차이를 쉽게 알 수 있다(유석진, 2004: 88).

2) 2012년

2009년 온라인 공간에서는 1,500만 개 이상의 커뮤니티에서 1,816만 명의 가입자가 활동하는 온라인 커뮤니티가 위력적으로 활동하고 있었다. 그만큼 온라인 커뮤니티의 선거운동관련 활동이 활발하게 나타났다. 이들의 활동 특징은 참여 규모, 정보생산, 토론, 문화적 정치참여로 정리할 수 있다. 즉, 참여규모가 많다보니 정보생산과 토론도 활성화되고, 한편에서는 창의적인 참여양태가 많이 나타난 것이다.

첫째, 규모 면에 있어서 국내에는 20만 명 이상의 회원이 활동하거나 페이지뷰(page view)가 20만 회 이상의 정치활동을 하는 대형 커뮤니티가 20여 개 이상 존재하는데 이들의 정보생산력과 유통력은 매우 큰 것으로 나타나고 있다.[27]

분석 결과, 유머, 토론, 스포츠, 쿠폰 등 관심분야가 서로 다른 다양한 주제의 대표적인 온라인 커뮤니티에서는 선거기간 13일 동안 총 15만 개의 글이 게시되어 평균 19,000개, 즉 일평균 11,500여 개의 글이 게시되는 등 높은 참여도가 나타났다. 선거기간 동안 국내 미디어의 어디에서도 하루 1만 개 이상의 선거 관련 글을 접하기 어렵다는 현실을 감안한다면 온라인 커뮤니티에서의 정치참여야말로 가장 큰 규모라고 평가할 수 있다.

이러한 결과는 여론조사결과가 정치적 관심의 전부는 아니며, 한

---

27) 이하의 온라인 커뮤니티 분석은 류석진·조희정·이헌아(2016)를 참조하여 재구성한 것임.

편으로는 주류 언론에서 주목하고 있는 트위터보다 양적 측면의 정치적 참여는 온라인 커뮤니티에서 압도적으로 높다고 볼 수 있는 근거가 된다.

둘째, 온라인 커뮤니티는 새로운 정보 생산 측면보다는 오프라인 이슈에 영향을 받는 측면이 강하게 나타났다. 물론 오프라인 이슈에 관성적으로 반응하기보다는 자신이 본래 가지고 있는 진보적, 보수적 성향에 따른 반응이 나타나 강화효과가 더욱 큰 것으로 평가할 수 있으며, 다양한 반응에도 불구하고 국내 온라인 커뮤니티에서는 보수와 진보의 대립이라는 이데올로기적 갈등 구도가 가장 큰 것으로 평가되었다.

이외에 호남 비하 중심의 지역주의가 예상 외로 매우 강하게 지속되고 있는 것도 매우 특이한 현상이다. 즉, 영남과 호남의 대립구도라는 오프라인에서의 지역주의가 아닌 일방적인 호남 비하 담론이 지배적으로 나타나고 있는 것이다. 예를 들어 전라도라는 단어에 비해 경상도라는 단어가 직접적으로 언급되는 경우는 거의 없는 것으로 나타나고 있으며, 이러한 현상은 더욱 강화되고 있다는 점이 매우 특이한 현상이다.

불법사찰 문건공개(3월 30일), 김용민 막말 파문(4월 4일),[28] 문대성 논문(4월 6일), 나는 꼼수다(이하 '나꼼수') 삼두 노출(4월 9일) 등은 2012년 제19대 총선기간 동안 중요 이슈였다. 이 가운데 김용민의 막말 파문은 보수 성향의 커뮤니티인 '일간 베스트 저장소(http://www.ilbe.com)' 회원들의 동영상 게시에 의해 시작되었다.

---

28) 2012년 4월 5일까지 김용민 관련 트윗은 54,000여 건, 6일까지는 218,000건이 게시되었다(미디컴, http://www.medicompr.co.kr; 「전자신문」 2012년 4월 12일자 참조).

셋째, 선거기간 동안 이들 정치적·비정치적 온라인 커뮤니티에서의 선거와 관련된 정치 발언을 분석한 결과, 홈페이지 게시판이나 블로그에서는 그다지 많은 욕설이 나타나지 않으며, 주로 화제의 정치인 중심 논의가 이루어지고, 이와 같은 경향은 좌·우·중도 성향 커뮤니티 모두에서 강세인 것으로 나타났다. 또한 토론보다는 개인 의견중심, 즉 사실(fact)보다는 의견중심의 논의가 많이 나타났다.

그리고 회원들은 보수나 진보 성향이 있음에도 불구하고 공식 선거운동 기간 내내 어떤 점은 자신들에게 이익이고, 어떤 점은 손해를 끼치는지 꽤 객관적으로 보는 시각도 많이 제시되었다. 물론 상대편의 논리가 마음에 들지 않아 싸우는 면에 많다는 사실에서 감정적인 부분이 온라인상에서 대립구도를 형성하기도 하지만 접속, 의견 개진, 비난, 이동, 떠남이 자유롭다는 온라인의 특성상 이러한 갈등조차 매우 자연스러운 부분으로 나타나는 측면이 있다.

넷째, 정치인이나 사건의 희화화 및 투표참여 이벤트 등 정치의 문화적 소비 현상도 지속되고 있는 것으로 나타났다. 강원택에 의하면 인터넷이 감성적인 매체이고 일상적인 사소한 문제에 관심을 갖는다는 것은 참여의 동인으로서 정치적 정체성이나 집단 귀속감과 달리 놀이와 재미라는 차원에서 정치를 바라보고 또 참여하게 되는 결과를 낳고 있다.

놀이와 재미는 전통적인 정치참여의 동인과는 구분되는 새로운 동인이라는 점에서 계급이나 지역, 이념, 종교, 언어 등 집단적 정체성에 기반을 둔 조직과 참여를 통한 정치적 동원을 어렵게 만들고 있다. 이런 특성은 이슈의 연성화, 파편화된 관심도 마찬가지여서 과거처럼 동질성을 가진 집단의 요구를 반영하고 그것을 정책으로

전환했던 형태와는 달리 이제는 협송 전달(narrow casting)과 다양화
된 맞춤형 요구에 대응해야 하는 상황을 맞이하게 된 것이다(강원
택, 2007: 67~68).

* 자료: "JYJ 팬 투표 인증샷 최종 1,580장, 박원순 시장도 '감동'"(「오마이뉴스」 2012년 4월 13일자)

<그림 3-2> 4·11 총선 JYJ 팬 투표 인증샷 1,580장으로 만든 모자이크 사진

한편, 연예인 팬클럽의 투표 인증샷도 화제가 되었는데, 2010년
서울시장 재보궐선거, 2012년 4·11 총선에서 1,580장의 투표 인증
샷을 모아 박원순 시장에게까지 '개념 팬심'으로 인증받았던 그룹
JYJ의 팬들은 2012년 용산 참사를 소재로 한 다큐멘터리 <두 개의
문>에 대한 단관(단체관람) 상영을 추진하기도 했다.

JYJ의 팬들은 SM 엔터테인먼트와 JYJ 간 갈등을 보면서 자신의
권리를 행사하지 않으면 그 권리가 보장되지 않는다는 것을 깨닫고

현실 투표 참여를 독려했다. JYJ 팬덤 내에서 '투표하자'는 운동이 생겨났으며 이후 JYJ 멤버 세 명도 투표 인증샷을 올리기도 했다(이승아, 2013).

3. 정치인 팬클럽

팬클럽과 커뮤니티는 대표적인 온라인 조직이다. 원류로 따지면 온라인 커뮤니티가 PC통신 시절 동호회라는 이름으로 형성되었기 때문에 훨씬 오래되었다고 할 수 있다. 그러나 2000년의 노사모나 2008년 촛불집회의 온라인 커뮤니티 참여처럼 이들의 집단화현상은 현재 동시에 진행되고 있다고 평가하는 것이 적절하다.

드라마 페인들이 드라마의 줄거리 변경에 미치는 영향력처럼 온라인 커뮤니티와 팬클럽의 가장 큰 자원은 회원 수이다. 여느 보통 시민들보다 정치적 관여력이 매우 높은 이들은 자신이 지지하는 정치인이나 자신들이 전파하고자 하는 메시지를 위해 아낌없이 시간과 능력을 투여한다. 정당 쇠퇴와 개인화 경향 속에서 이들은 또 다른 형태의 집단으로서의 대안을 제시하고 있다.

따라서 2000년대 초부터 활성화된 온라인 집단들의 정치참여 활동을 분석한다.

1) 노사모

2000년 이후 인터넷이 급속도로 보급되면서 온라인 커뮤니티를 중심으로 미디어로서 인터넷의 가치가 성장하였다. 포털의 카페, 클럽 등 커뮤니티 서비스가 인터넷 이용자들의 주요 이용 서비스로 자리 잡은 것이다. 이어 2002년 제16대 대선부터 본격적인 온라인 선거운동이 전개되었는데 그에 따라 온라인 커뮤니티를 통한 선거운동이 활성화되는 전기가 마련되었다.

정치 온라인 커뮤니티로는 정치인 팬클럽이 대표적이다. 2000년 총선 당시 노무현 후보의 주역 지역구 낙선 이후 결성된 '노무현을 사랑하는 사람들의 모임(노사모)'은 온라인 커뮤니티를 기반으로 성장하였다. 인터넷상에서 자발적인 정치인 팬클럽으로 조직된 결사체로서 노사모는 결성 초기 발기인 7명, 회원 2,000명에서 2004년 4월까지 109,062명의 회원을 확보한 큰 정치집단으로 변화하였다.

* 자료: DMC Media(2012.9)

<그림 3-3> 노사모 홈페이지

2000년 4월 15일, 노무현 홈페이지 자유게시판에 '늙은 여우'라는 네티즌이 '노무현 팬클럽' 결성을 제안하고 회원 모집을 받기 시작한 것이 노사모의 시초이다(노사모, 2002: 11). 노사모 회원들은 자발적으로 '희망돼지'와 같은 후원금 지원과 후보의 지지기반 확산을 위한 온-오프라인 활동을 전개하였다(DMC Media, 2012.9). 이들은 주로 홈페이지 게시판에 글을 올리며 후보 지지 여론을 조성하다가, 민주당 경선 이후 오프라인으로 행동반경을 확대하였다. 노사모 자료에 의하면, 회원 구성은 10대에서 70대까지 다양한 연령층을 형성하였는데 30대가 전체의 약 49%, 20대가 30%(이 가운데 절반 이상이 대학(원)생) 정도를 차지하였다. 직업별로는 화이트칼라 및 사무직이 17%, 전문직과 자영업자가 9%, 변호사와 법조인, 언론인 등 다양한 직종으로 구성되었다(이성철·백운손, 2002: 287).

<표 3-5> 노사모 회원의 연령별 분포

* 2002년 5월 기준

구분	인원 수(명)	비율(%)
20세 미만	1,196	2.67
20대	12,991	28.47
30대	22,069	48.35
40대	8,157	17.58
50세 이상	1,319	2.93
합계	45,486	100.00

* 자료: 윤재관(2003: 34)

노사모의 조직 구성은 중앙조직과 28개의 지역지부, 1개의 해외지부로 구성되어 있다. 그러나 다른 모임과 달리 집행위원회는 모임의 이념과 방향을 결정하기 위한 것이 아니라 서버 관리자에 가까운 역할을 수행할 뿐이었다. 조직의 성격과 운영은 다른 인터넷 동호회와 비슷하게 회원들의 자발적 의견이 수렴되는 형태를 보이고 있었다.

따라서 조직의 운영과 방향 등에 대한 결정은 주로 회원들 간의 토론에 의해 이루어지고, 중요한 사안에 대해서는 전자투표에 의해 공식입장이 정해졌다. 이렇게 회원들의 밑으로부터의 적극적인 참여를 통해 최고의사결정이 이루어졌다(이성철·백운손, 2002: 287).

회원들은 운영일꾼과 핵심논객으로 대별되는데, 운영일꾼은 상하관계가 아닌 단지 심부름을 하는 역할을 했다. 이러한 초기의 노사모 조직은 느슨하고 자발적인 조직이어서 누구의 지시도 받지 않고, 오직 온라인상으로 소식을 전하고 움직이는 동호회의 특성을 띠었다.

노사모 회원이 지켜야 하는 약속은 세 가지라고 제시되었는데, 첫째, 나는 노무현과 함께 우리나라의 왜곡된 지역감정의 극복에 동참한다, 둘째, 참된 민주주의 발전을 위하여 우리 노사모 회원들과 함께 결정한 활동에 자발적으로 동참한다, 셋째, 노사모의 약속과 노사모의 활동이 기록된 관례가 회칙을 대신하며, 이 약속과 관례는 노사모의 전자투표만으로 바꿀 수 있다는 것이 그것이다(노사모, 2002: 52).

노사모의 재정은 정기 회비인 '십시일반 자력갱생'과 부정기적으로 납부하는 '낮은 울타리' 및 부정기적인 모임에서 자발적으로 납부하는 특별회비로 운영되었다. 노사모는 온라인에서는 홈페이지와 여러 단체에 글 올리기, 글 퍼오기를 통한 여론형성을 위해 활동하였고, 오프라인에서는 집회를 통한 운동 활동을 전개하였다. 특히, 회원들은 경선장 앞에서 4~5시간 동안 기차놀이와 노래를 부르며 집회를 하였다.

국민경선제가 도입된 직후부터는 국민투표단 모집에 주력하여

3,000여 명의 투표단을 혼자 모집한 회원도 있었고, 회원들 중 약 4,000명은 1인당 30명의 투표단을 확보하기 위해 활동하였다. 또한 영호남의 회원들은 선거인단을 대상으로 '친필 편지쓰기', '모금 활동'을 전개하였다. 그 결과 2월 말, 경선등록 후까지 1,160명의 회원이 2,450여만 원을 모금하였다. 또한 노무현 후보의 홈페이지에서는 신용카드, 휴대폰, ARS, 온라인 송금, 희망돼지 저금통 등 다양한 선거자금 기부방식을 제공하여 20만 명의 지지자로부터 70억 원 이상을 모금하였다(윤성이, 2003a: 81).

<표 3-6> 노무현 후보의 인터넷을 통한 선거자금 모금

	기부자 수	기부액
신용카드	31,899	1,329,876,426
휴대폰	20,165	347,045,283
ARS	21,188	211,880,000
온라인 송금	101,635	4,320,699,711
'희망돼지'	22,042	759,633,678
'희망티켓'	6,835	309,000,000
전체	203,764	7,278,135,098 원

* 자료: 새천년민주당(2003: 208, 윤성이 2003a: 81에서 재인용)

2000년대 초반에는 노사모로 인한 노풍,[29] '세계 최초의 인터넷 대통령 로그온하다'(Guardian, 2003년 2월 25일자) 등 월드컵과 촛불집회로 대표되는 젊은 세대의 사회적 참여가 크게 활성화되었다. 노사모 홈페이지는 하루 평균 100만 건 이상 페이지 뷰를 기록하

---

29) "당시 노무현 후보는 홈페이지에서 게시판을 가장 중시하고 악성댓글이라 하더라도 '해우소'로 옮겼지 절대로 지우지 않았다"(노무현 후보 인터넷 팀장이었던 백원우 의원 인터뷰, "'문자 메시지 대선'서 '동영상 대선'으로", 『경향신문』 2007년 4월 8일자).

였으며, 게시판 파일의 조회 수도 일평균 200만 건을 넘었으며, 선거당일에는 560만여 회를 보였다. 또한 '노무현의 눈물', '기타 치는 대통령' 등의 동영상 선거홍보물의 다운로드 횟수는 45만 회를 넘었다(윤성이, 2008b: 204).

노사모 홈페이지 게시판은 인터넷 공론장을 형성하여, 인터넷 사이트나 정치 웹진에서 진보와 보수 구도가 형성되었다. 한편으로는 정당과 같은 대의민주주의 기구를 배제하고 시민사회와 국가가 직접 소통하는 모습도 등장하였다.

국내 최초의 본격적인 정치인 팬클럽으로서 노사모의 의의는 다음과 같이 평가할 수 있다.

첫째, 노사모는 온라인을 기반으로 형성된 자발적인 정치 집단이다. 그간 한국의 정당 정치와 관련하여 결성되었던 집단들이 모두 오프라인상에서 기획되고 결성된 것에 비해 최초의 순수한 온라인 정치조직을 표방하여 온라인 정치참여의 의미를 현실화하였다는 의미를 부여할 수 있다. 노사모의 경우에는 오프라인상에서의 모임도 빈번하게 전개하였지만 기본적으로 온라인이 활동과 조직의 중심이라는 점에서 다른 정치 단체의 활동과 큰 차이를 보였다(강원택, 2004: 164).

둘째, 노사모는 동영상, 음성과 정치모금 활동 등 온라인 참여방식을 적용하였다. 노사모는 노무현 후보의 공식 홈페이지에 인터넷 TV를 개국하여 유세, 정책, 정치광고 동영상을 방영하였는데 문성근의 지지연설은 162만 명이 시청하는 등 인터넷 TV 방송국 분야에서 상업서비스를 제치고 1위를 차지하였다. 그리고 인터넷 라디오는 젊은 유권자들과 친화적인 인기 연예인들이 1일 10시간 이상 생방송을 진행하였고, 지지자들에게 선거운동지침을 전달하는 상황실로 기능하였다(장우영, 2006: 64).

그 외에 무선 인터넷 서비스를 도입하여 주요 정치일정 및 사건에 대한 음성과 문자 메시지를 발송하여 여론을 조성하였고, 온라인 모금의 경우 선거자금 모금뿐만 아니라 사용 내역을 홈페이지에 공개하여 투명성을 호가도하였다. 아울러 전자투표를 통해 중요 사안에 대한 결정을 하는 등 동원가능한 다양한 온라인 참여방식을 활용한 적극적인 사례로 평가할 수 있다(장우영, 2006: 64).

셋째, 노사모는 정당이 아닌 인기 있는 정치인 개인으로 중심으로 자발적으로 결성된 스타의 팬클럽 집단이다. 노사모는 과거에 볼 수 없었던 정치인과 시민사회 간의 연결이 가능하다는 것을 보여주었으며 우리 사회의 오랜 연고주의 집단 대신 자발적인 결사체 모임이 가능하다는 것을 보여주었다. 특히, 최초의 결성 논리가 이념이나 교의와 같은 객관적인 가치를 기반으로 한 것이라기보다는 특정인에 대한 호감, 애정과 같은 감성적이고 정서적인 태도에 기반하여 결성된 것이 특징이다(강원택, 2004: 164).

넷째, 노사모는 세대의 참여문화 특성을 반영한 조직이다. 즉, 기성세대와 다른 (상대적으로) 젊은 계층들이 개인주의적이고 자유주의적인 성향을 보이면서 권력투쟁으로서의 정치보다는 일종의 놀이(play)로 간주하는 유연한 참여문화를 제시하였다(김용호, 2004; 강원택, 2004: 165 재인용).

다섯째, 노사모는 팬클럽 안의 소규모 동호회 활동을 통해 조직 활성화를 도모하였다. 즉, 정치적 모임에만 한정되지 않는 다양한 동호회 활동을 통해 회원 20명이 건의하면 종교, 취미, 친목, 봉사,

교육, 과학 등 소모임의 별도 게시판이 운영될 수 있었다. 이들 소모임은 온라인뿐만 아니라 오프라인 모임도 자주 가지면서 노사모라는 모임 자체에 대한 충성심(Loyalty)을 공고히 할 수 있는 기반으로 작동하였다(강원택, 2004: 166). 즉, 하향식 동원이 아닌 자발적이고 느슨한 연대에 기반한 조직구성 방식이 조직의 강화에 도움이 될 수 있다는 사실을 보여준 것이다.

여섯째, 온라인의 장점을 최대한 반영하여 수평적인 의사소통체계를 통해 운영함으로써 이전까지의 하향식 중앙집중적 운영에 기반한 정당의 운영방식보다 나은 민주적 온라인 정치조직의 가능성을 제시하였다. 뿐만 아니라, 충원, 조직, 교육, 토론, 정책결정, 인선, 의사소통, 모금 등 정당을 비롯한 각종 조직의 기본적 기능을 온라인상에서 모두 구현함으로써 대안적인 온라인 정치조직의 원형을 제시하였다(강원택, 2004: 166).

일곱째, 노사모는 현실 정치에도 영향을 미침으로써 온라인에 한정된 조직이 아닌 현실적으로도 의미 있는 조직으로 활동하였다. 일례로 노사모를 통해 국민경선에 참여한 인원은 40만 명으로 민주당 국민 경선에 참여한 190여만 명의 21%를 차지하였다(노사모, 2002: 21). 즉, 단순 팬클럽이 넘어선 정치단체, 특히 선거운동 조직의 특성을 강하게 나타냈다(강원택, 2004: 167).

2) 정치인 팬클럽의 활성화

현재에는 연예인 팬클럽처럼 선거에 나서는 정치인의 팬클럽이 필수사항처럼 되었지만 2000년 노사모 이후 국내에서 정치인 팬클럽이 본격적으로 다양화되고 활성화된 것은 2005년 중반, 차기(제17대) 대선 후보들이 부각되면서 시작되었다.

<표 3-7> 정치인 팬클럽 사이트 현황

* 2006년 10월 3일 기준

대상 정치인	회원 규모	카페						총계
		다음	네이버	네이트온	야후	엠파스	5대 포털	
박근혜	총수	133	29	24	18	5	6	215
	100명 이상	20	2	3	2	1	0	28
	10명 이하	87	22	14	13	3	0	139
이명박	총수	108	9	13	1	0	6	137
	100명 이상	7	2	5	0	0	2	16
	10명 이하	91	6	8	1	0	0	106
고건	총수	46	11	6	3	1	4	71
	100명 이상	4	1	0	0	0	1	5
	10명 이하	26	4	3	2	1	0	36
손학규	총수	22	8	4	1	0	0	35
	100명 이상	4	1	1	0	0	0	6
	10명 이하	11	3	2	0	0	0	16
정동영	총수	18	4	2	0	0	2	26
	100명 이상	3	0	0	0	0	1	4
	10명 이하	14	3	1	0	0	0	18
김근태	총수	9	1	3	4	0	2	17
	100명 이상	1	0	0	0	0	0	1
	10명 이하	5	0	0	4	0	0	9
노무현	총수	34	10	7	2	0	1	56
	100명 이상	4	3	0	1	0	1	9
	10명 이하	18	5	6	0	0	0	29

* 자료: 장우영(2007: 103)

<표 3-8> 회원 수 규모에 따른 정치인 팬클럽 순위

* 2006년 10월 3일 기준

순위	사이트명	대상 정치인	URL	개설일자	회원 수
1	노사모	노무현	http://www.nosamo.org/	2000.05.17	105,472
2	대한민국 박사모	박근혜	http://cafe.daum.net/parkgunhye	2004.03.30	43,121
3	대한민국 청렴 골키퍼 GK 고건	고건	http://cafe.daum.net/2runizz	2003.03.28	32,628
4	노무현을 사랑하는 이들의 모임	노무현	http://cafe.daum.net/nosamoim	2002.03.16	18,373
5	노무현을 사랑하는 모임	노무현	http://cafe.daum.net/vipcorea	2002.08.08	12,377
6	대박(大朴) 산악회	박근혜	http://club.cyworld.nate.com/club/main/club_main.asp?club_id=51028882#	2005.03.20	11,768
7	근혜사랑	박근혜	http://cafe.daum.net/ilovehye	2002.12.25	10,417
8	명박사랑	이명박	http://www.mblove.org/	2005.02.25	5,924
9	함께가자 대한민국	노무현	http://cafe.naver.com/antihannaradang.cafe	2004.03.10	4,026
10	나랑사랑 이명박	이명박	http://www.ilovemb.org/	2003.03.23	3,852
11	정동영과 함께	정동영	http://cafe.daum.net/DYNEWS/	2000.08.12	3,278
12	박사모	박근혜	http://cafe.naver.com/baksamo.cafe	2004.04.18	2,727
13	미소&손	손학규	http://cafe.naver.com/sonjisa.cafe	2005.01.23	2,682
14	무궁화랑	박근혜	http://club.cyworld.nate.com/club/main/club_main.asp?club_id=50962720#	2005.02.05	2,556
15	바보 노무현	노무현	http://cafe.daum.net/supportno	2000.05.13	2,428

* 자료: 장우영(2007: 105)

이제는 일반화된 명칭인 '○사모', '○○ 사랑' 등을 사용하고 있는 정치인 팬클럽은 2006년 3일을 기준으로 개설 시점이 2년을 경과한 수가 박근혜(56개), 노무현(41개), 이명박(11개), 고건(16개), 손학규(9개), 정동영(7개), 김근태(3개)로 나타났고, 개설 기간이 1년 미만인 팬클럽 수는 박근혜(46개), 이명박(96개), 고건(36개), 손학규(19개), 김근태(10개), 정동영(8개), 노무현(8개)로 나타났다.

그리고 이때부터는 블로그, 미니홈피 등의 1인 중심 미디어로 진화해 가는 인터넷의 변화상을 반영하여, 기존의 노사모나 창사랑 같은 홈페이지에서 벗어나 카페가 주류를 이루게 되었다(장우영, 2007: 102, 104).

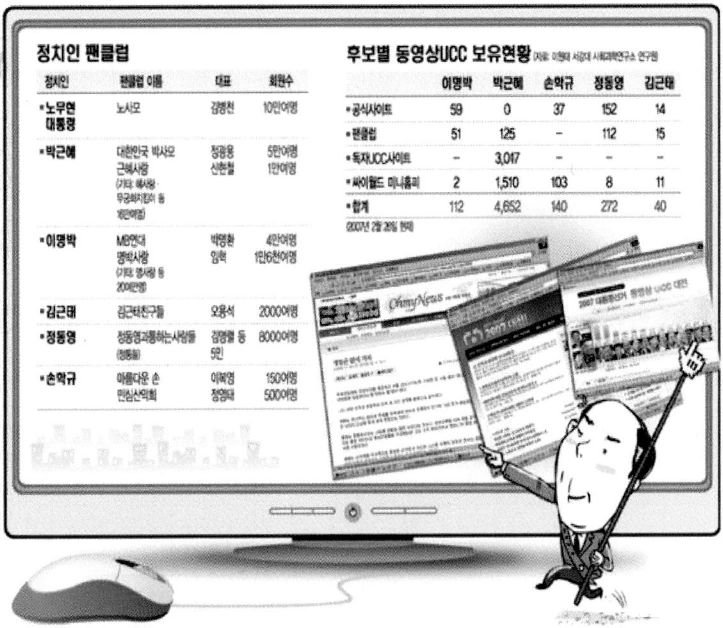

정치인 팬클럽

정치인	팬클럽 이름	대표	회원수
노무현 대통령	노사모	김경천	10만여명
박근혜	대한민국 박사모 근혜사랑 (카페: 박사모·무궁화지킴이 등 9만여명)	정광용 신원철	5만여명 1만여명
이명박	MB연대 명박사랑 (카페: 명사랑 등 200만명)	박명환 임혁	4만여명 1만6천여명
김근태	김근태친구들	오용석	2000여명
정동영	정동영과통하는사람들 (정통모)	김영렬 등 5인	8000여명
손학규	아름다운 손 민심산악회	이복영 정동대	150여명 5000여명

후보별 동영상UCC 보유현황 [자료: 이현우 서강대 사회과학연구소 연구원]

	이명박	박근혜	손학규	정동영	김근태
▪공식사이트	59	0	37	152	14
▪팬클럽	51	125	–	112	15
▪독자UCC사이트	–	3,017	–	–	–
▪싸이월드·미니홈피	2	1,510	103	8	11
▪합계	112	4,652	140	272	40

(2007년 2월 28일 현재)

* 자료: "'문자 메시지 대선'서 '동영상 대선'으로"(『경향신문』, 2007년 4월 8일자)

<그림 3-4> 주요 정치인 팬클럽과 후보별 동영상 UCC 보유 현황

2007년 대통합민주신당의 당내 경선에서도 정치인 팬클럽은 적극적으로 활동하였는데, 손학규('손에 손잡고'(1,653명), '하큐광장'(367

명), '거침없이 손학규'(64명), 'NEO FUTURE'), 정동영('정동영과 통하는 사람들'(12,097명)), 이해찬('아이러브이해찬'(1,080명))의 팬클럽이 조직화에 앞장섰다(김도경, 2008: 87).

2007년 제17대 대선에서의 팬클럽 인기를 보면 11월 기준으로 가장 많은 팬클럽 접속자 수를 기록한 후보는 문국현 후보로 희망문과 문함대를 합해 98,000건의 접속수를 보였고, 이회창 후보의 창사랑은 81,000건, 이명박 후보의 명박사랑과 MB연대는 78,000건으로 나타났다(윤성이, 2008b: 210).

정치인 팬클럽 활성화와 함께 안티사이트과 같은 적극적인 반대 집단도 많이 나타났다. 주로 선두 후보군에 집중되어 나타난 안티사이트는 지지율이 높은 정치인에 대한 경쟁 집단의 반감이 강하게 작용한 결과라고 볼 수 있다(장우영, 2007: 105).

<표 3-9> 정치인 안티 사이트 현황

* 2006년 10월 3일

대상 정치인	카페					홈페이지	총계
	다음	네이버	네이트온	야후	엠파스	5대 포털	
박근혜	3	2	0	0	0	0	5
이명박	11	3	0	0	0	0	14
고 건	0	0	0	0	0	0	0
손학규	0	0	0	0	0	0	0
정동영	1	0	0	0	0	0	1
김근태	0	0	0	0	0	0	0
노무현	17	10	0	0	0	1	28

* 자료: 장우영(2007: 106)

정치인 팬클럽의 의미를 평가하면 다음과 같다(장우영, 2007: 107~108).

첫째, 사인화된 정치적 결사체로서 정치인 팬클럽은 추종자의 기대이익에서 탈피하여 전적으로 리더에 대한 충성심에 기반하여 형성되었다. 그리고 추종자들은 아래로부터 자발적으로 집단을 형성하고 운영하여 새로운 형태의 리더-추종자 집단의 모델을 제시하였다.

둘째, 내생적으로 형성되던 파벌에서 벗어나 외생적으로 형성되었으며, 파벌 구성원의 기본적인 관념정향이 정당이라는 조직으로 출발한 반면, 정치인 팬클럽의 경우에는 지지하는 개별 정치인으로부터 출발하기 때문에 상대적으로 정당 일체감이 낮게 나타났다. 즉, 정당을 우회하여 이미지 정치 내지 정치 사인화의 계기로 가능성이 나타났다.

셋째, 정치인 팬클럽의 정치세력화 과정에서 발견되는 또 다른 특징은 통제되지 않는 파벌 현상이다. 정당의 입장에서 정치인의 팬클럽은 일종의 원외 파벌처럼 기능하게 된 것이다. 특정 리더십을 중심으로 결속하고 있지만 리더로부터 통제되지 않는 조직이 탄생한 것이다. 이러한 강력한 자율성은 약한 유대(weak tie) 공동체로서 정치인 팬클럽의 속성이기도 한데 경우에 따라서는 팬클럽 간의 대표성 경쟁처럼 회원 간의 균열이 언제든 심화될 수 있다는 것을 의미하기도 한다.

이렇듯 정치인 팬클럽은 팬덤(fandom) 문화의 사회적 확산은 반증한다. 팬덤은 매스미디어의 보급 이래 특정 사회적 대상에 대한 수용자들 사이의 감성의 집체화 현상을 일컫는다(Fiske, 2000; 장우영·송경재, 2007: 244에서 재인용). 또한 정치인 팬클럽의 특성과 활동은 일방적인 하향식 동원이 아니라 개인의 자발성에 기초한 새로운 유형의 리더-추종자 집단(leader-follower group) 구조를 구성한다는 점에서 과거의 유권자 조직과는 매우 차별적이다(장우영·송경재, 2007: 241).

행위자 전환의
특징과 쟁점

1. 신뢰·평판의 위력과 집단 극화

사회가 연결되어 있고, 그 안에서 어떤 콘텐츠든 생산하고 유통할 수 있는 구조이기 때문에, 온라인 공간은 효과적인 선거운동 기회의 공간이라고 평가할 수 있다. 또한 연결의 밀도가 높을수록 정보의 확산력이 매우 크다는 사실 또한 여러 사례에서 나타나고 있다. 유권자가 공감하고 긍정하고 믿을수록 콘텐츠 파급력은 높게 나타나는 것이다.

온라인 공간의 집단 성격을 설명하기 위해 흔히 쓰이는 개념은 '동조(confirmity)'이다. 동조는 한 집단 구성원들의 응집력을 강화시키고 그 집단이 이루고자 하는 과업을 보다 잘 수행할 수 있게 만들어주는 중요한 집단 성격이다. 일반적으로 가상공간의 구성원은 현실 공간에서 자주 만나지 않기 때문에 집단성이 발생하기 어렵다고 보지만, 일단 역동성이 발휘되면 대단한 위력을 발휘한다(오미영, 2011: 45).

그러나 인터넷은 정치에 능동적인 집단과 무관심한 집단을 보다 분화시킬 가능성도 높다. 이는 정치참여 격차가 커질 수 있음을 뜻한다. 물론 매스미디어에서도 이런 현상이 나타나지만 자기 선택성이 강한 인터넷에서는 보다 크게 나타날 수 있다(황용석, 2001).

사람들은 커뮤니케이션 과정에서 자신의 기존 관점에 부합하는 정보만을 선택해서 수용하는 선택적 노출(selective exposure) 행위를 한다. 선택적 노출은 그간 미디어의 제한적 효과를 설명하는 개념으로 제시되어 왔는데 자신의 신념과 배치되는 정보에 노출되지 않음으로써 신념을 바꾸게 되지 않는다는 것이다. 이러한 선택적 노출 행위는 인터넷에서의 정치참여 격차 유발은 물론, 참여자 간 정치성향 차이로 인한 분절과 대립을 낳을 수 있다(오미영, 2011: 46).

집단 극화는 집단 상호작용 이후 개인들의 반응 평균이 상호작용 이전의 반응 평균과 동일한 방향으로 더 극대화되는 현상을 의미한다. 즉, 사람들은 개인일 때보다 집단으로 의사결정을 내릴 때 보다 과격해진다. 이때 극화(polarization)는 극단화(extremization)와 개념적으로 구분된다. 극화는 이미 선택한 방향의 극 쪽으로 옮겨가는 것이며, 극단화는 방향과는 상관없이 중간점에서 바깥쪽으로 움직여가는 현상을 말한다.

이렇듯 집단에서의 상호 작용이 의견 극화를 일으키는 원인에 대해서는 사회비교이론(social comparison theory, Myers, 1989)과 설득주장이론(persuasive arguments theory, Vinokur & Burnstein, 1974)이 가장 널리 인용되어왔다(오미영, 2011: 43).

사회비교이론에 의하면 집단의 구성원은 타인과 구별되면서 동시에 더 나은 사람이기를 바라기 때문에 토의하는 동안 자신의 의견과 타인의 의견을 계속 비교하며 다수가 긍정하는 방향으로 의견을 맞추어가고, 이 과정에서 극화가 발생한다. 설득주장이론에 의하면 토의 중에 타인이 제시하는 설득력 있는 주장에 영향을 받아 자신의 의견을 그에 맞춰 수정하는 과정에서 극화가 발생한다(오미영, 2011: 43).

오늘날 온라인 토론 공간에서 발생하는 집단 극화 현상에 대해서는 탈개인효과의 사회정체성 모델(SIDE, social identity model of deindividuation effects)로도 설명이 가능하다. 이 모델에 의하면 개인화 단서 부족은 집단 구성원 개개인의 특징에 대한 주목을 분산시켜 지각의 탈개인화를 초래하는 한편 집단의 영향에 더 민감하게 만든다.

익명성이 전제된 온라인 공간에서 개개인에 대한 구별이 모호한 탈개인효과가 일어나면서 집단의 특징적인 정체성이 강조되어 집단 규범을 더욱 고수하게 만든다. 즉, 온라인의 익명 상황에서 집단 정체감이 뚜렷해지면서 양극화가 발생한다. 나은영(2006)은 사이버 훌리건의 공격적인 댓글을 집단 간 양극화 현상이 심화되어 나타나는 대표적인 사례로 지적하였다(오미영, 2011: 44).

멱함수에 대한 대부분의 연구에 의하면 댓글을 받는 게시글, 즉 주목받는 게시물은 매우 한정되어 있다. 여러 이용자가 고르게 많은 댓글을 받는 것이 아니라, 일정 회원으로 집중되는 현상이 발생하는 것이다. 이와 같은 현상은 이미 많은 사람이 선택한 것을 따라서 선택하게 되는 선호적 연결 때문이다(preferential attachment, Barabasi & Albert, 1999; 강정한, 2012.10.19: 5~6, 12에서 재인용). 한편, 특정한 수의 사람이 받아들이게 되면 갑자기 폭발적인 증가가 생기는 문지방 효과가 발생한다(Rosen, 1981; 이원재·김정민, 2012.10. 19:20).

트위터는 분파형성적 미디어(segment-making media, Mutz, 2006)로 평가되기도 한다. 시소모스(Sysomos)의 2010년 연구에 의하면, 약 12억 개의 트윗 가운데 71%는 아무 반응도 얻지 못한다. 뿐만 아니라 리트윗되는 6%의 글은 1시간 내에 92.4%가 리트윗되고, 1시간 이후부터는 10.6%만 리트윗되며 2시간 이후부터는 비율이 현격히 떨어져 10시간 정도 되면 리트윗이 마무리된다(나은영, 2012). 이는 '메시지의 휘발성'을 의미하기도 한다(송인혁·이유진, 2010).

실제로 트위터에서 만나는 사람들 중에서 '나와 비슷한 의견을 가진 사람들이 많다'고 응답한 평균은 5점 척도에서 3.48, '나와 반대되는 의견을 가진 사람들이 많다'는 척도는 2.97로서 비슷한 사람들을 더 많이 만나는 것으로 나타났다. 페이스북은 3.45와 2.88로서 더 큰 차이를 보여 끼리끼리 현상이 더 강하게 나타나고 있다(나은영, 2012).

2. 집단 지성 공중의 출현

산업사회에서의 대중은 비슷한 소득 수준과 비슷한 교육을 받은 계층끼리 동질한 속성을 가진 분석단위로 평가되어 왔다. 그러나 네트워크 사회에서의 대중은 그렇지 않다. 이는 이미 산업사회에서 탈산업사회로 변화하여 탈물질적 가치가 등장했기 때문이기도 하지만 한편으로는 기존 성장의 시대에 당연하다고 여겨왔던 많은 가치에 대한 회의와 의심, 즉 성찰을 하는 시대가 되었기 때문이기도 하다.

여전히 온라인 공간에서는 매스미디어의 많은 정보를 옮기고, 새로운 정보를 확산시키려 하고, 집단으로 뭉쳐서 현실 선거에 개입하고자 하는 많은 세력이 존재한다. 이들은 이미 있는 세력이 온라인으로 옮겨진 경우도 있고, 온라인 공간을 통해 순수하게 확장하는 세력이기도 하다. 또한 유권자 개개인인 경우도 있고, 정부나 국가기관의 개입도 이루어지고 있다는 사실을 우리는 역사적인 선거과정을 통해 목격하였다. 따라서 이들을 하나의 '누구'라고 확정하는 것은 불가능하다. 다만 온라인 공간에서 세력을 확장하기 위해서는 몇 가지 요소를 갖추어야 한다는 사실만 알고 있을 뿐이다.

현재까지 온라인 공간에서 형성된 집단들은 일반적인 대중이라는 하나의 '덩어리'로 평가하기 어렵다. 이들은 필요한 사안에 대해서는 적극적으로 의견을 밝히고, 창의적인 방안을 제시하며, 주변 사람들의 참여를 독려하는 자발성이 높은 계층이다. 또한 집단지성(crowdsourcing)과 같이 의제별로 이합집산을 자유롭게 하는 계층이다. 따라서 대중이라는 한 덩어리로 단순하게 표현하기보다는 탈물질주의에 대한 성찰을 기반으로 사실과 현실적 이익(혹은 공익) 추구에 대한 욕구가 분명한 집단지성을 갖춘 공중(the public)이라고 표현하는 것이 더 적절할 것이다.

3. 대안 결사체의 활성화

전통적으로 우리 사회에는 기존의 유대관계에 의한 많은 결사체가 있어 왔다. 그러나 온라인 공간에서의 결사체는 상대적으로 약한 유대관계에 의해 결집하면서도 실천성은 매우 강하다. 또한 위계적이기보다는 수평적 유대관계를 유지하는 것을 정의롭다고 여긴다.

이러한 대안 결사체가 빈번하게 이합집산하는 곳이 온라인 공간이다. 매 선거 때마다 팬클럽, 정치 커뮤니티, 유권자 모임 등으로 결사체가 조직되고 있는데, 이들은 조금은 더 상대적으로 평등하고, 개방적인 토론과 실질적인 참여 효과를 목적으로 한다는 점에서 지속적이고 굳건한 충성심을 요구하며, 엘리트 중심의 집단을 형성하는 전통적인 결사체와 다른 특징을 보인다.

그렇기 때문에 이러한 대안 결사체가 좀 더 민주적인 특징이 있다고 평가할 수도 있는데, 물론 언제나 그렇게 낭만적이고 긍정적인 평가할 수 있는 것은 아니다. 매 선거 때마다 형성된 대안 결사체 가운데 현재까지 지속적으로 사회적 참여를 하면서 책임성을 담보하는 있는 경우는 거의 나타나고 있지 않아서 이들에 대한 평가가 일반화되기 어려운 측면이 존재하기 때문이다.

즉, 결사체는 이합집산을 자유롭게 할 수 있고, 선거 때마다 강력한 정보생산과 의제소통을 할 수 있지만 그로 인해 선거결과가 바뀌거나 선거의 당락에 영향을 주었다는 확증은 하기 어려운 측면이 있는 것이다.

그럼에도 불구하고 온라인 공간에서 새로운 결사의 기회가 제공되고 있다는 것은 매우 중요하다. 자원이나 권력이 부족하더라도 누구나 참여의사를 제시할 수 있고, 그로 인해 동의를 구하고, 집단을 형성할 수 있는 기회는 열려 있기 때문이다. 따라서 이제는 과거의 자유로운 결사체의 경험을 바탕으로 성공적인 대안 결사체의 조건에 대해 모델링하고 논의하는 것이 향후 과제로 남게 되었다.

제4장

온라인 선거운동과
의제의 전환

이론틀: 역의제설정이론

1. 의제설정이론

1) 의제설정의 기능

사회 규모가 확대되고 복잡해질수록 공공 이슈에 대한 정보습득은 직접 경험보다는 미디어에 의한 간접 경험이 확대된다. 이용자의 미디어 의존이 심화되기 때문에 미디어의 의제설정 효과가 강화될 개연성이 큰 환경인 것이다. 의제설정이론은 이러한 매스미디어의 의제설정능력을 강조한 이론이다.

의제설정이론의 주요 가설은 매스미디어가 주요 이슈를 결정하고 보도하는 수문장(gatekeeper) 역할을 하며, 수용자는 개인의 직접적인 경험 영역 밖에 있는 복잡한 세계의 이슈들 가운데 무엇이 중요한지 알려고 하는 욕구가 있다는 두 가지 전제에서 출발한다(양승찬, 2006). 그리하여 매스미디어가 지면 할애와 분량 및 방송 시간 조절을 통해 주요하게 다루는 이슈를 수용자가 중요한 이슈로 인식하게 된다고 본다.

공중의제에 대한 미디어 영향력을 검증한 의제설정이론은 맥콤스와 쇼(McCombs & Shaw, 1972)에 의해 처음 제기되었다. 이들은 1968년 미국 대선 선거운동 연구를 통해 미디어 설정 의제(media agenda)와 공중 의제(public agenda)가 매우 높은 상관관계가 있음을 밝히고 이를 매스미디어의 의제설정기능에 의한 것이라고 보았다.

미디어가 강조해서 다루는 이슈에 따라 공중은 그 이슈를 알게 될 뿐만 아니라 기사 양이나 위치를 통해 그 이슈의 중요성도 인지하게 되어 공중의제가 설정된다는 것이다. 이어, 쇼와 마틴(Shaw & Martin, 1992)은 미디어가 의제설정을 통해 갈등적 관점을 가지고 있는 집단들 사이의 대화를 주선하여 공공 이슈에 대한 충분한 합의를 이끌어낼 수 있다고 주장했다(양선희, 2008: 82~83).

한편, 개인 차원의 이슈가 사회적 의제로 발전해가는 과정에 관한 연구로는 의제형성(agenda-building) 접근이 대표적이다. 콥과 엘더는 어떤 이슈의 속성과 쟁점 제기자 그리고 이슈 활성화를 발생시키는 격발장치(trigger device) 등에 의해 의제가 형성될 수 있으며 이러한 과정에서 매스미디어 역할이 매우 중요하다고 하였다(Cobb & Elder, 1983).

이들은 인터넷이 본격적으로 사람들에게 이용되기 전에 사회 내 개인 및 집단, 혹은 정책과정에 참여하는 정부 내부자가 제기하는 문제가 신문이나 방송과 같은 매스미디어의 도움을 받으며 공중 의제로 확산되어 가는 과정을 분석했다는 점에서 비교적 수동적인 수용자관을 선제로 한 초기 의제설정이론과는 구별될 수 있다(김성태·이영환, 2006: 179).

2) 의제설정 효과와 의제설정 미디어 확대

의제설정이론은 의제설정 효과 차원과 의제설정 미디어 확대 차원의 두 가지로 확대발전하였다. 먼저, 의제설정 효과 차원에서는 "무엇에 관하여 생각할 것인가"의 문제에서 "무엇을 생각할 것인가", "어떻게 생각할 것인가"의 문제로 변화발전하고 있다.

즉, 생각의 대상을 제공하는 것이 1차 의제설정이라면 이제는 단순한 대상의 차원을 넘어 대상과 이슈의 구체적인 속성을 강조함으로써 이러한 속성 현저성이 수용자에게 전이되어 공중이 어떻게 생각할 것인지에 대해 영향을 주는 2차 의제설정 효과에 대한 관심이 높아지고 있다.

2차 의제속성은 인지적 속성과 정서적 속성으로 구성되는데(Ghanem, 1997), 인지적 속성은 이슈나 인물에 대해 미디어에서 제공된 정보와 관련되며, 수용자들이 어떤 대상을 판단하거나 추론할 때 적용하는 단서들이다. 정서적 속성은 일반적으로 이슈나 인물이 긍정적 또는 부정적으로 매개되는 의견과 관련되며 미디어 보도의 논조에 따라 다른 양상을 보인다. 즉, 인지적 속성은 정보를 바탕으로 한 이성적 측면, 정서적 속성은 감성적 또는 감정적 측면과 밀접한 관련을 갖는다(양선희, 2008: 83~84).

3) 틀짓기효과와 점화효과

의제설정이론은 틀짓기효과(Framing Effects) 및 점화효과이론(Priming Effects Theory)과의 접목을 시도하면서 이론적 확장을 모색하고 있다. 의제설정이론과 프레이밍이론 모두 미디어의 뉴스 내용 선택과 독자의 인식에 대한 영향이라는 점에서 일맥상통한다고 보고 두 이론을 통합하여 다루고자 하는 입장이 제기되고 있는 것이다.

미디어 메시지들의 구성, 즉 저널리스트들이 어떻게 뉴스를 조직하고 제시하는가를 다루고 있다는 점에서 동일하다는 것이다. 반면 프레이밍이 의제설정이론이 강조하는 이슈와 속성의 '현저성 전이' 뿐만 아니라 수용자 내면에 존재하는 인지적 스키마 등 다양한 이론이 중시된다는 점에서 별개라는 입장도 있다(양선희, 2008: 84).

의제설정효과는 미디어가 공중의 마음에 특정 의제의 중요성을 부각시킬 수 있는 능력을 가지고 있다고 본다. 즉, 공중들이 어떤 정치적 문제를 중요하게 생각해야 하는지 미디어가 의제를 설정한다는 것이다(Severin & Tankard, 1997). 의제설정효과의 연장선상에서 점화효과는 개인이 주체의 범위나 의제의 영향에 의해 공인을 평가하는 과정에서 일어나는 의제효과를 의미한다(McCombs, Shaw & Weaver, 1997).

점화효과는 아이엥거와 피터스, 그리고 킨더(Iyenga, Peters, & Kinder, 1982)의 실험 연구를 통해 처음 입증되었다. 이 연구에서 연구자들은 응답자들이 최근에 본 뉴스에서 강조한 이슈에 근거하여 대통령을 평가한다는 것을 발견했으며, 미디어에 의해 강조된 특정 이슈들이 정치인에 대한 판단 기준으로 작용하는 것을 점화효과라고 명명하였다(반현·최원석·신성혜, 2004: 405~407).

의제설정이론이 수용자의 인지적·지각적 차원에서의 매스미디어 효과에 초점을 맞춘 데 비해 점화효과이론은 매스미디어가 설정한 의제가 수용자의 의견과 태도 및 행동에 미치는 영향을 초점을 맞춘다. 복잡하고 불확실한 현실에서 제한적 정보처리능력을 가진 수용자는 최적의 선택보다는 적당한 선택에 안주하는 경향이 있기 때문에 매스미디어가 설정한 의제는 수용자의 정치적 판단에 큰 영향을 미치게 되는 것이다.

2. 역의제설정이론

그러나 2010년부터는 스마트폰과 소셜 미디어의 보편화로 인해 개인의 의사표현 욕구가 강해지고 개인의 권력이 주목받게 되었다. 의제설정 주체가 변화하고 있는 것이다. 온라인 미디어의 성장에 따라 수용자의 선택성이 확대되고 능동적인 미디어 이용 환경이 구축되면서 개인에 따라 접근하는 미디어와 정보가 달라져 공중 의제에 대한 미디어의 의제설정력이 약화될 것이라는 주장이 제기되고 있다(Brubaker, 2005).

온라인에 대안적 공론장이 형성됨으로써 메시지 생산자와 수용자라는 이원적 경계는 물론, 기성 언론의 독점적 의제설정 권한이 현격히 약화되고 있다(장우영·민희·이원태, 2010: 48). 뉴미디어 등장으로 인해 기존 미디어는 의제설정기능을 독점하지 못하게 되었다(Meraz, 2009). 따라서 역의제설정이론은 기존 매스미디어 중심의 일방적이고 수직적이며 획일화된 시각을 탈피하고 이용자의 선택적 상황에 대한 재해석을 중심으로 구성된다(Kim & Weaver, 2002; 구교태, 2002; 김학수·오연호, 2003; 우형진, 2005; 윤태일·심재철, 2003).

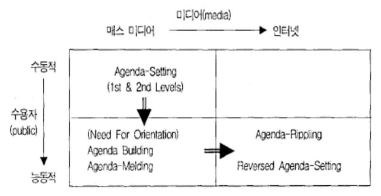

* 자료: 김성태·이영환(2006: 180)

<그림 4-1> 인터넷의 등장과 의제설정 연구 관점의 변화

우선, 역의제설정이 주목하는 것은 개인의 관여 능력이다. 누구나 의견을 제시할 수 있는 온라인 공간에서는 개인이나 혹은 익명의 의제설정 기회가 열려 있다. 게시판이나 블로그 등 온라인 공간에서 개인이 제기하는 많은 의혹과 뉴스 그리고 의견은 역으로 매스미디어에 전달되고 대중에게 확산되기도 한다.

두 번째 주목하는 것은 집단의 관여 능력이다. 자율적인 개인으로 연결된 온라인 커뮤니티와 팬클럽에서 제기하는 의견은 사회운동으로 확산되기도 한다. 촛불집회, 황우석 사태, 월스트리트 점령시위, 스페인 시인운동, 우샤히디와 같은 재난 정보공유에 이르기까지 수많은 사례가 커뮤니케이션 주체로서 온라인 집단의 가능성을 확대하였다(김성태·이영환, 2006: 176).

온라인의 주요 파급 채널을 통해 온라인 공중을 중심으로 중요 의제가 확산되는 현상을 온라인을 통한 의제 파급 과정이라 한다면, 온라인을 통한 역의제설정(Online-mediated reversed agenda-setting)

이 이루어지게 되는 것이다. 결과적으로 온라인의 의제설정능력에 대한 연구는 기존의 전통적인 미디어 의제설정기능 연구와 몇 가지 점에서 차이가 있다.

즉, 인터넷이 기존 미디어와 경쟁하는 대안 미디어로서의 성격이 강하다는 점, 기존 미디어와 비교할 수 없을 정도의 콘텐츠 용량을 수용할 수 있다는 점, 기술적 특징으로 인해 상호작용성이 높다는 점, 게이트키핑을 하는 소수 엘리트가 존재하지 않는다는 점이 그것 이다(김성태·이영환, 2006: 177, 181, 184).

선거에서의 역의제설정

1. 정치 팟캐스트와 표현의 민주화

1) 팟캐스트의 등장과 특징

선거과정에서는 문자 메시지나 모바일 앱보다 팟캐스트에서 더욱 적극적인 정치정보 제공이 이루어졌다. '나는 꼼수다(나꼼수)'로 대표되는 국내 정치 팟캐스트 활동은 세계에서 유례를 찾기 어려운 매우 활성화된 모바일 정보제공 활동으로 평가할 수 있다. 2009년 11월, 국내에서 팟캐스트 서비스가 처음 시작한 후, 2012년 3월, 팟캐스트 청취자가 1천만 명을 넘어가면서 팟캐스트는 정치정보 제공과 홍보를 위한 새로운 채널로 각광받았으며, 이어 제18대 대선을 거치면서 가장 크게 성장한 이슈 플랫폼으로 평가되었다.

2012년 4월 말 기준으로 국내 소비 팟캐스트 3,700여 개 가운데 국내 생산 팟캐스트는 1,900개로서 1년 전보다 10개 이상 증가하였으며 분야별로는 종교(222개), 교육(167개), 시사(140개), 문화(105개) 순으로 나타났다(http://www.podbbang.com). 이어, 2012년 7월에는 팟캐스트 다운로드 순위 10위권 내에 6개의 정치 팟캐스트가 진입하기도 하였다.

2011년 후반부터 선거를 통해 큰 인기를 끌기 시작한 팟캐스트는 나꼼수의 폭발적인 파급력, 보편적인 스마트폰 사용, 주류 미디어에 대한 불신, 재미라는 문화적인 배경 때문에 단시간에 대중적으로 크게 확산되었다. 출퇴근길에 고정적으로 듣는 이용자가 늘어나면서 나꼼수 이후에도 팟캐스트 시장은 꾸준히 성장하고 있다.

<표 4-1> 팟캐스트 월별 순위

팟캐스트 이름	3월	4월	5월	6월	업로드 개수 (7월 20일 기준)
나는 꼼수다	1	1	1	2	56
뉴스타파	2	2	2	5	26
이슈 털어주는 남자	3	4	7	7	142
나는 꼽사리다	4	6	4	3	34
파업채널M	5	7	6	16	26
두시탈출 컬투쇼	6	3	3	4	200
김어준의 뉴욕타임스(Audio)	7	12	13	11	222
유시민 노회찬의 저공비행	8	13	39	44	12
영문법 훈련노트	9	40	-	-	25
손석희의 시선집중	10	8	7	8	625
(공식) 이근철의 굿모닝 팝스	11	20	27	22	20
CNN Student News(video)	12	10	10	13	6
최진기의 뉴스위크	13	11	9	6	57
정철의영어가터지는비법+요한복음	14	16	16	21	111
전진희의 음악일기	15	15	20	37	20
김영하의 책 읽는 시간	16	14	17	20	42
生방송 애국전선	17	19	34	38	48
FM음악도시성시경입니다	18	21	18	19	510
5분영문법(HD)	19	24	25	30	18
이정희의 희소식	20	48	-	-	19

* 자료: 이병섭(2012: 113)

나꼼수와 같은 대형 히트작은 없지만 '이박사와 이작가의 이이제이', '그것은 알기 싫다'와 같은 시사 팟캐스트, '김용민의 조간 브리핑', '서영석의 라디오 비평' 등의 미디어 비평 프로그램, '벙커 1특강' 같은 교육 프로그램, '이동진의 빨간 책방'과 같은 서평 프로그램, '탁PD의 여행 수다'와 같은 여행 및 취미 프로그램이 인기를 끌었다.

팟캐스트의 일반적인 특징은 다음과 같다. 첫째, 팟캐스트는 특정 내용에 관심이 있는 특정 청취자 집단을 대상으로 하는 협송 미디어(narrowcasting)이다(곽정원·정성은, 2013: 141).

둘째, 시공간의 제약 없이 가장 간편하게 소비할 수 있는 오디오 콘텐츠라는 편리성이 높다.

셋째, 메시지 송신을 위해 특별한 장비가 필요하지 않으므로 제작이 쉽다. 포터(Potter, 2006)는 콘텐츠 저장 후 언제 어디서나 이용할 수 있는 시간 이동 및 공간 이동(time-shift and place-shift)을 팟캐스트의 가장 중요한 특징으로 꼽았다(곽정원·정성은, 2013: 141).

넷째, 「방송법」상 방송에 포함되지 않기 때문에 「방송심의법」이나 「미디어법」의 규제를 받으므로 누구나 자유롭게 만들 수 있다. 현행 「방송법」에 의하면 팟캐스트는 허가·승인·등록을 받은 방송 사업자에 해당되지 않기 때문에 방송이 아니라 정보통신으로 분류되는 것이다(이병섭, 2012: 114).

다섯째, 대체로 재미있고 가볍고 풍자와 유미 때문에 프로그램의 흡인력을 강화시킨다.

이와 더불어 기존 매스미디어가 제시하는 의제설정을 개인들이 설정할 수 있고, 주로 폭로성 기사나 정치편향성이 강하게 드러나며

그 가운데 자유로운 형식의 엔터테인먼트 요소까지 갖추고 있다는 점에서 팟캐스트는 역으로 의제를 설정할 수 있는 효율적인 미디어라고 평가할 수 있다.

2) 대표적인 정치 팟캐스트: 나꼼수

콘텐츠를 담은 파일을 공유하는 형식으로 메시지를 전달하는 팟캐스트는 정치적 메시지 전달의 새로운 통로이다(곽정원·정성은, 2013: 139). 선거운동 매체를 중심으로 팟캐스트가 공직선거사상 최초로 등장한 것은 제19대 총선인데, 등장하자마자 많은 이용자의 관심을 획득했다는 점에서 의미 있는 역의제 제안 미디어이자 현상이다.

자유롭게 생산할 수 있는 팟캐스트는 정치정보 생산력도 높은데, 특히 주요 이슈의 특종효과가 매우 높다. 일례로 나경원 후보의 1억 원 피부과 의혹('나꼼수')이나 총리실의 불법 사찰('이슈 털어주는 남자')처럼 주요 정치 이슈는 모두 팟캐스트에서 제기되었다(나꼼수의 주요 선거 관련 의제에 대해서는 <표 4-3> 참조).

2011년 서울시장 재보궐선거와 2012년 제19대 총선에서 가장 큰 영향력을 발휘한 정치팟캐스트는 나꼼수였다. 2011년 2월 조사에 의하면 나꼼수 인지도는 59.4%(2천만 명 이상), 2012년 2월에는 86.4%(3천만 명 이상), 2013년에는 66.8%로 나타났는데, 인지도와 실제 청취도와는 별개이기 때문에 큰 차이가 나타났지만 나꼼수 전성기의 에피소드당 청취자는 80만~100만 명 정도로 나타나 큰 인기를 끈 것만은 사실이라고 평가할 수 있다(리얼미터; 트렌드모니터, 2013).

특히 2011년 8월 23일 방송된 '2011년 8월 22일 호외편'으로 미국 아이튠스 팟캐스트 인기 에피소드 1위를 기록하였으며, 2011년 11월 30일 여의도광장에서 한미 FTA 비준 무효를 주제로 헌정 공연을 했을 때는 주최 추산 5만 명, 경찰 추산 16,000명의 대성황을 이루었고(류정민, 2012: 74) 2012년 4월 25일에도 아이튠스 팟캐스트 오디오 부문 인기 순위 세계 1위를 기록하였다.

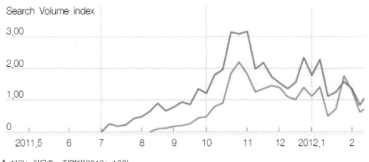

* 자료: 차은호・진영재(2012: 166)

<그림 4-2> 구글의 '나는 꼼수다' 검색량 지수

국제적인 나꼼수의 검색량 추이는 <그림 4-2>와 같은데, 국내 이슈에 대한 구글 검색어 그래프가 이렇게 역동적으로 나타나는 경우는 매우 드문 사례라고 할 수 있다. 또한 나꼼수의 주요 내용은 <표 4-2>와 같은데, 이들 이슈에 따른 댓글과 언론보도의 급변이점 분포는 <표 4-3>과 같이 매우 역동적으로 나타나 2011년 후반의 나꼼수의 미디어 영향력이 매우 높았음을 알 수 있다.

<표 4-2> '나는 꼼수다'의 주요 내용

회차	업로드 일자	제목
2	2011년 05월 12일	한나라당의 내분
7	2011년 06월 24일	오세훈의 무상 급식
14	2011년 08월 11일	정봉주, 댓글 부대 그리고 자원 외교
18	2011년 09월 06일	각하, 곽노현 그리고 안철수
21	2011년 09월 29일	박영선 VS 박원순 아바타 토론회
24	2011년 10월 18일	가카 그리고 나경원
25	2011년 10월 23일	야권 얼굴마담 초청 관훈토론회
27	2011년 11월 07일	떨거지 토론회-심상정, 유시민, 노회찬
28	2011년 11월 12일	한미 FTA, 선관위 그리고 안철수
30	2011년 11월 26일	괴담, 선관위 그리고 론스타
31	2011년 12월 04일	검경 수사권 조정과 선관위 디도스
32	2011년 12월 18일	귀국 보고와 선관위
봉주1	2012년 01월 01일	다스 상속세의 비밀, 선관위
봉주2	2012년 01월 11일	민주통합당 대표 경선 특집
봉주3	2012년 01월 21일	선관위, 부재자 투표 그리고 돈봉투
봉주4	2012년 01월 31일	10·26 부정 선거와 KTX 민영화
봉주5	2012년 02월 09일	주, 김 개명 사건과 안철수, 선관위, KTX
봉주6	2012년 02월 21일	10·26 부정선거 특집 그리고 이상득 최시중 박희태
호외4	2012년 03월 14일	김용민 출마 선언
봉주9	2012년 03월 26일	쌍두노출 프로젝트 그리고 폭탄 하나 · 김총수 가짜 트위터 폭파(딴지일보에서 공식(?)적인 가짜 트위터 운영) · 손수조 새누리당 후보 선거법 위반 논란 · 선관위 디도스 공격사건 관련자 증언 · 김용민 출마와 그에 따른 에피소드들
봉주10	2012년 04월 02일	· 천안함 사건. 천안함의 잔해 흔적의 특징은 좌초에 가까움. 1차 좌초 위기를 벗어났지만 2차 수평충돌의 흔적이 나타남(함선충돌의 가능성). 함선 등의 기타 구조물과 2차 충돌의 합리적 의심으로는 故한준호 준위와 UDT대원들이 함수와 함미가 있던 곳이 아닌 제3의 부표장소에서 비밀작업, 이곳에서 의문의 거대 구조물 발견. 사고 2달 후, 이스라엘 대통령이 직접 방문. 방문형식도 정하지 않고 한 이례적인 방문
봉주11	2012년 04월 09일	김용민 vs. 이명박 · 김용민의 미군비판 발언. 발언이후 심경 · 민간인 사찰. 관봉 돈다발의 실체. 검찰의 사찰 부인. 김용민의 미군비판 발언

호외5	2012년 04월 11일	투표를 자제해달라 · 투표독려. 오피니언 리너와 시민들의 두표율 달싱 시 공약
봉주18	2012년 08월 29일	정세균, 김두관, 손학규, 문재인 합동취조회
호외9	2012년 09월 02일	도올 대선을 논하다
봉주20	2012년 09월 17일	안철수와 공작들
봉주21	2012년 09월 26일	십알단과 터널 디도스
봉주22	2012년 10월 23일	봉알단, 정우택 음모, 터널 디도스

* 자료: http://bit.ly/LNvKkG

<표 4-3> 팟캐스트 댓글과 언론보도의 급변이점 분포

시기	팟캐스트		언론 보도		주요사건
	댓글	증가율	기사	증가율	나꼼수 첫 방송(4.28), 첫 댓글(5.22)
4.28~5.22	1		-		
23~38	2				
5.29~6.5	39	-	-		
6.6~12	34	-	-		
12~19	68	-	-		
20~26	86	-	-		
6.27~7.3	60	-	2	-	나꼼수 첫 기사, 미디어 오늘(7.2)
4~10	196	-	2	-	국내 팟캐스트 1위(7.4)
11~17	293	49%	1	-	
18~24	219	-25%	4	-	
25~31	217	-1%	2	-	
8.1~7	330	52%	6	-	세계 팟캐스트 1위(8.5)
8~14	377	14%	4	-	
15~21	328	-13%	4	-	
22~28	752	★129%	12	-	오세훈 시장직 사퇴(8.28)
8.29~9.4	398	-47%	6	-50%	
5~11	652	64%	10	67%	안철수, 박원순지지(9.7)
12~18	880	35%	16	60%	박경철 출연(9.15)
19~25	474	-46%	16	0%	
9.26~10.2	1,602	238%	65	★306%	박영선·박원순 출연(9.29)
3~9	908	-43%	132	103%	야권 시장후보 경선(10.3)
10~16	1,409	55%	219	66%	여당 홍준표 출연(10.13)
17~23	1,546	10%	219	0%	
24~30	2,110	36%	535	144%	박원순 서울시장 당선(10.26)

11.1~6	2,576	22%	346	-35%	NYT 나꼼수 보도(11.2)
7~13	3,064	19%	232	-33%	
14~20	1,080	-65%	334	44%	나꼼수, 민주언론인상 수상(11.24)
21~27	1,735	61%	416	25%	한미 FTA 국회통과(11.23)
11.28~12.4	1,050	-39%	703	69%	반 FTA 여의도 집회(5만 명, 11.30)
5~11	518	-51%	543	-23%	
12~18	747	44%	403	-26%	
19~25	2,441	227%	942	134%	정봉주 징역 판결(12/22)
12.26~1.1	1,773	-27%	956	1%	
2~8	667	-62%	471	-51%	
9~15	1,591	139%	315	-33%	민주통합당 대표경선(1/11)
16~22	544	-66%	185	-41%	
23~29	420	-23%	284	54%	'비키니 시위' 논란
1.30~2.5	788	88%	658	132%	
6~12	652	-17%	693	5%	
13~19	208	-68%	400	-42%	
20~26	546	163%	183	-54%	

(★): '티핑 포인트(Tipping point)' 추정구간
* 자료: 차은호·진영재(2012: 175)

3) 역의제미디어로서 팟캐스트

팟캐스트에 대해서는 자유로운 표현, 제한적인 미디어 현실에 대한 자연스러운 반응이라는 긍정적인 평가가 가능한 반면, 그에 따른 사회적 비용 혹은 사회적 영향에 대한 문제를 제기할 수도 있다(「KBS 미디어 비평」 2012년 4월 27일자). 실제로 많은 연구들이 정치 팟캐스트 청취자의 정치성향, 이용행태, 청취 후 행태 변화 등 참여에 있어서의 효과에 주목하였다.

여론조사 등에서는 나꼼수가 '기성언론이 알려주지 않는 정보를 제공해줌으로써 소통에 기여하고 있다'는 긍정 응답이 41.9%, '특정 정치세력에 편향돼 사실을 왜곡하면서 소통을 해치고 있다'는 부정

답변은 20.7%로 조사됐다. 반면 국내의 언론 전반에 대해 어떻게 평가에 대해서는 '신뢰할 만한 언론이 많다'는 11.9%, '신뢰할 만한 언론이 일부 있다'는 응답이 60%, '신뢰할 만한 언론이 거의 없다'는 대답은 22%였다(대통령소속사회통합위원회 한겨레사회정책연구소의 여론조사, 2011.11.21).

2011년 12월 동아일보 조사에서는 응답자의 정치적 성향에 따라 나꼼수에 대한 평가가 상이하게 나타났다. 즉, 진보 성향 응답자의 80.4%와 중도 성향의 73%는 나꼼수를 긍정적으로 평가했지만, 보수 성향은 55%만이 나꼼수를 긍정적으로 평가했다. 즉, 정치 팟캐스트는 진보친화적 매체라는 것이다(송인덕, 2012: 127; 이정기·금현수, 2012: 181).

이 책에서는 이러한 정치 편향성(Hart, 2013)보다 정보제공과 정치엔터테인먼트의 미디어가 개인으로 변화하였다는 것에 주목한다. 정치 팟캐스트에 대한 연구에 의하면, 청취 동기 중 가장 자주 꼽히는 것이 '현실정치의 답답함 해소', '정치 풍자와 비판이 주는 즐거움', '대안적인 정보 획득', '타인들과의 정치적 소통', '비속어와 직설적인 화법'[30] 등인 것으로 나타났다(민영, 2014: 90; 엠브레인, 2012; 이기형 외, 2012; 이동희·황성욱, 2013; 이정기·금현수, 2012: 179; 트렌드모니터, 2013: 33). 뉴스 개념이 정치·경제·문화·기술적으로 결정되는 것이고, 시대에 따라 변화할 수 있다는 것을 가장 극직으로 보여준 것이 국내 징치 팟캐스트의 특징이 되는 것이다.

정치 엔터테인먼트는 새로운 환경에 맞게 진화한 뉴스의 특수한

---

30) 박영흠·김균(2012)는 이러한 화법을 '탈엘리트주의적 화법'으로 진단하였다.

형태(Williams & Delli Carpini, 2011)로서, 기존의 뉴스가 주로 협소한 정치 영역만을 표상해왔다면 정치 엔터테인먼트로서 팟캐스트는 정치 영역을 확장하고 대중화하여 시민사회 내에서 정치 담론을 활성화하는 역할을 했다(Dahlgren, 2009).

한편, 정치 엔터테인먼트가 시장 논리의 확장과 지배 속에서 정치 정보가 상품화된 결과이며 그것의 소비는 정치 자본 분포에서 기존의 불평등을 더욱 심화할 수 있다는 비판도 있다(Habermas, 2006; Prior, 2007; 민영, 2015: 60에서 재인용).

민영은 설문조사를 통해 정치풍자 프로그램으로서 정치 팟캐스트가 정치 불신을 강화한다는 평가가 맞지 않다는 것을 증명하였고, 오히려 정치 팟캐스트 청취자는 온라인과 모바일상에서 정치 대화를 활발하게 하고, 이 유형의 정치 대화는 대선기간 정치활동 참여 정도가 향후 다양한 정치활동 참여의사에도 긍정적인 효과가 있다고 밝혔다(민영, 2015: 61; 이동희·황성욱, 2013: 167; 이정기·금현수, 2012: 177; 황하성·김정혜, 2012: 177). 또한 청취자의 정치 효능감이 높다는 연구결과도 있다(이정기·금현수, 2012: 176).

> "인터넷 홈페이지는, 블로그는, 게시판은 정보를 게재하고 방문자를 기다려야 하는 피동적 전파를 속성으로 해. 그런데 여기 SNS가 결합되면서 정보 수용자가 자발적으로 그리고 손쉽게, 이게 중요해 손쉽게, 스스로 능동적 전파자가 될 수 있는 플랫폼이 탄생하는 중이야. 이제 콘텐츠만 좋으면 콘텐츠가 스스로 성장하는, 콘텐츠가 자기 가치를 스스로를 입증할 수 있는 물적 토대가 탄생하고 있는 거야. 이 본질을 간파하는 나 같은 사람에게는(웃음). 이거야말로 혁명이야. 탱크로 밀어야만 혁명이 아니야. 기득의 구조가 뒤집어질 수 있으면, 다 혁명이야(김어준, 2011: 303)."

정치 팟캐스트를 통해 엄숙주의를 배제하고 사적인 대화체로 정치 이야기를 풀어냄으로써 정치를 즐길 수 있는 유희의 대상으로 만들었다는 연구결과도 제시되어 있다(박영흠·김균, 2012). 달그렌이나 윌리엄즈와 델리 카피니의 전망처럼, 정치와 엔터테인먼트의 결합이 대중화에 기여하고 이것이 민주주의에 필요한 정치적 자양분으로 작용할 수 있는 가능성이 충분히 존재하는 것이다(민영, 2015: 61).

나꼼수가 이끈 폭발적인 반응은 감정을 고리로 하는 문화적 감염력에서 기인한다(소영현, 2015: 21). 그럼에도 불구하고 여전히 팟캐스트는 나꼼수의 활동 평가만으로 팟캐스트의 영향력을 일반화할 수는 없기 때문에 팟캐스트 일반이 효과적인 대안미디어로서 역의제설정을 활발하게 지속시킬 수 있을 것인가에 대해서는 아직 더 경험적 연구가 필요한 상황이다.

2. 동영상 의제 생산: 소셜 TV와 유튜브

국내에서는 오마이TV(2004년 서비스 시작), 판도라TV에 이어 2008년 촛불집회에서 개인TV 플랫폼으로서 큰 역할을 한 아프리카(2006년 서비스 시작)와 2005년 서비스를 시작한 유튜브에 의해 동동영상 미디어가 활성화되었다.

초창기에는 취미 수준의 동영상이 대부분이던 유튜브는 본격적인 미디어 플랫폼 기능을 수행하면서 영향력을 급속히 키워나갔고, 독립형 인터넷방송이 활성화되었다. 이에 따라, 방송 제작자는 공급자(방송국)에서 소비자(개인)로 변화하였고, 방송 소비자들은 점점 방송 참여에 적극적인 행보를 취하여 쌍방향 방송이 주목받았다(양한

나 외, 2012: 95).

2007년 8월 30일 '백분토론'(MBC)에서는 민주노동당 대선후보 토론회를 생중계하였는데, 이는 전국의 네티즌들이 MBC, 민주노동당 홈페이지, 미디어 다음 등을 통해 UCC동영상으로 질문을 보내고 후보들이 답하는 방식으로 진행되었다. 민노당 후보 토론회는 판도라 TV와 다음의 TV팟, 아프리카 등을 통해 인터넷으로 생중계되었으며, 실제 토론이 중계될 때 '각 후보 점수 매기기', '응원하기', '즉석 반론 코너' 등 네티즌의 참여 이벤트도 진행되었다(윤성이, 2008b: 213).

소셜 TV는 스마트폰과 태블릿PC로 방송을 시청하면서 소셜 미디어 방송에 참여하고, 소감을 공유할 수 있는 매체로서 소셜 TV는 일종의 쌍방향 모바일 TV라고 볼 수 있다. 2012년 제19대 총선에서 소셜 TV 서비스로는 '손바닥 TV', '판도라 TV', '에브리온 TV', '발바닥 TV' 등이 서비스되었다.

손바닥 TV에서는 '복불복 토론'이라는 특석 토론이나 '도지사 시리즈'와 같은 코너를 통해 주요 정치인이나 도지사들이 출연하여 주요 현안에 대한 의견을 토론하였고, 판도라 TV는 2012년 3월 5일부터 선거페이지를 서비스하면서 UCC를 게시하였다.

LGU+는 Smart Poll 서비스를 U+TV를 통해 제공하였다. 2012년 3월부터 다음소프트와 공동으로 총대선 기간에 SNS를 실시간으로 분석하여 유권자의 여론을 파악할 수 있는 서비스로서 U+여론패키지를 출시하였는데, 이 서비스는 지능형 언어 필터링을 통해 트위터에 올라온 데이터를 실시간으로 분석하여 후보자의 점유율과 정책 선호도, 이슈 등의 정보를 수치화된 차트와 그래프 형태로 제공하는 것이다. 이 서비스는 선거캠프를 대상으로 4월 19일까지 한시적으로 운영되는 서비스로서, 서비스를 신청한 선거캠프는 LGU+가 제공하는 별도의 URL을 통해 소셜 분석 결과를 살펴볼 수 있다.[31]

이와 같은 소셜 TV는 신생매체인 만큼 선거심의규정에서 비교적 자유롭다는 장점이 있는데, 현행법에 의하면 공중파에서는 선거일 전 90일부터 보도, 토론 방송 이외에는 출연이 불가능하지만 소셜 TV는 공중파가 아니기 때문에 그러한 법적인 규제를 받지 않기 때문이다.

가장 대표적인 1인 미디어인 아프리카 TV는 PC, 스마트폰, 태블릿 PC 등으로 접속해서 어디에서든 볼 수 있는데, 제19대 총선에서는 손수조, 인재근, 한명숙, 신경민 등의 후보자들이 아프리카 TV를 통해 유세장면을 실시간으로 중계했다. 또한 후보자들이 직접 찍은 유세 영상을 PC와 모바일을 통해 동시에 볼 수 있고 트위터, 페이스북, 미투데이 등 소셜 미디어를 통해 공유할 수 있으며, 양방향적인 특징을 활용하여 지지 후보에게 유료 아이템인 별풍선을 선물할 수 있게 하였다.

1인 미디어 앱으로는 유아짱사가 제작한 '짱라이브'를 들 수 있으며, 저스팟(Juspot, 지역 기반 소셜 미디어)에서는 투표 인증샷 게시물이 급증하였다.

3. 온라인 토론을 통한 의제 형성

먼저, 후보자와 유권자의 대화로는 1997년(15대 대선)에서 TV 토론이 이루어지면서 실질적인 미디어 선거가 시작되었다. PC통신 업체들은 3당 후보를 초청한 '사이버대선후보토론회'를 생중계하였다. 2000년 2월에 출범한 오마이뉴스 등 인터넷 언론이 주목받았는

---

31) 사용료는 300만 원.

데, 2002년 당시 오마이뉴스의 하루 뉴스 조회건수 580만 건, 방문자 수 150만 명으로서, 대선 당시 한겨레와 SBS를 제치고 한국의 영향력 있는 매체 6위로 성장하였다. 이들 인터넷 언론에서는 사이버 논객이 활발하게 활동하였다.

2004년(제17대)에는 사상 초유의 대통령 탄핵 사건 때문에 온라인 토론이 활성화되었다.

<표 4-4> 다음 아고라 실시간 토론방의 총선 관련 주제(2012년 3월 29일~4월 11일)

날짜	주제	세부내용	참여자 수(명)	URL
120406	김어준 "김용민 끝까지 간다"	김어준 "우리는 끝까지 간다. 사퇴하면 나꼼수도 여기까지구나라며 젊은이들이 투표장에 안 나올 수 있다. 우리가 이걸 왜 했는데……" 김어준, 주진우, 김용민 후보 등 '나꼼수' 멤버들의 결정, 여러분은 어떻게 보시나요.	6603	bit.ly/NuifZN
120331	청와대 사찰 노무현 때	리셋 KBS 뉴스9은 지원관실 점검 1팀이 2008~2010년 정치인과 언론인, 공직자 등을 상대로 작성한 사찰보고서 2천619건을 입수했다고 밝혔습니다. 박영선 위원은 '한국판 워터게이트'라 규정했는데요, 총선 최대 쟁점이 될 불법사찰 논란 여러분 생각은? 청와대는 31일 민주통합당과 전국언론노조 KBS가 폭로한 국무총리실의 사찰 사례 2,600여 건의 80% 이상이 지난 '노무현 정부' 시절 이뤄졌다고 밝히고 총선을 앞두고 사실 관계를 왜곡한 정치 공세를 즉각 중단하라고 촉구했습니다. 청와대 입장 표명, 어떻게 생각하시나요?	5288	bit.ly/L1p9UF bit.ly/KNH6Yy
120411	새누리 단독과반	새누리당이 4·11 총선에서 원내 단독 과반을 차지하며 선거에서 승리했습니다. 당초 혼전을 예상하며 섣뜻 1당을 점치지 못했던 전문가들인데요, 새누리당의 단독과반 어떻게 생각하나요?	3986	bit.ly/LXfKuY

날짜	주제	세부내용	참여자수(명)	URL
120411	총선 출구조사, 투표율	전여옥 국민생각 비례대표 후보(1번)가 "이번에 선택받지 못하면 정치 접겠다"며 지지를 호소했습니다. 또 "새누리당에는 '얌전한 도련님과 조신한 아씨'만 있다"며 "살벌한 국회에서 야당연대와 맞설, 용감한 전사들이 필요한데 그런 사람들이 국민생각에 다 모였다"고 했네요. 전여옥 후보 발언 어떻게 생각하세요? 전문가들은 투표율이 이번 선거 가장 큰 변수가 될 것으로 분석하고 있습니다. 이런 상황에서 오전 9시 8.9%, 정오 25.4%, 오후 2시 37.2%, 오후 3시 41.9%로 집계되고 있습니다. 여러분은 어떻게 보시나요? (투표 당일 특정 후보를 지지하는 내용은 선거운동에 포함, 선거법 위반입니다)	2877	bit.ly/MoELRv bit.ly/MzcKTZ
120408	새누리당 환생경제	민주통합당이 故 노무현 전 대통령을 향해 원색적인 욕설을 사용해 비판했던 한나라당의 8년 전 연극 <환생경제>를 들며 "김용민 후보에게 후보직 사퇴를 이야기하려면 박근혜 위원장이 먼저 정계 은퇴를 해야 할 것"이라고 맞받아쳤습니다. 뒤늦게 떠오른 환생경제 논란, 여러분은 어떻게 생각하시나요?	2793	bit.ly/Kjf3Pz
120404	손수조 문재인 토론회	부산 사상구 손수조-문재인 후보 토론회가 끝났네요. 토론회 보신 분들 같이 이야기해봐요.	2778	bit.ly/MoErSR
120409	안철수 투표약속	안철수 원장이 투표약속 영상을 공개했네요. 안원장님께서는 이번 선거의 의미가 매우 크다며, 모두의 참여를 독려하셨습니다. 동영상 마지막 자막이 인상 깊네요. "화나셨어요? 그럼 투표하세요!!" 전 꼭 투표할 겁니다. 여러분들은 투표하실 건가요? 동영상 링크 youtu.be/glktOT8j0-Y	2370	bit.ly/LP8sZQ
120410	전여옥 낙선하면 정계 은퇴	전여옥 국민생각 비례대표 후보(1번)가 "이번에 선택받지 못하면 정치 접겠다"며 지지를 호소했습니다. 또 "새누리당에는 '얌전한 도련님과 조신한 아씨'만 있다"며 "살벌한 국회에서 야	2052	bit.ly/L1pzdG

날짜	주제	세부내용	참여자 수(명)	URL
		당연대와 맞설, 용감한 전사들이 필요한데 그런 사람들이 국민 생각에 다 모였다"고 했네요. 전여옥 후보 발언 어떻게 생각하세요?		
120329	김재철 선거방송 4시 불가	오후 4시부터 하는 선거방송을 못하게 하네요. 이유는 오후 4시부터 6시까지 젊은 층 투표가 가장 많은데, 그 시간에 선거방송하면 젊은 층 투표 독려하는 야당선거운동이라는 논리 이용마 MBC노조 홍보국장의 트윗 전문입니다. 여러분 어떻게 생각하시나요?	1600	bit.ly/JYkf6K
120411	야권연대 패배	유시민 통합진보당 대표는 "야권연대의 패배입니다. 국민의 선택 받아들입니다"라는 글을 올렸습니다. 원내 1당은 물론 과반의석에 육박할 정도의 의석을 새누리당이 가져갈 것이라는 보도가 나온 직후입니다. 한두 문장으로 이번 총선의 판세를 분석해본다면, 여러분은 어떻게 말씀하실는지요?	1463	bit.ly/MxNVbN
120407	한명숙 사과	"김용민 후보의 과거의 발언은 이유 여하를 불문하고 분명 잘못된 것입니다." 한명숙 대표가 김용민 과거 막말 발언에 대해 사과했습니다. 한 대표는 "당 차원에서 김 후보에게 사퇴를 권고했지만 김용민 후보가 유권자들에게 심판받겠다고 했다"고 밝혔는데요. 한명숙 대표의 사과 발언 당신의 생각은?	1428	bit.ly/LgWGbE
120401	박근혜 문재인 사찰	유력 대선후보인 박근혜 위원장과 문재인 이사장이 불법사찰 관련해 자신의 견해를 언론에 밝혔습니다. 박근혜 위원장은 "어느 정권 할 것 없이 불법사찰을 했다는 것이 밝혀졌다"고 했고, 문재인 이사장은 "참여정부도 불법사찰 했다는 것은 무서운 거짓말"이라고 받아쳤습니다. 여러분은 어떻게 보시나요?	1390	bit.ly/LXf6h5
120402	문재인 불법사찰 기자회견	"물 타기 말고 사과하라" "민간인 불법사찰 80%가 참여정부 당시 이뤄졌다는 말은 무서운 거짓말" 민간인 사찰 관련 문재인 상임고문이 긴급기자회견을 갖고 청와대 주장을 반박했습니다. 문재인 상임고문의 반박 여러분 생각은?	1384	bit.ly/LXf7Sb

날짜	주제	세부내용	참여자 수(명)	URL
120403	김용민 막말 파문	수구언론과 새누리당이 노원갑 김용민 후보의 과거 인터넷 방송에서 성적발언(개그용소재)을 가지고 딴지를 걸고 있다. 김용민 후보는 정중히 사과를 했다. 이걸 부풀려서 소설을 쓸게 뻔한 조선일보(찌라시)의 행태에 웃음이 나온다…… 김용민 후보에게 한마디 해주고 싶다 <방가일보에 절대 쫄지 마시라고~~~>	1167	bit.ly/Lj8HvJ
120330	KBS 노조 불법사찰 문건 발표	리셋 KBS 뉴스9은 지원관실 점검 1팀이 2008~2010년 정치인과 언론인, 공직자 등을 상대로 작성한 사찰보고서 2천619건을 입수했다고 밝혔습니다. 박영선 위원은 '한국판 워터게이트'라 규정했는데요, 총선 최대 쟁점이 될 불법사찰 논란 여러분 생각은?	1066	bit.ly/KNH6Yy

4. 낙천낙선운동

시민단체는 제도 영역의 대표적 행위자인 정부나 정당과 구별되며, 비제도 영역에서 시민사회의 요구를 대변하고 제도적 개선을 위해 노력한다. 시민의 집단인 시민단체는 시민들이 제도 영역에 직접 접근하기 어렵다는 한계를 극복함으로써 비제도 영역의 가장 중요한 행위자로 평가받으며, 또한 시의적절하게 시민사회 발전을 위한 의제를 발굴하여 효과적으로 제도 영역에 전달할 수 있는 행위자라는 점에서 정치구조에서의 존재가치를 획득하고 있다.

여론과 너무 멀고 신속하게 대의(representative)하지 못하는 것이 정부와 정당이라고 비판한다면 시민단체의 경우에는 여론과 가깝고 시민 개개인보다는 공익을 위한 사회 속의 의제를 좀 더 전문적으로 제시할 수 있다는 것이 강점이다. 즉, 시민과 가깝게 있어야 하고,

시민사회 발전에 기여할 수 있어야 한다는 것이 시민단체의 가장 본질적인 존재가치이다.

통상적으로 시민단체는 ICT의 최대 수혜자로 예측되어 왔다. 즉, 풍부한 경제적·인적 자원(resource)을 가진 오프라인(Off-Line) 현실의 강력한 단체와 조직은 그러한 자원을 기반으로 오프라인에서나 온라인에서 '자원 잔치'를 할 수 있는 반면, 상대적으로 자원이 부족한 시민단체는 오프라인보다 온라인 공간의 수혜를 받을 가능성이 더 높기 때문이다. 즉, 돈도 별로 들지 않고 많은 사람이 투입되지 않아도 큰 효과를 기대할 수 있는 온라인 공간이야말로 시민단체에게는 또 다른 기회의 공간이 될 수 있다는 의미이다.

그러나 뉴미디어(new media)가 언제나 새로운 기회의 공간으로 작동되는 것은 아니다. 누구나 온라인 공간의 행위자가 될 수 있기 때문에 시민단체뿐만 아니라 정부·정당·시민 개개인 역시 온라인 미디어를 적극적으로 활용하고 있다. 미디어를 효과적으로 활용할 경우, 시공간을 초월하여 손쉽게 정보제공을 할 수 있고, 국내외 누구와도 풍부한 대화를 할 수 있으며, 공통 의제에 대한 응집력이 강해지는 경우 서명운동, 청원을 넘어서 현실공간에서 촛불집회와 같은 대규모 집회나 제대로 된 제도 변화를 모색해볼 수도 있다. 즉, 공간과 의제 측면에서 온라인 미디어는 누구에게나 기회의 공간이다. 따라서 이제는 단지 자원이 없기 때문에 온라인 공간에서 상대적으로 이점을 누릴 수 있다는 수동적인 입장을 견지하기 어려운 상황이다. 모두가 온라인 미디어의 수혜를 누리기 위해 노력하고 있기 때문에 온라인 공간 자체에서 또 하나의 '정치'가 형성되고 있는 것이다(조희정, 2014).

시민단체의 정보제공은 정당과 정치인이 일방적으로 전개하는 정보제공 혹은 정보제공에서 나아간 대화의 노력과는 큰 차이가 있다. 온라인 정치참여 역사에서 보여진 바와 같이 낙천낙선운동이나 촛불집회와 같은 현상은 단지 정보제공에 머물렀다기보다는 의제를 생산하고 시민사회의 공감을 유도하여 사회운동으로 발전하였다는 것이 더욱 정확한 평가가 될 수 있을 것이다.

이들 시민단체의 활동은 더디지만 언제나 진화하는 형태로 진전하고 있다는 것이 기존의 정치 주체와 다른 부분인데, 낙천낙선운동이 제시한 유권자 투표결정에의 관여, 촛불집회를 통한 사회운동으로의 발전, 시민 결정 매니페스토 서비스 제공 등은 언제나 도전적이었으며 앞서간 형태였다고 평가할 수 있다. 다만 새로운 형태이면서도 불편한 사용자 환경(User Interface, UI)이나 부족한 물적 자원 등으로 인해 때로 사회적인 파급력이 제한적으로 나타나는 데 그치기도 한 것을 한계로 지적할 수 있는데, 시민단체 정보제공의 특징과 문제를 진단하는 것은 향후 시민사회의 발전을 위해 반드시 필요한 작업이라고 볼 수 있다.

1) 총선연대의 낙천낙선운동과 후보자 감시

2000년(제16대 총선)에는 412개 시민단체가 참여한 총선시민연대가 홈페이지(http://www.ngokorea.org)를 중심으로 낙천낙선운동을 전개하였다. 2000년 1월 12일에는 412개의 단체가 참여하여 출범하였지만 낙천낙선운동이 끝날 무렵에는 981개 단체가 참여하는 전국적 연결망으로 확대 발전하였다(이성철·백운손, 2002: 285). 총선

시민연대의 활동은 크게 공천반대운동, 지역감정추방운동, 낙선운동의 세 단계로 진행되었다.

총선시민연대는 유권자들과의 개별 접촉과 1588 전화 홍보 등을 통해 낙선운동을 전개하였는데, 유권자 약속 227만 표 모으기 운동을 낙선대상자가 출마한 지역에 더욱 집중하였고, 100인 100 통화하기 운동과 1인 가두 캠페인단 구성을 통해 유권자의 직접적인 접촉과 설득을 이끌었다. 또한 인터넷과 이메일을 통해 낙선대상자에 대한 정보도 제공하였다(조진만, 2001: 170).

그 결과, 3개월 동안 925,000명이 홈페이지를 방문하고 15,000건의 글을 게시하였으며, 낙천낙선 지지서명에는 30,000여 명이 참여하였으며, 선거 당일에만 110만 명 이상이 접속하였다. 또한 네티즌의 토론 게시글은 1일 평균 306건으로 총 45,674건을 기록하였으며, 후보자와 관련한 비리는 250여 건의 제보가 접수되었다. 그리고 총선연대 활동을 후원하는 시민모금액은 2억 7천만 원에 달했다(총선시민연대, 2001: 296).

총선연대는 낙선대상자들을 집중낙선대상자(22명)와 일반낙선대상자(64명)로 구분하였는데, 당시 제시한 낙선 기준은 1) 부패 행위, 2) 선거법 위반 행위, 3) 헌정파괴 반인권 전력의 3대 기본 기준, 4) 지역감정 선동 행위, 5) 의정활동의 성실성, 6) 개혁법안 및 정책에 대한 태도, 7) 기타 중앙선거관리위원회에 등록해야 하는 기초 사항(재산 등록, 병역 사항, 납세 실적, 전과 기록)의 진위였다. 그 결과, 총선시민연대에 의해 낙선대상자로 분류되었던 86명의 후보 가운데 56명이 낙선하여 낙선율 68.6%를 기록하였다.

이어 2004 총선시민연대는 2004년 제17대 총선에서도 낙선운동

대상자를 발표하였다. 그 기준으로는 1) 부패, 비리행위, 선거법 위반 행위, 2) 반인권, 민주 헌정 질서 파괴 전력, 3) 경선 불복이나 대세 추종과 같은 반의회·반유권자적 행위, 4) 의정활동 성실성, 5) 개혁법안 및 정책에 대한 태도, 6) 도덕성 및 자질 등을 기준으로 1차 낙선대상자를 발표하였고, 국회에서 대통령 탄핵 소추안이 가결된 이후 찬성자 전원은 2차 낙선대상자로 발표하였다.

2004 총선시민연대는 사이트(http://RedCard2004.net)를 통해 낙천낙선운동을 전개하였으며, 2월 5일과 6일에 1차(66명), 2차(43명) 낙천대상자를 발표하였으며, 4월 6일에 206명의 낙선대상자를 발표하였다. 네티즌의 천만 클릭운동을 통해서는 총 7,117,614명의 클릭이 이루어졌고, 사이트에는 총 1,207,563명이 방문하였다. 그 결과 비탄핵 사유로 낙선운동 대상으로 지목된 106명의 후보자 가운데 73.6%에 달하는 78명이 낙선하였고, 탄핵 사유로 낙선 대상이 된 100

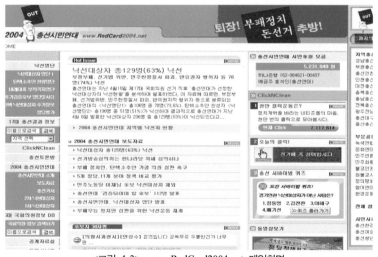

<그림 4-3> www.RedCard2004.net 메인화면

명 가운데 51%에 해당하는 51명의 후보자가 선거에서 패배하였다.

그러나 2004 총선시민연대의 낙선운동에 대한 평가는 전체 입후보자의 당선율을 고려하고 있지 않다는 것이 심각한 문제로 제기되었다. 즉, 제17대 총선에 입후보한 후보자 수는 1,175명으로, 아무것도 고려하지 않은 상태에서 어느 한 후보자가 당선할 확률은 20.7%에 불과하며, 낙선할 확률은 69.3%이므로, 낙선운동이 후보자의 당락에 영향을 주었다고 평가하기 위해서는 단순히 낙선대상자의 낙선율이 당선율보다 높다는 사실만으로 평가하기보다는 낙선대상자의 낙선율이 후보자의 일반적인 상황에서의 낙선율, 즉 69.3%보다 높은 수준이어야 한다는 것이다.

그러나 전체적으로 낙선대상자의 실제 낙선율은 63%로 이보다 낮은 수준이며 특히 탄핵 사유 낙선대상자의 낙선율은 이보다 훨씬 낮은 51%에 불과한 것으로 나타났다. 즉, 2004년의 낙선운동은 후보자의 당락에 커다란 영향력을 주지 못했다는 것이다(김영태, 2004: 135~136).

이와 같이 2000~2004년까지 이어진 낙천낙선운동의 기여로는 첫째, 선거의 가장 중요한 의제를 선점하여 정치적 영향력을 발휘하였다. 당시 부각되었던 정치 쟁점 가운데 낙천낙선운동의 영향력은 75.3%로서 선거결과에 상당한 영향력을 미쳤다는 의식조사 결과가 발표되기도 하였다(한국갤럽, 2000: 167, 331~335; 조진만, 2001: 171 재인용).

둘째, 관여력 발휘라는 차원에서, 유권자의 투표결정에 가시적인 영향을 미쳤다. 즉, 단결된 유권자의 힘을 입증한 민주화 이후의 최초 사례라는 역사적 의미가 있다.

셋째, 그동안 '시민 없는 시민운동'이라는 비판도 제기되어 왔지만 네트워크(혹은 느슨한 연결)로 연결된 전국 단위의 사회운동으로 전환시킬 수 있는 시민운동의 모범유형을 구체적으로 제시했다. 즉, 각 지역 및 부문별로 홈페이지를 개설하고 독자적인 활동을 전개하여 산하가맹단체들의 조직화와 연대를 효율적으로 이끌었다. 동시에 링크를 통해 전국에 산재해 있는 25개 지역·부문 총선연대를 연결하고 공동행동을 추진하였다. 또한 이메일과 사이버 뉴스레터는 내부 자원활동가들의 상시적인 의사소통을 원활하게 만들었다(장우영, 2006: 60~61).

넷째, 낙천낙선운동은 유권자들의 자발적인 여론형성과 정치참여를 촉진하였다. 홈페이지를 통해 총선 관련 정보 및 뉴스 제공, 게시판 정치토론, 온라인 투표 및 서명, 정당에 대한 청원, 후원자 및 자원봉사자 모집 및 모금을 수행하였다. 특히 후보자에 대한 병역, 전과, 납세, 법안발의 검색서비스를 제공하고 총선관련 뉴스와 풍자만화를 풍부하게 제공함으로써 냉소적인 젊은 유권자들의 결집을 촉진하였다. 그리고 10개의 네티즌 선거참여 행동지침을 제시하고 '네티즌 선거참여 약속 캠페인'을 전개하였다. 각 정당에 대해서는 '사이버 옐로우 카드 보내기 캠페인'을 전개하고, 각 지역별로 사이버 선거감시단을 조직하여 불법선거운동을 감시하였다(장우영, 2006: 60).

다섯째, 시민사회의 다양한 온라인 선거캠페인의 확산을 유인하였다. 총선연대 활동은 각종 시민사회단체들이 홈페이지를 개설하고 선거에 참여하는 파급효과를 낳았다. 인터넷 언론사들은 총선정보통신연대를 결성히여 네티즌들의 정치개혁 의지를 결집하고 낙천낙신운동의 정당성을 광범위하게 확산시켰다. 정치개혁시민연대의 경우 90여 개 지역구에서 300여 명의 후보들이 참가한 사이버 토론회를 개최하였다.

특히, 청년유권자연대와 2000 총선 대학생 유권자운동과 같은 젊은 유권자단체들의 온라인 선거참여가 더욱 두드러졌다. 이들은 젊은 유권자들의 선거참여를 이루어내기 위해 'M-tizen 공공행동'이라는 사이버 공동체를 발족하였는데, 엠티즌은 네티즌 선거 참여 약속을 위한 희망의 이메일 보내기, 네티즌 선거참여 약속 배너 달기 등을 전개하여 큰 호응을 불러일으켰다. 그리고 한편으로는 낙천낙선운동의 정당성과 선거법 개폐 등의 쟁점에 대하여 온라인 여론조사 및 토론, 서명 운동을 전개하였다. 이러한 다양한 시민사회단체들의 온라인 선거참여활동은 총선연대와의 연대로 이어져 낙천낙선운동을 광범하게 확산시켰다(장우영, 2006: 60).

반면, 낙천낙선운동의 효과만큼 한계로 제시되고 있는 것은 다음과 같다.

첫째, 외형적인 성과에도 불구하고 지역주의를 극복하지 못했으며, 기존의 정치 불신을 가중시켜 결과적으로 시민들의 적극적인 참여를 이끌어내지 못했다.[32] 그리고 그 근거로는 호남과 영남 지역의 낙선대상자 대부분이 당선되었으며, 제16대 총선의 투표율이 57.2%로 역대 총선 중 가장 낮았다는 점 등이 제시되었다. 이 부분은 낙선운동에 대한 평가에서 가장 논란이 많이 제시되고 있는 부분이다.

반면, 지역주의의 강도, 낙선대상자의 성격, 낙선대상자가 출마한 선거구의 투표율과 낙선대상자의 득표율의 변화를 분석한 조진만은 낙선율을 기준으로 보면 낙천낙선운동이 지역주의의 장벽을 극복했다고 단정 짓기는 어렵지만, 투표율과 득표율의 관계를 기준으로 보

---

[32] 정해구(2000); 정대화(2000); 이갑윤·이현우(2000: 161~164); 조진만(2001: 168) 재인용. 그러나 조진만은 낙천낙선운동에 대한 유권자들의 평가가 매우 긍정적이었다는 반론을 제시하였다(조진만, 2001: 179).

면 일정 수준 지역주의의 문제를 극복하고 선거에서 매우 중요한 영향력을 미쳤다고 반증하였다. 특히, 지역주의의 강도가 약하고 집중 낙선대상자로 선정된 경우 낙선대상자의 당락을 결정하는 데는 결정적인 영향을 미쳤다고 주장하고 있다(조진만, 2001: 190).

둘째, 낙선 기준에 대한 하향식 일괄 기준 제시는 결국 시민의 의견을 밑으로부터 수렴한 상향식 모델에 못 미침으로써, 진정한 사회운동으로서의 의미를 획득하기 어려웠다. 현재 국내외에서 나타나고 있는 사회운동은 밑으로부터 시작하여 시민의 의견을 다양하게 수렴하고 그 가운데 핵심 의제를 제시하는 방향으로 진화하고 있지만, 당시 낙천낙선운동은 (밑으로부터 일정 정도 지지를 받아 확대되었지만) 여전히 소수 단체의 주도로만 구성되는 일방적 측면이 강했다.

셋째, 낙천낙선운동 이후의 적극적인 대안 제시가 부족하여 효율적인 시민 동원을 지속시키지 못했다. 부적합한 후보자를 뽑지 않는다는 네거티브 성격의 운동이다 보니 낙선대상자가 아닌 후보가 당선되더라도 구체적으로 낙선대상자보다 나을 것이라는 전망을 제시하지 못했다. 즉, 유인 기제와 프로그램 부족으로 시민의 적극성과 능동성을 확보하는 데는 실패한 것이다(이성철·백운손, 2002: 285).

넷째, 2000 총선연대 사이트에서 이루어진 토론을 의견다양성, 상호작용, 합리성, 타협도출을 기준으로 평가한 결과 상호작용과 의견다양성은 양호한 편이지만, 토론 근거의 타당성과 타협 도출 노력은 미흡했다는 평가도 제시되었다(윤영철, 2000).

그 외에도 낙천낙선운동이 정치적 불만족과 냉소주의를 부추겼다거나 특정 정당에 유리하게 작용했다는 비판이 제시되었다. 2000년 1월 26일, 낙천낙선운동은 헌법재판소의 위헌 판결을 받았다.

2) 시민단체의 온라인 선거운동

참여연대 의정감시센터의 경우는 초창기에는 주로 공명선거운동, 유권자 매뉴얼 배포, 정책활동 비교 등 단편적이고 일방적인 정보제공형 활동에 머물렀지만, 2000년 총선연대 낙천낙선운동을 기점으로 선거 때마다 총선연대, 대선유권자연대 등 시민과 함께 진행한 참여운동뿐만 아니라 정당 평가와 유권자 정보제공, 클릭 앤 클릭 캠페인, 1천만 클릭 운동, 선거자금 투명 공개, 시민 옴부즈맨 제도를 통한 감시, '열려라 국회'로 대표되는 의정 감시, 공직자 평가, 매니페스토(Manifesto) 알리기 운동 및 자유로운 선거운동 보장을 위한 공직선거법 개정 활동은 선거제도 개혁뿐만 아니라 시민의 수준 높은 다양한 참여방식을 제시해왔다.

자유로운 선거참여 확대를 위한 노력의 한편에서는 사이버 선거 방해, 중앙선거관리위원회 시스템에 대한 디도스(DDos) 공격 사건, 최근의 국정원 선거개입 등 선거운동의 왜곡과 통신망 침해 등의 사고에 대한 문제제기도 함께 진행하였다. 우리나라의 온라인 공간은 자유로운 시민의 참여 보장을 위한 노력뿐만 아니라 정부의 개입으로부터의 보호라는 이중적인 난제를 동시에 해결해야 하는 현안을 안고 있었고, 이에 참여연대는 언제나 핵심적으로 참여해온 것이다.

그러나 총선연대가 제공한 정치인 정보의 탁월함에 비해 네티즌의 자발적 참여를 이끌어내 역동적인 온라인 운동을 진행하지는 못하였으며 이는 양방향성이라는 온라인 기반 운동의 특성과 메커니즘을 시민운동 내부에 접목하는 데 한계를 보인 것이라 평가할 수 있다.

3) '리멤버 뎀'(rememberthem.kr, 총선넷)

2012 총선유권자네트워크(이하 총선넷)가 시작한 2012년 버전의
쌍방향 낙천·낙선운동이라 할 수 있는 '리멤버 뎀'은 2012년 2월 9
일 출범하였으며, 국회의원들의 의정활동을 표와 연결시키고 유권자
의 뜻을 반영하는 것을 목표로 제시하였다. 이들의 활동은 온라인
활동, 투표참여 캠페인, 오프라인 활동을 병행하였으며, 2011년 12
월 1일, 447개 시민단체가 종합편성채널개국을 주도한 최시중 전 방
송통신위원장 등 '조중동 방송 5적'의 언행을 공개하겠다며 오픈한
사이트가 원조에 해당한다.

* 자료: rememberthem.kr

<그림 4-4> 총선넷의 '리멤버 뎀'

리멤버 뎀은 네 분야의 운동으로 구성되는데, 총선넷의 통합적인 명단은 발표하지 않고 1,000여 개의 각 단체의 연대별로 총선넷 홈페이지에 발표하는 심판운동, 각 정당과 후보자에게 각 연대가 제안하는 과제에 대해 공동으로 질의하고 서약하게 하며, 온라인을 통해 일반 참여자들의 중요 의제에 대한 의견을 수렴하는 약속운동, 심판대상자에 대한 지역·부문별 직접 행동을 모색하고 투표 참여 캠페인, 투표 독려 문화 행사를 전개하는 유권자직접행동운동과 선거 관련 각종 정보가 총망라된 홈페이지를 기반으로 시민참여형 운동을 전개하고, 2월 8일까지 선관위에 올라 있던 1,800명의 후보자들을 전부 업로드하고 선관위에 들어오는 정보를 매일 업데이트하도록 연결하는 온라인 운동이 그것이다.

온라인 운동을 위한 사이트에는 트위터 계정으로 로그인할 수 있으며, 시민들의 자유로운 정보 게시가 가능한 위키피디아 방식으로 운영되었다. 또한 네티즌의 정보를 받는 데 그치지 않고, 네티즌이 알고 있는 후보자의 과거 행적을 올리고 질문을 할 수 있으며, 홈페이지에 공개된 후보들의 정보를 소셜 미디어를 통해 공유할 수도 있다. 한국 정부의 탄압에 취약한 포털 사이트의 치명적 약점을 극복하기 위해 외국 서버에 구축했다는 것도 특징적이다.

2월 10일 오전, 한국매니페스토실천본부는 18대 국회의원들의 2008년 4·9 총선거 공약 이행 여부 관련 자료를 총선넷에 공개하고 이를 유권자들이 스스로 검증하도록 총선공약 시민검증센터(http://www.1948manifesto.or.kr)를 운영하였다. 2월 15일에는 공약 이행정보를 거부하거나 부실한 자료를 제출한 '공천배제대상의원명단'을 발표하였으며, 2월 14일에는 '4대강 복원 범국민대책위원회'

의 발표 등이 이어졌다. 3월 6일 최종적으로 19대 총선의 심판대상 223명[33]이 공개되었는데, 선정 기준으로는 한미 FTA 찬성 여부, 4대강 찬성 여부, 정교 분리, 종편 출범, 핵 발전 확산, 친일독재 미화에 대한 입장이 제시되었다.

2000년의 낙천낙선운동이 하나의 합의된 기준으로 후보자를 검증했다면 2012년에는 각 단체와 유권자가 제시하는 다양한 관심사에 따라 여러 방향으로 자유롭게 검증할 수 있게 하는 등 여러 분야의 다양한 기준으로 후보자의 정책을 평가한다는 의미가 있으며, 개개인의 인지도나 이미지로 후보자를 평가했던 선거를 벗어나 후보자의 정책에 따라 투표하는 정책 선거를 추구한다는 점에서 소셜 매니페스토 생산의 전형이 제시되었다.

그러나 2012년 소셜 매니페스토의 시작 단계와 같은 리멤버 뎀 운동은 사용자 참여를 좀 더 활성화할 수 있는 이용환경을 디자인하고, 매니페스토 기부나 캠페인 기부를 독려할 수 있는 방안을 만들어야 한다는 한계가 제시되었다. 문제는 매니페스토에 대한 많은 정보를 확보해야 한다는 최대주의가 아니라 정확성·접근성·신속성·인지성을 높일 수 있는 검색 최적의 정보를 제공해야 하기 때문이다. 나아가 서비스가 활성화된 후에는 정기적으로 현재 서비스되고 있는 많은 소셜 미디어의 빅데이터 분석을 도입하거나 소셜 미디어 모니터링 서비스[34]를 도입하여 생산이 평가로 직결될 수 있는 순환 구조

---

33) 새누리당(193명), 민주통합당(13명), 자유선진당(5명) 순.

34) 주목할 만한 소셜 미디어 모니터링 서비스로는 Google Alerts(google.com/alerts), TweetBeep (tweetbeep.com), Social Mention(socialmention.com), Twitter Search(search.twitter.com), TweetScan(www.tweetscan.com), Facebook Search(www.facebook.com/srch.php), Radian6 (www.radian6.com), HowSociable(www.howsociable.com), TwiLerts(www.twilert.com), Yahoo Pipes(pipes.yahoo.com/pipes), Mashable article for more tools(goo.gl/iG7ws) 등이 있다.

를 구축해야 한다는 것도 보완사항으로 제시할 수 있다.

4) 개념시민의 매니페스토 그래픽스(Manifesto Graphics)

KAIST의 인터넷언론연구모임 팀인 TIMES가 만든 '개념시민' 사이트(http://nclab.kaist.ac.kr/TIMES)는 매니페스토 그래픽스의 방향을 제시해준다. 개념시민 사이트(http://www.gnsimin.com, twitter.com/gnsimin, facebook.com/gnsimin)는 언론 보도에 소외된 후보자들의 공약까지 소개한다는 취지로 개설되었으며, 현재는 초기 버전이기 때문에 모든 지역이 아닌 서울, 경기도 일부 (성남, 수원), 대전, 부산, 김해시, 세종시의 후보자에 국한하여 소개하였다.

성별, 생일(연령) 등의 정보는 직접 입력하는 방법도 있지만(Connect without Login), 페이스북 계정으로 로그인(Connect using Facebook)이 가능하다. 그 외 지역구 정보는 직접 입력하는 방식이되 단, 앞서 제시한 지역구 정보만 제공하기 때문에 그 외 지역은 도 단위 정도만 입력이 가능하다.

'개념시민'의 주요 서비스는 언론에서 잘 다루어지지 않은 지역 후보자의 공약, 뉴스, 링크, 자신에게 중요한 후보자 정보를 표시하고 모아볼 수 있는 스크랩, 다른 사람들은 무엇을 중요하게 생각하는지 비교, 참고로 구성되어 있다. 개발자들 스스로도 아직 초기 버전이라 버그 및 오류가 많다는 점을 밝히고 있으나 깔끔한 디자인[35]과 해당 지역 후보자들의 공약 및 뉴스를 상세히 전한다는 점, 스크

---

35) 공약을 제공한다는 측면도 있지만, 개념시민은 처음에 깔끔하고 가독성 좋은 디자인으로 유명해졌다.

랩이 가능해 후에 비교가 가능하다는 점 등은 매니페스토 그래픽스
의 방향을 제시했다.

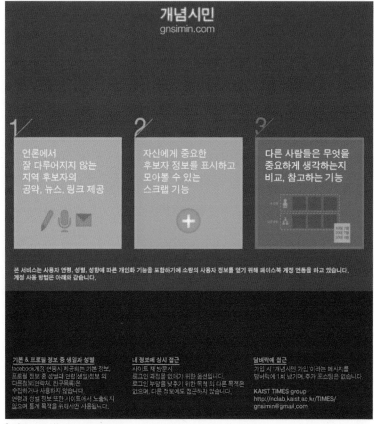

* 자료: http://www.gnsimin.com

<그림 4-5> 개념시민의 메인화면

<그림 4-6> 개념시민 사용법

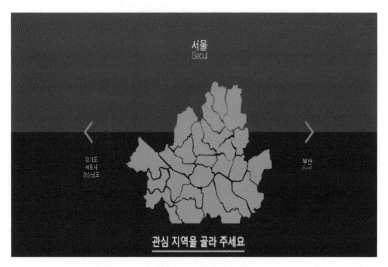

<그림 4-7> 개념시민 지역선택 페이지 중 서울

5) 19대 총선 미디어 연대(2012media.kr)

2012년 2월 24일, 총선미디어연대와 진보넷은 '19대 총선 3대 의무 35개 공약 제안'을 토대로 각 당의 미디어 공약을 비교 정리하여 발표하였다.[36] 물론 19대 총선에서는 정책 이슈에 대한 효과가 거의 없었기 때문에 이러한 시도 또한 주목받지 못했지만 이와 같이 각 분야의 전문적인 정책 의제를 좀 더 대중 친화적으로 이해하기 쉽고 접근하기 편하게 제공하려고 시도했다는 점에서는 의미 있는 시도였다고 평가할 수 있다.

---

[36] 다만 새누리당은 미디어 공약을 발표하지 않았기 때문에 이명박 정부의 미디어 정책에 동의하는 것으로 간주하였다.

1. 시민미디어 실현

	진보신당	통합진보당	민주통합당	새누리당	
모욕죄 폐지	✓	✓	🚫	🚫	토론
진실 적시 명예훼손 폐지	✓	✓	🚫	🚫	토론
명예훼손 형사처벌 폐지	✓	✓	🚫	🚫	토론
'위력'에 의한 업무방해죄 폐지	✓	✓	🚫	🚫	토론
인터넷 실명제 폐지	✓	✓	✓	🚫	토론
감청과 통신자료 제공에 대한 민주적 통제	✓	✓	✓	🚫	토론
모든 디지털 전환 비용 국가 책임	✓	⋯	🚫	⋯	토론
유무료 공공성 획정과 이용자 선택권 확대	✓	⋯	⋯	🚫	토론
지상파 직접수신가구 실태 파악 의무화	✓	⋯	✓	⋯	토론
난시청 해소, 방송용주파수 공익적 가치 창출과 효율적 이용	✓	✓	🚫	⋯	토론
방송통신 매체 장애인 접근권/이용권 확대	✓	⋯	✓	⋯	토론
인터넷 망중립성 보장 및 통신 요금 합리적 결정	✓	✓	✓	🚫	토론
이용자 권리 침해하는 과도한 저작권 규제 철폐	✓	✓	🚫	🚫	토론
비영리적 저작물 이용 보장을 위한 공정이용	✓	✓	✓	🚫	토론

2. 엠비미디어 청산

	진보신당	통합진보당	민주통합당	새누리당	
방송통제기구, 방송통신위원회 청산	✓	✓	✓	…	토론 💬
권력도구, 검열기구로 전락한 방송통신심의위원회 해체 및 재구조화	✓	✓	✓	🚫	토론 💬
인터넷 행정심의 폐지	✓	✓	✓	🚫	토론 💬
종편사업자 규제	✓	✓	✓	🚫	토론 💬
최시중 청문회	…	✓	✓	🚫	토론 💬
김인규 KBS 낙하산 사장, 김재철 MBC 낙하산 사장 퇴출	?	✓	✓	🚫	토론 💬
박근혜 정수장학회 사회 환원	✓	✓	…	…	토론 💬

3. 미디어 생태계 민주화

	진보신당	통합진보당	민주통합당	새누리당	
방송통신위원회 해체, 방송정보미디어위원회 설립	?	✓	?	🚫	토론 💬
공영방송 이사장, 사장 인사청문회 실시	🚫	✓	✓	…	토론 💬
언론사업자 소유 규제 및 독과점 금지	✓	✓	?	🚫	토론 💬
방송광고판매대행회사 방송사업자 소유 제한	✓	✓	?	🚫	토론 💬
지상파방송 제작자율성 확대	…	✓	✓	🚫	토론 💬
삶의 단위에 기초한 보편적 로컬미디어 구현	✓	✓	✓	🚫	토론 💬
수신료 시민이 결정, 수신료위원회 설치	🚫	✓	✓	🚫	토론 💬
지상파방송·유료방송 시청자위원회 강화	…	✓	✓	🚫	토론 💬
퍼블릭액세스 확대	✓	…	✓	…	토론 💬
지역 공동체라디오, 공동체TV 활성화	✓	…	✓	…	토론 💬
미디어센터 활성화	✓	…	✓	…	토론 💬
신문 발전을 위한 미디어균형발전기금 조성	✓	…	✓	…	토론 💬
연합뉴스 개선	…	✓	…	…	토론 💬
19대국회 미디어 생태계 민주화 특별위원회 구성	…	✓	…	…	토론 💬

* 자료: 19대 국회 미디어를 바꾸자(2012.media.kr)

폴리티즈(http://www.politiz.org, politics+visualization, 서울대학교 차세대융합기술원에서 2012년 3월 20일부터 운영)는 제18대 국회의원의 본회의 표결데이터 2,000여 건의 결과를 시각화하여 개인의 정치적 성향에 맞는 정치인을 찾아주는 서비스를 제공하였다. 정책활동을 재미있고 쉽게 관찰할 수 있는 유용한 서비스로서 폴리티즈는 모의투표 게임을 통해 정책에 대한 찬반 투표를 하면 사용자의 정치적 성향과 가장 흡사한 정치인의 주요 인적사항과 본회의 표결 통계 등도 보여주었다. 서비스 내에서는 개별 정치인의 자산현황은 물론 위키백과를 통한 상세 인적 정보도 확인할 수 있다.

한편으로는 헛공약에 대한 재평가도 광의의 평가개념에 포함될 수 있다. 예를 들어 2006년 경실련 '5·31 정책선거유권자운동추진본부'가 추진한 '헛공약 찾아내기' 캠페인이나 중앙일보가 1년 동안 기획 연재한 '내 세금낭비 스톱!' 코너와 같이 소셜 매니페스토 운동의 연장선상에서 시민이 재평가하고 고발하는 '헛공약' 서비스를 운영할 수 있는 것이다.

6) 열려라 국회(http://watch.peoplepower21.org)

열려라 국회는 참여연대 의정감시센터가 운영하는 국회감시전문 사이트로서 18대 현역 의원들의 기본정보와 겸직 현황, 법안 투표 및 발의 현황, 재산 및 후원금 등을 확인할 수 있는 서비스이다.

5. 투표 독려와 인증샷 캠페인

1) 디시인사이드의 투표 부대와 투표 독려[37)]

2003년 디시인사이드의 밀리터리 내무반 갤러리에서 독일, 구소련의 군사 포스터를 패러디했던 '무적의 솔로 부대'는 솔로들이 지켜야 할 지침을 코믹하게 표현하여 인기를 끌었으며, 이에 대항하기 위해 만들어진 커플 부대의 포스터도 높은 관심을 받았다. 2004년 4월 15일에는 총선을 앞두고 솔로, 커플 부대에 이은 투표 부대가 탄생하였다. 투표 부대는 솔로, 커플 부대의 포스터를 패러디한 '빙구리'의 포스터를 통해 많은 이용자로부터 지지를 받으며 처음 생겨났는데(http://www.dcinside.com/new/dcissue/2004_top_61.htm), 솔로 부대에서 쓰인 포스터를 그대로 이용하며 '데이트를 하더라도 투표는 하고 만나라' 등의 기발하고 웃음을 자아내는 문구로 투표 참여를 권장하였다. 또한 '총선 일에 놀러가는 것은 우리에게 사치일 뿐이다'라며 선거당일 놀러가는 사람을 비난하는 직설적인 표현을 제시하기도 하였다.

투표 부대 콘텐츠는 포스터에만 머무는 것이 아니라 '투표부대가'(작사: 빙구리햏, 작곡: 윤민석)부터 뮤직 비디오에 이르기까지 다양한 콘텐츠로 생성되었으며, 디시 이용자들은 온라인에 머물지 않고 개죽이 깃발을 들고 거리에 나가 직접 참여운동을 벌이기도 했다(http://wstatic.dcinside.com/guide/guide1_1.html). 한편, 2004년 4월 9~15일까지 20대의 투표 참여를 독려하기 위한 패러디 콘테스트를

---

37) 류석진 · 조희정 · 이헌아(2016).

개최하여 네티즌의 '퍼나르기' 참여를 독려하였다.

* 자료: http://www.dcinside.com

<그림 4-8> 투표 부대 패러디

    제도적이고 형식적인 투표 장려만 횡행하던 당시까지의 상황에서 아래로부터의 자율적인 투표 독려는 신선한 문화 충격으로 다가왔다. 또한 투표 '독려' 자체가 정치참여의 대표적인 문화로 자리매김하는 계기를 마련하였다. 한편, 이러한 정치문화 전통은 이후에 트위터에서의 투표 '인증샷'과 같은 세계 최초의 독창적인 참여행태로 이어지기도 했다.

"우리는 무적의 투표부대다, 투표가 우리의 공격무기다,
언제까지 욕만 하며 지켜볼 텐가, 오라 투표부대로

폭설이 내려도 투표는 한다, 데이트를 하더라도 투표는 한다
주침야활 행자는 도움 청하여, 오라 투표부대로

어떠한 시련이 있다 하여도, 투표에 참가하라, 우리는 무적의 투표부대다
출전태세를 갖추어라

나가자 투표부대, 4월 15일, 모조리 방법하자, 꼴통 무리들"

* 자료: http://www.youtube.com/watch?v=eMASlpjhpvA

<그림 4-9> 투표부대가의 가사

한편, 2004년 디시의 정치사회 갤러리는 김근태(6월), 임종석(9월), 전여옥(11월) 등 정치인과의 간담회를 주최하였다. 대부분 정치인과의 '호프 미팅'이 의례적인 덕담을 주고받으며 화기애애하게 진행되는 것에 비해 디시의 간담회에서는 한총련에 대한 평가, 국가보안법 철폐의 전망 등 사회 현안에 대한 진지한 질문이 제기되었다. 이와 같은 질문은 인터넷에 올린 질문 중에 선택한 것으로서 참석

자 가운데에는 18세의 고교생도 포함되어 있었다. 간담회는 인터넷 채팅과 캠코더를 통해 실시간 중계되었으며 정치인의 팬클럽도 참여하였다. 정치인 섭외부터 행사 준비까지 이용자들의 자발적인 참여와 주도로 이루어진 간담회는 언론의 높은 관심을 받았다.

2) 트위터 투표 독려 운동

2010년 선거에서는 트위터를 통한 투표 참여 독려 운동이 활발하게 나타났다. 권해효(배우, 7월 예정된 러브레터 공연에 10쌍 초청), 드림팩토리(음반제작사, 소속 가수 이승환의 10집 앨범 50개 선물), 박범신(작가), 안석환(배우), 안도현(시인, 시집 연어이야기 30권 증정), 양은주(화가, 초상화 100명 증정), 이다희(번역가, 책 증정), 이세돌(바둑기사, 선착순 100명과 기념사진 찍고 사인 증정), 이지상(가수, 음반 증정), 이창현(교수, 'Tokyo Monogatary' 엽서집 100부 증정), 임옥상(설치미술가, 투표한 20대 중 선착순 1,000명에게 자신이 제작한 판화 증정) 외에도 디자이너, 의사, 제과점 주인, 아이파크 백화점 등이 투표 참여 독려 캠페인을 전개하였으며, 투표 인증샷과 선거운동 감시 등 이미지와 동영상을 활용하였다.

2012년 대선에서의 투표 독려 운동으로, 충북 청주에서는 "지금부터 투표하러 가볼까! 우린 충청도 스타일(오창읍 금경아)", "어디 갔어? 충청도의 힘, 이거 어디 갔어?(비하동 김영학)", "그래도 내가 아니면 누가 하랴!(금천동 마숙익)" 등 개인 이름의 투표 독려 플래카드가 게시되었다. 이 플랜카드는 지역주민들이 친목을 위해 자발적으로 꾸린 모임인 '희망 물결'이 처음 제안했고, 청주 시민들이 적극적으로 호응하면서 펼침막 수가 100장에서 300장, 500장으로 빠르게 늘었다("내 이름으로 투표 독려…… 이런 펼침막이 500개" 「한겨레신문」 2012년 12월 13일자).

* 자료: "내 이름으로 투표 독려…… 이런 펼침막이 500개"(「한겨레신문」 2012년 12월 13일자)

<그림 4-10> 개인명의의 투표 독려 플래카드

ICT 업체에 근무하는 20~30대 직장인들은 각자의 재능을 활용하여 투표 독려 사이트를 제작하였다. 이들이 만든 '2012 투표대잔치(http://www.voteaward.com)'에서 '투표하겠소'라는 배너를 클릭하면, 참여자의 아이디와 투표 참여 메시지가 동판에 새긴 것처럼 화면에 기록된다. 투표를 약속한 사람들은 자기 이름으로 된 상을 제정할 수도 있다. 사이트에는 '따뜻한 코코아 한 잔 대접하겠다', '소개팅 주선하겠다', '직접 끓인 라면과 커피를 드리겠다' 등 다양한 아이디어가 게시되었다("내 이름으로 투표 독려…… 이런 펼침막이 500개" 「한겨레신문」 2012년 12월 13일자).

뮤지컬 <달콤한 콤플렉스>는 투표 인증샷을 찍어오면 동반 1인까지 공연을 무료로 볼 수 있다. 공연장 매표소에서 선착순으로 투표 참여 확인 절차 후 발권을 하도록 했으며 매표 상황은 공식 페이스북(http://www.facebook.com/ydmusical)을 통해 매 10분마다 실시간으로 업데이트하였다.

뮤지컬 <락 오브 에이지>는 투표 인증샷을 제시하면 30%의 티켓 할인, 뮤지컬 <오! 당신이 잠든 사이>는 투표 확인증 및 인증샷을 보여주면 40%(1인 2매) 할인, 뮤지컬 <김종욱 찾기>는 투표 확인증 및 인증샷을 보여주면 1인 2매에 한해 30% 할인, 연극 <카사라기 미키짱>은 투표 확인증 및 인증샷을 보여주면 50% 할인, 영화 <내 아내의 모든 것>의 민규동 감독이 투표 인증샷을 보내는 사람들 가운데 추첨하여 영화 등장인물의 이름으로 쓰겠다고 약속, 영화 <말아톤>의 정윤철 감독이 영화감독 5명과 영화배우 1명을 출연시킨 투표 독려 캠페인 영상을 제작하여 유튜브에 올려 하루 만에 조회수 2만 회, 작곡가 김형석이 투표율 80%를 넘으면 10곡을 새로 작업하여 무료로 노래를 불러줄 가수를 섭외하여 음원을 공짜로 뿌린다는 약속에 이승환, 언니네 이발관, 돈 스파이크 등이 참여의사, 트위터와 페이스북에는 투표권을 보장하는 '착한 회사'에 다닌다는 자랑이 투표 독려 메시지가 되어 전파, 문화기획자 고영철은 페이스북에 '왜 투표하는가(Why you vote)'라는 계정을 개설하여 투표하는 이유에 대한 문화예술계 인사의 인터뷰를 동영상으로 제작, 가수 엄정화와 이효리는 트위터에 '섹시한 투표장 패션 대결'을 예고하는 글을 게시, 분식 브랜드 스쿨 스토어는 '스쿨스토어 개념 탑재 투표 장려 프로젝트' 이벤트를 마련하여 인증샷을 공식 페이스북(http://www.facebook.com/schoolstore12)에 남긴 고객을 대상으로 아이패드 미니, 영화 예매권 등 다양한 선물을 증정, 공정 무역 커피회사 아름다운 커피는 투표율만큼 '이퀄 아메리카노'를 제공, 또한

2012년 총선에서도 트위터를 통해 투표율이 55%를 넘으면 정직한 초콜릿 55% 제공, 경제민주화국민본부, 투표권 보장 공동행동 등 시민단체들이 연대한 '투표참여국민캠페인단'은 투표하는 가게와 회사 릴레이 선언 운동에 돌입하여 그 결과 통인동 '커피공방' 카페는 '투표하는 가게·회사' 1호점으로 문패를 걸음, 트위터에서는 중소 상점들이 투표약속만 해도 가격을 할인해주는 12·19일 투표율 UP! UP! 캠페인 진행 등 무수한 투표 독려 캠페인이 제공되었다.

투표 인증샷이 유행처럼 번져 하나의 선거 문화로 자리매김하게 된 것은 2010년 지방선거 때부터이다. 당시 일부 연예인들과 트위터 이용자들은 자신의 투표행위를 알리고 다른 유권자들에게 투표 참여를 독려하는 목적으로 투표 인증샷을 트위터에 올렸다. 또한 2010년 선거가 트위터 인증샷이 유행하게 된 첫 번째 선거라고 한다면 2011년 10월 25일 재보궐선거는 트위터 인증샷의 획기적인 확산을 가져온 선거라고 할 수 있다.

재보궐선거 당일 트위타상에서 투표 인증샷이 거론된 트윗 수는 약 173,000건으로 전체 트윗 건수의 11.3%를 차지하였다. 이는 스티브 잡스 사망일 트위터에서 스티브 잡스가 거론된 트윗 수가 전체 트윗 수의 3.5%에 불과한 점에 비춰볼 때, 투표 인증샷의 열기가 매우 높았다는 것을 나타내는 수치이다(서희정·이미나, 2012: 399, 402, 403).

의제 전환의 특징과 쟁점

1. 민주적 의제설정의 위력

자유로운 표현은 민주적 사회의 필수조건이다. 그러나 이것이 실제로 지켜지기는 매우 어렵다. 푸코(Foucault)의 분석을 빌려오지 않더라도 현대사회의 개인이 자기 검열에 의해 표현을 제한하고 스스로를 규율하게 되는 것이 어느새 자연스러운 일이 되고 있는 것이다.

때문에, 많은 폭로와 음모론은 사회의 불안정성뿐만 아니라 폐쇄성을 상징한다. 특히, 우리나라와 같은 분단국가에서는 모든 정보가 (비록 직접적인 관련이 적은 정보라 하더라도) 보안과 안보 이유로 공개되지 않는 경우가 빈번하게 발생하고 있다. 또한 오랜 시간 동안 정보를 안다고 말하거나 발설하는 행위는 사회의 비밀을 알리는 '불온'한 시도나 사회를 불안하게 하는 시도로 억압당하기도 했다.

따라서 온라인 기술을 통해 민주적 의제설정을 하게 되었다는 것은 그만큼 큰 의미를 지닌다. 홈페이지나 블로그, 소셜 미디어 및 온라인 커뮤니티뿐만 아니라 팟캐스트, 개인 미디어 등을 통해 신속하게 하고 싶은 말을 할 수 있는 공간이 늘어났기 때문이다.

물론 참여적 개인이 많아야 이러한 민주적 의제설정이 확산될 수 있다고 전제할 수 있는 것이지만 이제는 방송국이나 신문만 기다리는 것이 아니라 가벼운 클릭 몇 번으로 도처에 널려 있는 개인 방송국에 접할 수 있게 되었다. 이는 누군가 디자인한 대로 내가 생각하는 것이 아니라 내가 디자인한 것을 타인과 '공유'한다는 의미도 있다.

이 시점에는 미디어 환경에의 적응문제가 매우 중요한 부분이 된다. 이제는 OPM(One Person Media)과 같은 개인 미디어 등이 대안 미디어로 자리 잡을 것이다. 다만 정보 범람 속에서 좋은 정보를 습득하는 기술은 하루아침에 만들어지는 것은 아니라는 점을 유념할 필요가 있다. 우리가 처음 신문이나 TV를 대할 때도 이와 같은 원칙은 마찬가지로 중요했다.

따라서 정보 범람이 정보 혼란을 가중시키는 것이 아니라 정보습득방법의 다양화와 그에 따른 올바른 식견으로 이어질 수 있다고 생각할 필요가 있으며, 이는 관련 학문을 통한 교육에 힘써야 하는 이유기도 하다. 기기만 보급할 것이 아니라 기기를 활용하는 목적, 방법 등을 교육하는 과정을 정규교육에서 적극적으로 병행해야 한다.

마찬가지로 정부와 정당은 앞으로 반응력을 키울 필요가 있고, 시민은 다양성과 책임이라는 부분에 대한 공론의 가치를 형성할 필요가 있다. 이는 뉴미디어 사회이기 때문에 그렇게 변해야 한다는 것이 아니라 원래 이 사회가 지향해야 하는 가치이다. 뉴미디어를 통해 그 가치에 빠르고 즐겁게 접근할 수 있다면 그것으로 성공한 것이다.

독점적 의제설정이 역의제의 가능성으로 전환되면서 민주성이 확대되고 있다. 의견의 극단화와 거짓 정보의 필터링이 매우 큰 문제로 부상하고 있지만 평균의 일상적인 상황에서는 다양한 의견의 소통 통로로 작동하고 있는 것이다. 또한 모바일 시대가 되면서 폐쇄적인 개인 간 소통으로 인해 정보 접근성이 약화되는 측면 때문에 모바일이나 이후의 뉴미디어 시대에는 어떻게 공론이 형성될 수 있는가가 큰 과제로 남아 있긴 하지만 일단, 정보 생산의 물꼬가 확대된 지금 어떤 방식으로든 공중의 의제설정 권력은 강화될 것으로 평가할 수 있다.

2. 정치의 문화적 소비와 감성 정치

많은 연구자가 온라인 공간의 정치 콘텐츠의 특성을 분석하면서, 온라인 공간을 통해 정치를 문화적으로 소비하게 되고, 감성적인 콘텐츠가 늘어났다는 것을 강조한다. 물론 이런 평가는 반드시 장점이라고 평가하기 어려운 부분이 있다. 즉, JTBC 뉴스룸 정도의 수준은 아니더라도 어쨌든 정치는 사실(fact)에 근거해야 하는 중요한 영역이며, 기왕에 이루어지는 온라인 공간의 정치 콘텐츠 또한 논리적이고 분석적이면 더욱 좋을 것이다.

한때 '기타 치는 대통령'이라는 TV 광고가 대중적 인기를 한 몸에 받은 적이 있고, TV에 나오는 후보자들은 시장에 들러 하루하루 살아가는 상인들의 거친 손과 악수하는 장면 그리고 어린아이들을 안고 있는 장면을 반드시 보여주기도 한다.

온라인 공간에서 확산되는 선거 홍보 콘텐츠 역시 유사한 측면이 있다. 대중의 감성에 호소하는 것이 효과적인 전략이라는 원칙은 아직도 위력이 강한 원칙이기 때문이다. 그리고 온라인 신문의 자극적인 낚시성 헤드라인처럼 자극적인 메시지가 시선을 끈다는 생각도 그렇게 틀린 생각은 아니다.

이제 우리는 논리적으로는 전혀 말이 되지 않지만 어쩐지 누군가 그렇게 살 것만 같아서 계속 중독처럼 보게 되는 막장 드라마 콘텐츠를 볼 것인지 '그것이 알고 싶다'나 '추적 60분'과 같은 강력한 사건 탐사 콘텐츠를 볼 것인지 아니면 무난한 교양 프로그램 수준의 콘텐츠 생산을 볼 것인지 선택해야 하는 기로에 서 있다.

흔히 정부가 생산하는 정보를 '맛없는 건강식'이라고 표현하면서 정보의 질은 좋지만 어쩐지 찾아서 읽고 싶지는 않다고 말을 하곤 한다. 이는 정부가 생산하는 콘텐츠의 내용보다 그 전달방식이 너무 관료적이고 딱딱하다는 말을 비판하는 것이다. 한편으로 이 말은 온라인 공간의 속성을 잘 나타낸다. 감성적으로 넘치는 콘텐츠까지는 아니더라도 어느 정도 부담 없이 편하고 즐거운 것을 눈여겨보게 된다는 것을 의미한다.

선거정보는 로맨틱 코미디나 개그 콘텐츠가 아니다. 그러나 대중에게 받아들여지기 위해서는 눈높이 콘텐츠를 개발해야 하고, 현재의 대중문화와 가까운 형식이어야 한다. 역의제설정 권력이 강화됨으로써 공중의 정보생산능력은 막강해진 만큼 콘텐츠 전달방식에 대한 끊임없는 공론화가 필요하다.

정치를 문화적으로 소비한다는 것은 정치를 단지 가벼운 놀이로만 치부한다는 의미가 아니라 풍자와 해학 속에 정치에 대한 관심을 표현한다는 것이며, 감성 정치가 위력을 발휘한다는 것은 딱딱하고 폐쇄적인 정치에도 인간의 희로애락이 풍부하게 반영되어야 한다는 메시지를 표현하는 것이다. 즉, 선거든 정치든 미디어든 모든 것은 인간에서 시작하고 인간을 위한다는 것이 본질이라는 의미이다.

제5장

온라인 선거운동과
제도의 전환

국내 온라인 선거운동에서 미디어·행위자·의제는 때로 발전하기도 하고, 때로 퇴조하기도 하면서 다이내믹한 전환의 기로에 서 있다. 그러나 마지막으로 제5장에서 분석하는 제도의 경우는 미디어·행위자·의제와는 조금 다른 경로를 겪고 있다.

온라인 운동 초창기부터 제도, 좀 더 정확하게 선거규제 제도는 정보제공·표현의 자유 및 지지행위 규제를 초지일관 강화하는 방향으로 진행되어 왔다. 그 결과, 빠르게 진화하는 기술환경과 정치문화 속에서 지나친 사전규제와 효용성이 떨어지는 사후처벌 강화 때문에 매 선거 때마다 제도개선 요구에 직면하였다.

2015년 말 현재에는 온라인 선거운동 규제가 사실상 전면 철폐되어 자유로운 온라인 선거운동이 가능해졌지만 기술환경은 계속 변화하고 있기 때문에 완전히 자유롭다고 평가하기는 어려운 근본적인 한계도 남아 있다.

이러한 규제환경 때문에 미디어·행위자·의제는 규제 틀 속에서 지속적으로 제약받아 왔는데 제5장에서는 그간의 온라인 선거운동 규제의 공과를 미디어별로 구분하여 평가한다. 다만, 제도규제 강화 과정에 대해서는 별도의 이론틀을 적용한다기보다는 그동안의 제도 형성 특징을 분야별로 구분하여 정리함으로써 실제 선거운동 과정 에서 나타난 제도의 역할을 중점적으로 분석한다.

미디어별 규제

1. 홈페이지와 이메일 규제(2000년)

1999년 중앙선거관리위원회(이하 선관위)는 후보자의 홈페이지에 정당의 정강정책, 출마예상자의 경력, 소신은 허용하되 공약 게시는 안 된다는 지침을 제시하였다. 이어, 2000년 「공직선거법」에서는 공식 선거운동 기간 전에는 지역구 유권자에게 자신의 명함을 돌리는 행위를 금지했기 때문에 비공식적인 선거운동의 일환으로 홈페이지 활용이 확산되었다.

2000년만 해도 대표적인 관련조항으로 선거법 제58조(선거운동 정의), 82조의 3(컴퓨터통신을 이용한 선거운동), 254조(선거운동 기간 위반죄)의 개폐를 들 수 있는데, 이 가운데 제82조 3항에 의하면 정당이나 선거에 출마한 후보자는 홈페이지를 통해 지역정보를 제공할 경우, 지역의 유명한 음식점 약도나 전화번호를 포함시키는 경우는 일종의 기부행위를 유발할 수 있기 때문에 선거법 위반으로 규정하였다.

이에 따라 2000년 총선 후보자는 선전벽보, 선거공보, 소형인쇄물, 방송연설, 경력방송, 합동연설회, 초청 대담·토론회, 컴퓨터(PC)통신 선거운동 등 여덟 가지 항목의 선거운동을 할 수 있었는데, 이 가운데 PC통신 선거운동 범위에 대한 논란이 제기되었다. 선관위는 인터넷을 이용한 선거운동은 법으로 허용한 PC통신 선거운동 범주에 해당되지 않는다고 유권해석을 내렸다(김춘식, 2000: 76).

선거 관련 홈페이지 제작업체들은 인터넷 선거운동을 허용하지 않는 현행법이 위헌이라며 헌법소원을 제기했는데, 동법 제82조 3의 '컴퓨터 통신을 이용한 선거운동'에서는 인터넷을 이용한 선거운동을 명문화하지 않았으므로 광고 금지를 규정한 제93조를 적용하여 불법이라고 한 것은 위헌이라 주장하였다. 즉, 정당이나 후보자들이 단순 홈페이지를 만드는 것은 상관없지만, 유권자가 인터넷 검색을 이용하여 스스로 후보자들의 홈페이지를 검색하지 않는 한 정당 및 후보자, 시민단체, 인터넷 업체들은 홈페이지 제작 사실 및 선거공약 등에 대한 홍보, 링크, 배너 광고 등 일체의 인터넷 선거운동을 할 수 없었다(김춘식, 2000: 76).

한편, 이메일로 지지를 요청하는 행위는 해석자의 판단에 따라 다르게 적용될 수 있다는 문제가 제기되었는데, 「공직선거법」 제109조는 편지나 전보, 팩스 등 전기통신을 이용한 선거운동을 금지하고 있지만 PC와 전화에 의한 선거운동은 예외 규정으로 인정하기 때문에 이메일 전송을 불특정 다수를 향한 대규모의 편지나 문서 발송행위로 취급한다면 불법 선거운동이 되지만 PC에 의한 개인 간 통신행위로 취급한다면 합법적인 선거운동으로 인정될 수 있다는 문제가 발생한 것이다.

규제현황을 살펴보면, 2000년 경찰청 발표에 의하면, 사이버특별 검색단을 통해 인터넷 불법 선거운동 단속이 최초로 실시되었으며, 그 결과 인터넷 불법 선거운동 사례 33건, 불법 사이버선거사범 148명이 단속되었다. 2002년 1월에는 '사이버전담반'을 설치하여 3월까지 493건을 적발하였고, 6월 13일 지방선거에서 불법 사이버선거사범 466명을 적발하였다.

2002년 1월 1일부터 12월 11일까지 9,478건의 사이버선거사범을 적발하였으며, 이 가운데 9,426건에 대해서는 전기통신사업자 및 인터넷 운영자 등에게 게시물 삭제 요구를 하였다. 선거법 위반으로 고발된 1건, 수사의뢰를 한 사안 44건, 경고 4건, 주의 3건 등 총 52건은 법적인 위법사례로 조치되었다.

규제 방법으로는 자동검색 필터링 시스템으로 검색을 실시하였는데 2,700개 게시판 글을 24시간 필터링하였다. 전국 263개 선관위의 '자동검색시스템'으로 걸러지는 글은 하루 평균 25,000개 정도로 나타났으며 시스템에 입력된 700여 개 단어 가운데 하나 이상의 단어가 들어 있으면 우선 조사 대상이었다. 인터넷이 활성화되지 않은 초기였기 때문에 가능한 매우 원시적인 조사방법이었다.

전국 233개 경찰의 사이버전담반은 관할지역 PC방의 IP를 대부분 확보하여 경찰이 단속한 사이버상 선거법 위반자는 2003년의 경우 28건, 31명으로 나타났다. 2003년 11월, 한나라당 홈페이지 게시판에 '민생 외면하는 한나라당에는 국민들의 희망이 없다'라는 제목으로 한나라당을 비판하는 글을 게시한 시민이 제93조의 1항, 제251조 위반으로 벌금 70만 원을 선고받기도 하였다.

이 가운데 가장 주목받은 규제는 2002년 10월, 노무현 후보에 대한 후원금 모금방법으로서의 희망돼지 분양행사를 사전 선거운동으로 단속한 사건이었다. 희망돼지를 통한 모금행위가 아니라 사용봉투의 문구가 특정 후보를 선전하는 행위이기 때문에 제3자에 의한 사전 선거운동에 해당된다고 해석한 것이다. 이러한 해석에 의해 노사모를 사조직으로 분류하여 사이트 폐쇄결정을 함으로써 논란은 더욱 가열되었다.

2002년 10월에는 25개 인터넷 사이트 운영자를 대상으로 인터넷 선거운동 가이드라인을 제시하였다. 위반 내용에 대한 삭제요청 시 신속한 조치 방안, 컴퓨터 통신을 이용한 선거법 안내, 네티즌의 선거법 위반 내용 게시 금지 및 신고·제보, 선거범죄 조사와 관련한 자금 제출 등을 설명하였지만 표현의 자유 제한이라는 이의가 제기되었다.

2004년부터 선거형태가 완전히 바뀌면서 선거법이 엄격해졌다. 2004년 3월, 선관위는 '인터넷 선거운동 가이드라인'을 제시하였는데, 여기에는 누구든지 자신이 운영하는 사이트가 아닌 다른 사이트에 낙천낙선대상자 명단을 유포할 경우 선거법 위반이며 단, 낙천낙선운동과 직접 관련된 단체가 아닌 제3자라도 자신이 운영하는 사이트에 다른 단체에서 발표한 낙천낙선대상자 명단을 제시하는 것은 허용한다고 하였다.

또한 입후보 예정자가 아닌 사람이 단순한 개인의견이나 의사표시를 넘어 특정 정당 또는 입후보 예정자를 지지·추천·권유하는 내용이나 선거공약 등 선거운동으로 보이는 내용을 인터넷에 게시하거나 전자우편을 전송하는 행위도 단속하겠다고 밝혔다.

전화를 이용한 선거운동의 경우 정보통신서비스 제공자로 하여금

선거운동을 위한 문자·음성 메시지를 전공하게 하는 행위와 컴퓨터를 이용한 자동송신장치가 설치된 전화를 통해 선거운동을 위한 문자·음성 메시지를 발송하는 행위는 상시 금지하며, 전자우편이나 전화를 이용하여 선거운동 정보를 전송할 경우 선거운동 정보에 해당하는 사실 및 선거운동 정보의 주요 내용, 전송자의 명칭 및 연락처, 전자우편주소를 수집한 출처, 수신거부의 의사표시 조치법 등을 명시해야 한다고 밝혔다.

패러디의 경우 단순 풍자는 허용하며, 본인 홈페이지에 올리는 것은 괜찮지만 이를 남이 퍼가도록 유도하거나 여러 게시판으로 옮기면 불법으로 되었다. 이에 비방 범위에 대한 논란이 제기되었다. 관련 규정에 의하면 정치패러디 노래를 다른 사람이 듣고 내려 받을 수 있게 게시하면 징역 10개월 집행유예 2년, 정당-대통령을 비난하는 글을 게시판에 게시하면 벌금 100만 원, 출마한 친척을 홍보하는 카페를 만들어 지지를 호소하면 벌금 80만 원으로서 너무 강한 규제라는 것이다.

2004년 3월, 총선을 앞두고 박근혜 후보 예정자 홈페이지 자유게시판에 독재자의 딸로서 반성하며 살라는 등의 비판의 글을 써서 제93조, 제250조 위반으로 벌금 250만 원을 선고받았다(「정보통신망 이용촉진 및 정보보호에 관한 법률」 제61조의 2항의 허위사상에 의한 명예훼손죄와 같이 적용되어 이 중 형량이 더 무거운 「정보통신망 이용촉진 및 정보보호에 관한 법률」 명예훼손죄의 250만 원 벌금형이 적용되었다). 2004년 4월, 열린우리당 국회의원 후보 예정자의 인터넷 홈페이지 자유게시판에 '돌아온 사오정 시리즈 종합'이라는 제목으로 '돌아온 사오정은 한나라당을 지지하지 않는다~!'는 한나라당에 반대하는 내용의 글을 올려 제93조 위반으로 벌금 100만 원을 선고받았다.

2. 인터넷 언론 규제(2004년)

2002년 선관위는 인터넷 사이트는 선거법상 초청 대담 형식의 취재 보도가 보장되는 언론기관이 아니기 때문에 인터넷 대담 실시가 불가능하다고 해석하였는데, 이후 논쟁이 심화되자 인터넷 매체가 기존 언론사와 공동으로 후보를 초청하여 실시하는 토론과 대담을 허용하였다.

2006년 10월 4일 「공직선거법」 개정에서는 인터넷 언론사를 '신문법에 따른 인터넷신문사업자 그 밖에 정치·경제·사회·문화·시사 등에 관한 보도·논평·여론 및 정보 등을 전파할 목적으로 취재·편집·집필한 기사를 인터넷을 통하여 보도·제공하거나 매개하는 인터넷 홈페이지를 경영·관리하는 자와 이와 유사한 언론의 기능을 행하는 인터넷 홈페이지를 경영·관리하는 자'로 규정하였고, 포털이 '기사를 매개하는 인터넷 홈페이지'에 해당된다고 보고 포털에 게재된 기사들을 심의하였다. 이는 인터넷 언론을 최초로 정의내리고 직접적으로 규제하는 최초의 법규였다. 선관위의 인터넷선거보도심의위원회는 포털을 인터넷 언론의 범주에 포함시키고, 800여 개에 달하는 인디넷 언론사들의 선거법 위반 여부를 감시하였다.

2011년 10월 18일, 선관위 산하 인터넷선거보도심의위원회는 불공정보도를 게재한 기독교시민연대(christiancitizenunion.com), 독립신문(independent.co.kr) 등 2개 인터넷 언론사에 대하여 각각 '경고'

및 '주의' 조치를 취했다.

3. UCC와 정치광고 규제(2007년, 제17대 대선)

「공직선거법」 제93조 제1항에 근거한 선관위의 '공직선거법상 UCC 관련 적용 규정안내'(2007년 1월 19일)는 미성년자는 선거 관련 UCC를 생산할 수 없고, 유권자라 하더라도 공식 홈페이지 외에는 영상을 올리지 못하며, 선거운동 기간 동안만 후보자 관련 영상을 올릴 수 있다고 규정하였다. 그에 따라 2007년에는 UCC 선거가 될 것이라는 예측이 있었지만 실패하였다. 표현 및 창작의 자유를 침해한다는 반규제 담론도 제기되었다.

이 시기에는 선거일 180일 전부터 특정 후보를 지지 혹은 반대하는 게시물은 인터넷에 올릴 수 없었는데, 선관위 사이버선거부정감시단이 구성되었으며 3,000여 개에 달하는 인터넷 사이트를 매일 검사하였다. 한편으로는 유튜브와 같은 해외사이트에 올린 동영상이나 URL이 아닌 영상 플레이 화면 상태로 개인 홈페이지에 올려놓으면 전문가도 출처를 쉽게 파악할 수 없기 때문에 단속 불가능한 규제만을 위한 규정, 웹 2.0을 거스르는 시대착오적인 규정이라는 비판도 제기되었다.

2007년 한나라당 대선 경선 때 박근혜 후보 지지 모임인 '박사모'가 배포한 UCC가 「공직선거법」 위반 시비에 휘말렸고, 이에 박사모는 UCC 선거운동금지는 표현의 자유를 침해하므로 위헌 소지가 있다며 헌법소원을 제기하였다. 이에 2008년 8월 헌법재판소는 「공직선거법」을 적용한 UCC 규제는 합헌이라고 판결 내렸지만 위헌에 요구되는 정족수 6명을 채우지 못한 합헌 결정이라는 논란이 제기되었다. 이 판결은 선거 후보 캠프에서 제작한 홍보용 UCC 외에 후보나 정당, 캠프를 지지·비판하는 내용을 담은 일반 네티즌들의 UCC를 선관위가 「공직선거법」상 불법으로 해석한 데 대한 헌법 소원에 대한 판결이었다.

2007년 3월 판도라 TV는 대선 UCC 동영상을 오픈하였으며, 2007년 6월 대선 예비후보 6명이 제작한 동영상 UCC의 평균 조회 수는 100~500회 미만이 47.3%, 조회 수 100회 미만은 22.5%, 3,000회 이상은 6.3%에 이르렀지만, 선관위 규제가 UCC 활성화의 장애물로 거론되었다(최민재, 2007.9).

UCC의 내용이 선거에 대해 선거인이 가지는 관심의 일단을 표현하는 행위는 단순 의견 개진으로 간주되지만 그 내용이 특정 정당이나 후보자의 당선 내지는 낙선에 유리하거나 불리하게 하기 위한 의도를 포함하는 경우에는 선거운동이 되어 규제 대상이 된 것이다. 미성년자의 선거 UCC 제작은 불법이며, 사실만 알려도 해당 UCC를 배포한 사람조차 규제의 대상이 되었다. 개인 블로그에 올리는 것은 허용되지만, 포털에 올리는 것은 사전 선거운동에 해당되었다.

2007년, 검찰은 UCC 전담수사팀 20여 명을 구성하여, 네티즌 1,600여 명이 경찰 조사 요청을 받았으며, 63,000여 건의 게시물이 삭제되었다("검찰 UCC 전담수사팀 신설" 「문화일보」 2007년 2월 21일자). 2007년 대선에서 경찰과 검찰은 인터넷 단속을 크게 강화하였다. 2007년 12월 경찰청 발표에 의하면 2,466명을 단속하여 16명을 구속하고 641명을 불구속하였는데 그 가운데 사이버선거사범의 비중이 61%를 차지하였다.

6개월 후 검찰 발표에 의하면 총 1,432명을 입건하여 955명을 기소(36명을 구속기소, 1명 치료감호), 435명을 불기소하였는데 인터넷 등 사이버 선거사범은 504명(기소 407명, 불기소 97명)이었다. 수치상으로만 보면 결국 최종적으로 기소에 이르지도 않을 사람들이 애꿎게 입건된 경우가 2/3에 달했다는 것이다. 특히, 이때 단속의 특징은 신고에 의하기보다는 검찰과 경찰의 인지수사로 이루어졌다는 사실이다(976명). 대검찰청의 사이버선거사범 인지 입건 비율은 무려 93.8%에 달했다(장여경, 2012: 39).

2007년 1월, 데일리안 토론 사이트인 '데안토' 자유토론방에 "♬좌파를 빛낸 108명의 위인들♬"이라는 제목으로 정동영 후보 등 민주당 후보들에 대한 글을 게시하여 제251조, 제254조 위반으로 벌금 100만 원을 선고받았다. 6월에 발표된 선관위의 'UCC 운용기준'의 적용과 검·경의 UCC물 단속으로 9만여 건에 이르는 UCC가 삭제되었으며, 1,600명의 유권자들이 경찰조사를 받았다. 네이버 게시판에 '선관위 나도 잡아가봐라'라는 제목으로 이명박 후보, 박근혜 후보, 열린우리당을 비판하는 글을 게시하여 제93조 위반으로 벌금 30만 원을 선고받았다.

9월에는 야후에 게시된 연합뉴스의 '경선 무효' 박사모, 강재섭, 박관용 고발'이라는 기사 아래에 '비리 백화점, 범법자, 위장전입자, 이런 자가 대통령 후보?? 운운~~' 등 한나라당과 이명박 후보에 대한 비판 댓글을 달았다가 제93조 위반으로 벌금 50만 원을 선고받았다.

10월에는 야후코리아에 게시된 '박영선, 이 후보 관련 재산 상암구장 42개 지을 수준'이라는 제목의 뉴스 기사 아래 이명박 후보에 대한 비판적인 댓글을 달아 제251조의 후보자 비방죄 때문에 벌금 50만 원을 선고받았다. 11월에는 네이버 정치토론장 게시판에 '주가 조작 땅 투기, 전과 14범이냐? 아니면 이회창이냐? 선택을 하라!'라는 제목으로 이명박 예비후보를 비판하고 이회창 예비후보를 지지하는 내용을 게시하여 제93조와 제251조 위반으로 벌금 100만 원을 선고받았다.

2007년 대선을 앞두고 자신의 블로그와 오마이뉴스 사이트 및 한겨레토론방 한토마에 이명박 후보를 '맹박이' 등으로 부르며 비난하는 글을 게시하여 제93조 위반으로 벌금 90만 원을 선고받았다. 대선 50일 전, 자신의 블로그에 '이회창이 나오든 박근혜가 나오든'이라는 제목으로 이명박만은 절대 안 된다는(Extreme Dirt Mr. Lee!!라는 문구가 기재된 이명박 후보의 사진을 삽입) 글을 게시했다가 제93조 위반으로 30만 원의 선고유예를 받았다.

12월에는 독립신문, 프리존뉴스, 창사랑 사이트에 이명박 후보의 위장취업, 위장전입 의혹 등과 관련된 비판글을 게시하여 제93조, 251조 위반으로 80만 원을 선고받았다. 2008년 1월, 인터넷 한겨레신문사 토론망인 한토마 정치게시판에 '예상대로 움직이는 박근혜'라는 제목으로 한나라당과 지지자들을 비판하는 글을 게시하여 제93조 위반으로 벌금 100만 원을 선고받았다.

2007년에는 온라인 정치광고가 처음 등장하였다. 2010년 지방선거에서 후보자들은 11월 25~26일에 후보자 등록을 한 후 27일부터 선거일 하루 전인 12월 18일까지 포털과 각종 인터넷 언론매체에 정치광고를 할 수 있었다. 그러나 이에 대해 특정 포털이 여러 후보의 광고를 게재한다면 문제가 없지만 한 후보와 독점 계약을 한다면 논란이 발생할 소지가 있다는 의견이 제시되었다("대선과 뉴미디어: 포털"「연합뉴스」2007년 1월 11자).

2011년 4월 9일, 재보선 때 선관위는 포털에 게시된 민주당의 '부재자 투표 독려 광고'를 내리라고 조치하였다. 이에 민주당의 활동이 58조의 '통상적인 정당 활동'이 아닌가, 93조 1항의 '선거에 영향을 미치는 행위'인가에 대한 논란이 제기된 것이다. 2010년 6월 지방선거에서 '4대강, 무상급식'을 선거쟁점으로 규정하고 단속한 것도 유사사례라고 볼 수 있는데 법원은 관련 판결에서 '선거 쟁점의 자의적 선정의 위험성'에 대해 지적하였다(2010-12-22 수원지법 안양지원, 2011-02-18 서울 중앙지법).

2012년 방송통신위원회 사무처 조직 개편(안)에 포함된 '뉴미디어정보심의팀'은 기존의 3개 팀에서 분산하여 진행했던 SNS 및 애플리케이션 심의 등을 한 개 부서로 통합하고 인터넷 광고를 심의하기 위해 신설된 것이다. 그러나 이러한 조직 개편 의도에 대한 불신이 불거지자 이를 해명하는 보도자료(2011년 11월 1일)를 배포했다.

방통위는 SNS에 대한 심의가 방송통신심의위원회 고유 직무이지만, 그 심의 대상이「정보통신망 이용 촉진 및 정보보호 등에 관한 법률」제44조의7에 따라 음란물, 허위사실 유포 및 명예훼손, 사이버 스토킹, 해킹, 청소년 보호법 위반, 사행행위, 국가보안법 위반 및 각종 범죄를 목적으로 하거나 교사, 방조하는 내용의 정보에 국한되어 정보통신망법에 명시되어 있지 않은 '정치적인 내용에 대한 심의'는 하지도 않고, 할 수도 없다고 설명했다(이병섭, 2012: 113~114).

4. 문자메시지 규제

문자메시지와 모바일 규제도 시행되었다. 2002년 선거운동 기간 20일 동안만 홈페이지, 이메일, 휴대폰 문자메시지 등을 이용한 선거운동이 가능했다(82조 3항). '컴퓨터를 이용한 자동송신장치를 이용하는 방법 금지'(109조)에 의해 전문적인 발송업체에 의뢰하여 이메일이나 SMS를 이용하는 것은 금지되었다.

그러나 이메일이 발송된 후에는 이것이 자동송신장치에 의한 것인지 여부를 골라내기 불가능한 반면, 통신사업자의 서버나 SMS 발송대행업체의 기록을 보면 발신의뢰인을 추적 가능하게 되었다. 자원봉사자 100명을 통해 일일이 SMS를 작성하여 하루 평균 1만 통의 SMS를 발송하면 적법인 상황이었는데, 결국 하고 싶은 말을 모두 할 수 있는 이메일은 단속이 불가능하고, SMS는 단속에 걸리는 모순이 발생한 것이다. 이에 12월, 각 정당은 선거운동 및 투표참여 운동을 위해 SMS 및 음성메시지를 다량으로 발송하는 것은 선거법 위반이라고 결정하였다.

5. 온라인 여론조사 규제

온라인 선거운동 규제가 강력하던 2004년에는 총선을 앞두고, 인터넷 홈페이지의 자유게시판에 '긴급 설문조사 당신은 어느 당을 지지합니까'라는 제목으로 여론조사를 실시하고 그 결과를 볼 수 있게 게시하여 제108조 위반으로 벌금 100만 원을 선고받았다.

2010년 지방선거에서는 트위터 여론조사가 크게 문제가 되었는데

4월, 트위터리안 도아(@doax)의 경기도지사 출마예상후보에 대한 트윗폴(www.twtpoll.com) 여론조사를 「공직선거법」 제108조(여론조사의 결과공표금지 등) 위반이라고 불구속 입건하였다.

트위터의 속성상 「공직선거법」에서 규정하고 있는 여론조사 발표의 요건(조사지역, 일시, 방법, 표본오차율, 응답률, 질문내용을 함께 공표)을 충족시키기 어렵다는 문제가 제기되었지만, 여론조사 자체는 가능한 것으로 유권 해석되기도 하였다.

6. 트위터 규제(2010년)

2008년 18대 총선에서는 「공직선거법」 93조 개정 촉구요구가 강하게 나타났다. 공개된 장소에서 특정 정당이나 후보를 노골적으로 지지·반대하는 글이 아닌 이상 개인의 의견을 밝히는 정도의 의사표현은 허용되어야 한다는 주장이 제기된 것이다.

선거일 전 180일부터 특정 후보를 지지하거나 반대하는 게시물을 금지하고 있는 93조는 오프라인에서 각종 인쇄물을 통해 특정 후보를 지지하거나 반대하는 행위를 막기 위해 마련되었지만 후보들의 상호비방을 막겠다는 취지였음에도 불구하고 적용 범위를 인터넷으로 확대하면서 논란이 되었다.

그러나 트위터 규제가 확대되면서 온라인 선거운동의 규제는 단지 홈페이지와 블로그, UCC의 표현이나 정보제공 규제를 넘어 정치자금 모금 위반, 투표 독려 행위 규제, 비방과 같이 세분화된 영역으로 규제 분야가 확산되었다.

2009년 9월 선관위는 10월의 재보궐선거를 앞두고 '후보자 또는 팬클럽 등에서 트위터를 사용하는 경우 감시, 단속하겠다'는 의사를 밝혔으며, 2010년 2월 12일, 선관위는 6월 2일 실시예정인 제5회 지방선거를 앞두고 '트위터로 선거일에 할 수 없는 행위'를 발표하였다.

국외 서비스인 트위터를 이용하여 선거의 공정성을 심히 저해할 비방·허위 사실을 유포하는 경우에는 게시자에게 자진 삭제를 안내하고 이에 따르지 않으면 「공직선거법」 제82조의 4(정보통신망을 이용한 선거운동)의 규정에 의해 정보통신서비스 제공자에게 해당 정보 취급의 거부·정지·제한을 요청하여 해당 계정을 차단하며, 선거법 위반 글에 대한 단순한 리트윗만 해도 트위터에 새로운 글을 쓴 것으로 간주하여 처벌[38]하겠다고 발표한 것이다.

이에 따라 「공직선거법」 제93조에서 규정한 '그 밖에 이와 유사한 것'에 트위터와 같은 SNS가 해당되는가에 대한 논쟁이 제기되었다. 선관위는 「공직선거법」 제93조의 1항을 근거로 트위터를 하나의 '전자메일'로 볼 수 있기 때문에 단속할 수밖에 없다고 밝혔다.[39] 또한 제93조에서 말하는 '그 밖의 유사한 것'은 '의사전달 기능을 가진 매체나 수단'을 지칭하는 것으로 트위터가 의사전달 기능을 한다고 간주하여 단속한 것이라고 했다.

---

38) 해당 정보의 삭제 또는 해당 계정 차단.
39) 「공직선거법」 제60조 제1항 제3호는 전자우편을 '컴퓨터 이용자끼리 네트워크를 통하여 문자, 음성, 화상 또는 동영상 등의 정보를 주고받는 통신시스템'으로 규정함.

<표 5-1> 트위터를 이용하여 할 수 있는 사례와 할 수 없는 사례

할 수 있는 사례	할 수 없는 사례
· 언제든지 할 수 있는 행위 - 선거에 관한 단순한 의견 개진 및 의사표시 - 정당 후보자 추천에 관한 단순한 지지·반 대의 의견 개진 및 의사표시	· 언제든지 할 수 없는 행위 - 누구든지 입후보 예정자 및 그의 가족 을 비방하거나 허위사실을 공표하는 행위 - 선거운동을 할 수 없는 19세 미만의 자 등이 특정 정당 또는 후보자를 지지· 반대하는 내용을 게시하는 행위
· 예비후보자 등록 후 할 수 있는 행위 - 예비후보자가 공직선거법 제82조의5 제2항 의 규정에 의한 '선거운동 정보'임을 명시하 여 자신의 팔로어에게 선거와 관련한 지지· 반대 등 선거운동 내용을 전송하는 행위	· 선거운동 기간(5월 20일~6월 1일) 전 에 할 수 없는 행위 - 예비후보자 외에 누구든지 정당 또는 입후보 예정자 등에 대한 지지·반대 등 선거운동 내용 게시 행위 - 예비후보자가 보낸 '선거운동 정보'를 받은 후 예비후보자의 팔로어가 자신의 또 다른 팔로어에게 예비후보자의 '선 거운동 정보'를 돌려보기(RT)하는 행위
· 선거운동 기간(5월 20일~6월 1일) 중 할 수 있는 행위 - 선거운동을 할 수 있는 자가 자신의 트위 터 계정을 통해 선거운동을 하거나「공직 선거법」제82조의5 제2항의 규정에 의한 '선거운동 정보'임을 명시하여 자신의 팔 로어에게 선거와 관련한 지지·반대 등 선 거운동 내용을 전송하는 행위 - 타인이 보낸 '선거운동 정보'를 받은 팔로 어가 자신의 또 다른 팔로어에게 후보자의 '선거운동 정보'를 돌려보기(RT, Retweet) 하는 행위	· 선거일(6월 2일)에 할 수 없는 행위 - 누구든지 정당 또는 후보자를 지지·반 대 등 선거운동 내용 게시행위 - 정당 또는 후보자 등이 투표 독려 내용 게시 행위

* 자료: 중앙선거관리위원회(2010.2.12)

　2010년 2월 5일에는 선관위에 이어 경찰도 예비후보자가 아닌 제 3자가 트위터로 특정 후보자 또는 정당을 지지하거나 추천하는 메 시지를 보내면 불법선거운동으로 간주하며, 사전 선거운동이나 명예 훼손을 한 트윗은 처벌할 것이며, 경찰청 또한 트위터를 이용한 선 거운동의 「공직선거법」 위반 여부를 적극 검토하겠다고 밝혔다.

<표 5-2> 선관위의 온라인 선거법 위반행위 조치 현황(2004~2012년)

선거별	조치별 / 유형별	계	조치						삭제요청
			소계	고발	수사의뢰	경고	주의	이첩	
제17대 국회의원선거 (2004. 4. 15)	계	13,209	303	13	58	106	114	12	12,906
	허위사실공표·비방	7,171	172	5	15	67	84	1	6,999
	사전선거운동	4,972	90	6	42	15	17	10	4,882
	기 타	1,066	41	2	1	24	13	1	1,025
제4회 지방선거 (2006. 5. 31)	계	6,831	110	9	21	56	19	5	6,721
	허위사실공표·비방	4,814	61	3	4	37	17	0	4,753
	사전선거운동	1,248	23	4	11	2	2	4	1,225
	기 타	769	26	2	6	17	0	1	743
제17대 대통령선거 (2007. 12. 19)	계	87,812	59	7	29	23			87,753
	허위사실공표·비방	6,752	30	4	24	2			6,722
	사전선거운동	76,277	24	2	5	17			76,253
	기 타	4,783	5	1		4			4,778
제18대 국회의원선거 (2008. 4. 9)	계	10,623	42	3	6	28	2	3	10,581
	허위사실공표·비방	600	9	2	4	1		2	591
	사전선거운동	9,475	27		2	22	2	1	9,448
	기 타	548	6	1		5			542
제5회 지방선거 (2010. 6. 2)	계	22,525	21	1		19		1	22,504
	부정선거운동	15,086							15,086
	여론조사결과공표·보도금지	473							473
	허위사실공표·비방	4,845	1					1	4,844
	선거운동기간위반	1,563	20	1		19			1,543
	기 타	558							558
제19대 국회의원선거 (2012. 4. 11)	계	1,793	67	8	27	32			1,726
	부정선거운동	86	7	1	2	4			79
	여론조사결과공표·보도금지	517	3			3			514
	허위사실공표·비방	720	38	7	17	14			682
	선거운동기간위반	326	5		3	2			321
	기 타	144	14		5	9			130
제18대 대통령선거 (2012. 12. 19)	계	7,201	42	10	23	9			7,159
	부정선거운동	13	4	1		3			9
	여론조사결과공표·보도금지	2,670							2,670
	허위사실공표·비방	4,043	31	9	20	2			4,012
	선거운동기간위반	214							214
	기 타	261	7		3	4			254

* 자료: 중앙선거관리위원회(2011.10.14: 3)

트위터가 일반화된 후 3년간 개인의 의사표현과 관련하여 선관위가 적발 조치한 45건 가운데 트윗폴을 통해서 입후보 예정자에 대한 여론조사 결과 공표와 관련하여 「공직선거법」 제108조를 준수하지 아니한 여론조사 및 결과 공표 사례가 총 30건을 차지하고 있어 실제 개인의 의사표현과 관련하여 조치한 건수는 15건으로 나타났다. 이어 2010년 지방선거 「공직선거법」 93조 위반으로 삭제를 요청한 게시물은 76,253건으로 나타났다.

<표 5-3> 선관위의 트위터 적발 현황(2009~2012년)

구분	유형 \ 조치	계	조치						삭제 요청
			소계	고발	수사 의뢰	경고	주의	이첩	
	총계	45	6		2	4			39
2009~2011. 10. 10	부정선거운동	6	3			3			3
	여론조사결과공표·보도금지	30							30
	허위사실공표·비방	5	1			1			4
	선거운동기간위반	3	1		1				2
	기 타	1	1		1				
제5회 지방선거	계	10							10
	부정선거운동								
	여론조사결과공표·보도금지	8							8
	허위사실공표·비방								
	선거운동기간위반	2							2
	기 타								
2010년 하반기 재·보궐선거	계	1							1
	부정선거운동								
	여론조사결과공표·보도금지	1							1
	허위사실공표·비방								
	선거운동기간위반								
	기 타								

구분	구분								
2011년 상반기 재·보궐선거	계	10	3		1	2			7
	부성선거운동	4	1			1			3
	여론조사결과공표· 보도금지								
	허위사실공표·비방	5	1			1			4
	선거운동기간위반								
	기 타	1	1		1				
2011년 하반기 재·보궐선거	계	7	2			2			5
	부정선거운동	2	2			2			
	여론조사결과공표· 보도금지	5							5
	허위사실공표·비방								
	선거운동 기간 위반								
	기 타								
2012년 제19대 국회의원선거	계	1	1		1				
	부정선거운동								
	여론조사결과공표· 보도금지								
	허위사실공표·비방								
	선거운동기간위반	1	1		1				
	기 타								
2012년 제18대 대통령선거	계	16							16
	부정선거운동								
	여론조사결과공표· 보도금지	16							16
	허위사실공표·비방								
	선거운동기간위반								
	기 타								

* 자료: 중앙선거관리위원회(2011.10.14: 3)

2010년 6·2 지방선거에서 '친환경 무상급식 운동'에 참여한 관련자들도 「공직선거법」 위반 혐의로 수사받았으며, SNS의 「공직선거법」 위반 단속 건수 10건, 공직 선거기간(5월 20일~6월 1일) 중 단속 건수는 0건으로 나타났다(최문순 의원의 2010년 6월 24일 발표). 이에 비해 공직 선거기간 중 국내 서비스 제공자의 사이트를 이용하여 선거법 위반 행이를 단속한 건수는 22,525건, 이 가운데 22,504건은 삭제, 1건은 고발, 20건은 경고로 나타났다.

2011년 9월 29일, 자신의 블로그와 트위터에 서울시장 예비후보를 반대하는 글과 동영상을 올린 7명을 선관위가 고발 및 경고 조치되었으며 2011년 10월 18일, 의정부지방법원 고양지원은 2012년 총선과 관련하여 지난 5월에 트위터에 '한나라당 낙선운동 대상자 명단'을 올린 회사원에게 사전 선거운동을 했다는 이유로 제254조(선거운동 기간 위반죄) 위반으로 벌금 100만 원을 선고하였다.

트위터는 온라인 공간으로서 공직선거법이 정한 정보통신에 해당하고, 불특정·다수인에게 자신의 의견을 적극적으로 전달하는 기능을 가지고 있어, 인터넷 카페나 싸이월드, 블로그보다 훨씬 개방적이고 영향력도 크기 때문에 단순한 사적 의사표시 수단이 아니라고 평가한 것이다.

송 씨는 특정 정당 국회의원 19명을 '낙선운동 대상자'로 지목하고 해당 선거구를 적시하면서 일부에게는 인신공격적인 문구를 추가했으며, 팔로어 1만 4천 명뿐만 아니라 트위터 이용자들이 볼 수 있게 하였으므로 단순한 지지·반대 표명으로 보기 어렵다고 평가하였는데, 일반 유권자에게도 인터넷을 통한 선거운동을 허용한다면 선거가 조기에 과열될 수 있으므로 허용해서는 안 된다는 입장을 표명하였다. 이에 송 씨의 행위가 11개월 전에 벌어진 점을 참작하여 벌금형을 선고한다고 하였다.

2011년 10월 18일, 검찰은 특정 후보를 비난했다는 혐의로 2명에게 출석을 요구하였다. 2011년 10월, 재보궐선거일에 선거운동을 한 혐의(매수 및 기부행위 의사표시)로 서울시 선관위로부터 고발된 정동영 민주통합당 의원은 트위터를 통해 특정 후보에 대한 지지표현과 투표 독려글을 게재하고 '쫄지 마세요!! 만일 과태료 나오면 민주당이 다 부담하기로 오늘 아침 결정했습니다!'라며 서울 시민들이 선거법 위반으로 금전적 처벌을 받으면 민주당이 대신 납부하겠다라는 의사표시를 한 혐의로 고발되었다. 이에 검찰은 정동영 의원이 초범이고 적극적인 불법선거운동이 없었던 것을 참착하여 기소하지 않았다("검찰, 조국 김제동 정동영 기소유예…… 박원순은 무혐의" 「시사IN」 2012년 4월 26일자).

2012년 5월 14일 강원지방경찰청은 제19대 총선의 선거법 위반 사범 결과를 발표하였다. 그 결과 제18대 총선보다 선거사범은 1명 증가한 반면, 기소자는 31명에서 25명으로 감소한 것으로 나타났는데 이는 사이버 선거운동이 허용되었기 때문이라고 평가하였다. 12월 13일 대전의 대학 교수는 부재자 투표소가 설치된 대학 구내에서 학생들이 투표에 참여를 독려하면서 피자 45판(562,500원 상당)을 나누어준 혐의로 고발당했다. 대전시 선거관리위원회는 "부재자 투표 대상 학생은 물론 일반 학생들이 투표에 참여하도록 유도하기 위해 피자를 나눠준 것으로 조사됐다"고 밝혔다.

2012년 12월 16일 트위터에 특정 후보가 당선되면 커피를 제공하겠다는 의사를 13회 게시한 강릉의 커피점 주인이 선거법 위반으로 고발당했다. 그는 자신의 팔로어 17,581명에게 음식물 제공 의사를 공표한 혐의를 받았다. 강원도 선거관리위원회는 "전 씨의 팔로어가 수가 많고, 트위터의 특성상 팔로어가 리트윗하는 점을 고려하면 선거에 미치는 영향이 크다"고 밝혔다.

공직선거법 제230조는 투표를 하게 하는 등의 목적으로 선거인 등에게 금전, 물품, 차마, 향응이나 그 밖의 재산상 이익 제공 의사를 표시하거나 약속하는 자는 5년 이하의 징역 또는 1천만 원 이하의 벌금에 처하도록 규정하고 있다.

트위터 규제는 트위터상에서의 투표 독려 행위에 대한 규제로도 진행되었다. 2010년 투표 독려 행위에 대해 선관위는 이벤트에 참여한 23명에게 「공직선거법」 제230조[40](매수 및 이해유도죄) 위반으로 모두 행정처분하였다. 이에 대해 투표참여 독려가 선거운동에 이용할 목적인지, 불특정 다수의 20대가 청년단체나 기타 기관에 해당하는 것인지, 순수한 자신의 예술품 등을 주는 행위가 금전, 물품 등 재산상의 이익 제공을 약속한 것인지에 대한 판단이 우선시되어야 한다는 의견이 제시되었다.

2011년 4월 11일, 참여연대는 투표 독려 광고마저 제한하는 「공직선거법」 93조의 개정을 요구하였다. 이에 선관위는 지난 선거에서의 입장과 달리 "트위터나 휴대전화 문자를 통해 투표를 독려해도 무방하다"는 입장을 밝혔다. 같은 해 10월, 재보궐선거에서 검찰은 '닥치고 투표' 등 트위터 투표 독려 행위를 한 연예인 김제동에 대해서는 초범이고 적극적으로 불법선거운동에 나선 사실이 없어 기소유예 처분했다. 김제동은 선거 당일 자신의 트위터에 투표 독려 글을 4차례 올렸는데, 선관위는 투표 독려 자체가 특정 후보에 대한 투표 독려로 인식될 수 있는 인물, 정당, 단체의 독려 행위는 금지하고 있기 때문에 선거법 위반 혐의를 받게 된 것이다("선거사범 천태만상" 「아시아경제신문」 2012년 4월 29일자).

---

40) 투표를 하게 할 목적으로 유권자에게 금품·물품을 제공하거나 제공을 약속할 경우 5년 이하의 징역이나 1,000만 원 이하의 벌금.

* 자료: "검찰, 조국 김제동 정동영 기소유예…… 박원순은 무혐의"(「시사IN」 2012년 4월 26일자)

<그림 5-1> 김제동의 투표독려 사진(2011년 서울시장 재보궐선거)

2011년 10월, 재보궐선거에서 검찰은 선관위가 수사의뢰한 서울시장 후보의 트위터 계정과 유사 계정(나경원 후보의 트위터 계정인 @nakw와 비슷한 @nakw_mirrored 계정으로 수차례 나 후보 행세를 하며 글과 사진을 올림)을 생성하여 허위 글을 게시하거나, '주어가 없는 자위녀', '개쌍도노빠 잔당 박원숭' 등 후보자들을 비방하는 게시물을 작성한 성명 불상 7명에 대해 2102년 4월 24일 내사 중지했다("선거사범 천태만상"「아시아경제신문」 2012년 4월 29일자).

이와 더불어 강용석(무소속) 의원의 비서관으로부터 선거법 위반 혐의로 고발된 조국 교수에 애해 기소유예 처분을 내렸는데, 조 교수는 보궐선거 직후인 2011년 10월 27일 트위터를 통해 강용석, 신지호, 진성호, 안형환, 이종구, 홍준표 의원을 비방한 사실이 알려지면서 고발됐다("검찰, 조국 김제동 정동영 기소유예…… 박원순은 무혐의" 「시사IN」 2012년 4월 26일자).

7. 온라인 선거운동 규제 완화

1) 한정위헌 결정(2011년)

트위터 규제에 대한 반론의 주된 내용은 표현의 자유를 제한한다는 것이었다. 특정 다수를 대상으로 하는 문자나 이메일과 달리 트위터는 자신이 친구로 요청한(following) 사람에게만 보이는 만큼 선거법 위반에 해당되지 않으며, 트위터는 이메일이 아니라 대화에 가깝다고 볼 수 있다는 것이다.

이에 대해 선관위는 사이버 자동검색시스템에서 금지어를 설정하고 해당 사이트를 스캔하여 비방이나 허위사실을 유포하는 게시물을 골라내는 방식을 통해 블록(bloc)이 설정되더라도 충분히 게시물을 확인할 수 있다고 답하였다. 법에 제한되어 있는 5회 문자메시지 발송 외에 트위터에 유세글을 올리는 경우에는 트위터를 일종의 블로그로 간주하여 문자메시지 제한 대상에 들어가지 않는다고 밝혔기 때문에 규제 대상에서 제외될 수 있다는 문제도 발생하였다.

2009년 7월, 헌법소원에서 헌법재판소는 위헌 5인, 합헌 3인으로 제93조 제1항의 '기타 유사한 것' 부분은 명확성 원칙과 과잉금지 원칙에 위배되며, 헌법 제37조 제2항에 반하여 선거운동의 자유를 제한하므로 헌법에 위배된다는 위헌 의견을 제시하였다. 이어 10월, 국가인권위원회는 선관위의 'UCC물 운용기준의 판단기준이 명확하지 않아 자의적 집행 가능성이 크다'고 지적하고 개선을 권고하였다.

2010년 3월 25일, 정동영 의원은 트위터 사용자 147명으로 구성된 국민청구인단과 함께 선관위의 트위터 단속방침의 근거가 되는 선거법 제93조에 대해 "해당조항 중 '그 밖에 이와 유사한 것'이라는 부분은 지나치게 광범위하고 불명확하여 명확성의 원칙 등에 위배된다" 헌법소원심판을 청구하였다.[41]

2011년 12월 29일, 헌법재판소는 SNS를 통한 사전 선거운동을 규제하는 공직선거법 93조 1항에 대해 제기된 헌법소원에 대해 한정위헌[42] 결정을 내렸는데, 제93조 제1항 및 제225조 제2항 제5호 중 제93조 제1항의 '기타 유사한 것'에 '정보통신망을 이용하여 인터넷 홈페이지 또는 그 게시판·대화방 등에 글이나 동영상 등 정보를 게시하거나 전자우편을 전송하는 방법'이 포함되는 것으로 해석하는 한 헌법에 위반된다고 결정한 것이다. 이에 따라 SNS를 통해 정당이나 특정 후보에 대한 지지 또는 반대의사를 자유롭게 표현할 수 있게 되었다.

헌재는 "인터넷은 누구나 손쉽게 접근할 수 있는 매체이고 이용비용이 거의 발생하지 않아 선거운동 비용을 획기적으로 낮출 수 있는 공간으로 평가받는다. 인터넷상 선거운동을 제한하는 것은 후보자 간 경제력 차이에 따른 불균형을 방지한다는 입법목적의 달성을 위한 적절한 수단이라고 할 수 없다. 대통령선거와 국회의원선거,

---

41) 2007헌마1001: 2007 대선에서 UCC 규제; 2010헌바88: 2007 대선에서 특정 후보 반대글을 게시 후 구속됨; 2010헌마173: 2010 6·2 지방선거에서 한나라당 서울시장 후보로 출마하려는 사람들에 관한 글을 자신의 블로그에 게시하여 수사받음; 2010헌마191: 2010 6·2 지방선거에서 중선관위의 트위터 규제 발표에 대한 이의 제기.

42) 2007헌마1001 공직선거법 제93조 제1항 등 위헌 확인(재판관 6(한정위헌):2(합헌)).

지방선거가 순차적으로 맞물려 돌아가는 현실에 비춰보면 기본권 제한이 지나치게 길다. 그 긴 기간 동안 인터넷상 의사표현을 금지하는 것은 정당이나 정부정책에 대한 비판을 봉쇄해 정당정치나 책임정치의 구현이라는 대의제도의 이념적 기반을 약화시킬 것이다"라고 하였다.

정치적 표현 및 선거운동의 자유의 중요성, 인터넷의 매체적 특성, 입법목적과의 관련성, 다른 공직선거법 법률조항들과의 관계 등을 고려하면, 과잉금지원칙에 위배하여 선거운동의 자유 내지는 정치적 표현의 자유를 침해하는 것으로서 헌법에 위반된다고 판단한 것이다.

2) SNS 규제

2011년 10월 10일, 대검찰청 공안부는 선거일 불법 문자메시지 발송, SNS를 활용한 흑색·불법 선전행위를 비롯해 각종 불법 행위에 대한 엄단 방침을 발표하였다. 이어 10월 14일, 중앙선관위는 SNS 선거운동 가능 범위를 발표하였는데, 선거운동 기간이 아닌 때에 SNS를 통하여 선거에 관한 단순한 의견개진 및 의사표시를 하는 행위는 가능하지만 선거운동을 하는 행위는 할 수 없다고 밝혔다.

또한 선거운동 기간 중에는 선거운동을 할 수 있는 자가 SNS를 통하여 선거운동을 할 수 있으며, 선거운동 기간 전에 단순히 입후보 예정자에 대한 지지·반대의견을 개진하는 것은 선거에 관한 단순한 의견개진 또는 의사표시로 보아 가능하다고 밝혔다.

<표 5-4> SNS 선거법 운용기준

시기 \ 유형	허위사실공표·비방 (§250·251)	부정선거운동 (§93·255)	선거운동 기간위반 (§254)	여론조사결과 공표방법 등위반 (§108·255)	매수목적 투표참여 이익제공 행위등(§230)
선거운동 기간 전	금지	금지	금지	준수의무	금지
선거운동 기간 중	금지	선거운동가능	선거운동가능	준수의무	금지
선거일	금지	금지	금지	준수의무	금지

* 주: 정당 및 후보자가 아니라 일반인에게 적용되는 단속 기준
** 자료: 중앙선거관리위원회(2011.10.14: 1)

그러나 특정 후보자의 당선·낙선을 목적으로 후보자와 그의 가족을 비방하거나 허위사실을 공표하는 행위는 1회 게시하더라도 법 제250조·제251조에 위반, 정당이나 후보자와 연계하여 하거나, 후보자 거주·출신지역 등 특정 선거구민만을 대상으로 하거나, 특정 연령층이나 특정 집단·계층만을 대상으로 투표를 하면 상품을 할인해주겠다는 의사를 표시하거나 약속하는 것은 법 제230조제1항제1호 위반이라고 밝혔다.

일반인이 특정 입후보 예정자를 지지하거나 반대하는 내용의 게시글을 반복해서 리트윗해 자신의 팔로어들에게 퍼뜨리는 행위는 제93조·제254조에 위반이라고 밝혔지만 입후보 예정자의 과거의 행적에 대해 객관적인 사실을 자신의 트위터에 일회성으로 올리는 것만으로 위법으로 보기 어렵다는 의견이 제시되었다. 또한 게시글 하나만 보고 선거운동인지 단순한 의견개진인지 판단하기 어려운 경우가 많으며 그렇기 때문에 획일적인 기준을 제시하는 것은 어려우며 게시된 글의 내용, 게시 동기와 목적, 시기, 횟수 등을 종합적으로 평가해야 한다는 의견이 제시되었다.

위반내용	조치이유	조치종류
투표소에서 특정 정당과 후보자 성명에 기표한 투표지를 사진 촬영하여 트위터에 게시	기표소 안에서 투표지를 촬영하지 못하게 한 공직선거법 제166조의2 위반	수사 의뢰
"힘, 힘, 힘. 자 이제 시작입니다. ○○연대야자!" 및 "□□에서 색깔론이 나오고 있다. 이번엔 △당 나부랭이들이 그런 모양이다. ▽▽도에서 □□당은 ◇◇이다"라는 글을 트위터, 페이스북에 게시	• 특정 정당을 비하·반대하는 내용의 게시물로 선거일 전 180일부터 선거일까지 선거와 관련하여 선거에 영향을 미치게 하기 위한 게시물을 게시할 수 없도록 한 공직선거법 제93조 위반 • 위반됨을 알고 신속히 삭제하여 경고처분	경 고
○○신문기자인 A는 B에 대한 이야기를 예비후보자 C에 관한 것으로 알고, 사실여부 확인 없이 B에 관한 내용을 C와 관련된 것으로 트위터에 게시	• 사실관계에 관한 확인 없이 특정 후보자와 무관한 내용을 게시하여 특정후보자에 관한 허위의 사실을 공표하여 공직선거법 제250조 위반 • A가 사실이 아님을 안 이후에 신속히 삭제하였고 사안이 경미하여 경고처분	경 고
국회의원선거 입후보 예정자 19명의 성명, 지역구가 포함된 '낙선운동 대상자 명단'을 트위터에 게시	• 특정 입후보 예정자의 성명을 나타내고, 특히 '낙선운동 대상자 명단'이라고 하여 특정 입후보 예정자를 반대하는 내용이 포함되어 있는 선거운동 게시물로 공직선거법 제254조 위반 • 삭제요청에 불응하여 삭제하지 아니함	수사 의뢰
"입후보 예정자 ○○○을 소상히 알려야 한다. 상대는 정해졌다. □파 ●의 자식으로 ▲시절 □파 재산 찾아주는 ✿로 유명하며 □법에 적극 반대하였으며 ▼를 반대하는 ☆의 지지자이고 재산상속을 위한 꼼수인 ●법개정에 몰두하고 있다"는 글을 트위터에 게시	• 특정 입후보 예정자를 반대하는 내용의 게시물로 선거일 전 180일부터 선거일까지 선거와 관련하여 선거에 영향을 미치게 하기 위한 게시물을 게시할 수 없도록 한 공직선거법 제93조 위반 • 위반됨을 알고 신속히 삭제하여 경고처분	경 고
"그 밥에 그 나물! ○○ 아버지 □□은 6개 ●17개 ▲를 소유한 ▽재벌!! ○○은 ◎시절 ◇의 후손 ◆에게 ☆과 ★ 몇 천 평을 남기라는 판결을 했음!!○○ ※ 창설기념식에 참석했음!! ▼안됨"이라는 글을 트위터에 게시	• 특정 입후보 예정자를 반대하는 내용의 게시물로 선거일 전 180일부터 선거일까지 선거와 관련하여 선거에 영향을 미치게 하기 위한 게시물을 게시할 수 없도록 한 공직선거법 제93조 위반 • 위반됨을 알고 신속히 삭제하여 경고처분	경 고

* 자료: 중앙선거관리위원회(2011.10.14: 4~5)

이 시기에 SNS와 관련하여 조치한 45건 가운데 수사의뢰·경고한 사례는 총 6건이고, 그 외는 게시자에게 선관위가 멘션으로 알려 자진 삭제하도록 하였고, 대부분의 사안이 경미하고, 법을 몰라서 위반한 것이라고 판단되어, 게시물이 삭제된 것을 확인 후 다른 처분은 하지 않았다. 선관위는 SNS에 올라오는 게시물을 모두 검색하여 단속하는 것은 어려울 뿐만 아니라 선거와 관련 없는 게시물이 더 많아 모두 검색하는 것은 실효성이 없다고 밝히고, 사이버자동검색시스템을 이용하여 검색어를 중심으로 해당 SNS에 게시된 글을 자동으로 수집하고 있고, 트위터의 실시간 검색서비스 등을 이용하여 수동검색방법을 병행한다고 하였다. 이에 선관위의 검색에 대해 개인의 소통공간을 정부가 감시하는 것을 옳지 않을 뿐만 아니라 물리적으로도 불가능하다는 강한 비판들이 제기되었다.

2011년 10월 19일, 검찰은 'SNS를 활용한 불법선거 행위를 집중 단속하겠다'고 밝혔다. 이에 정치평론가 서영석은 '검찰의 SNS 단속을 피하는 몇 가지 팁'으로서, 링크는 언론사 기사 위주로 하고, 팩트가 틀려 명예훼손이 우려되면 즉각 원래글을 삭제하고 사과문 게시, 지지 또는 비판이 선거법 위반으로 걸린 사례는 별로 없지만 주관적 팩트를 동원할 때에는 한 번 더 생각해야만 하며, 다른 사람의 글을 퍼 나르거나 옮길 경우 최악의 책임은 원래 글을 쓴 유명인에게 갈 수 있으므로 유명 트위터 이용자에게 기대기 전법을 구사해야 한다고 밝혔다.

2011년 10월 19일, 방통심의위는 통신심의국 산하에 앱과 SNS 심의를 담당하는 '뉴미디어 정보심의팀'을 두고 SNS를 심의 대상에 포함시켰다. SNS 심의 대상은 국제평화질서 위반, 헌정질서 위반,

범죄 기타 법령 위반, 선량한 풍속, 기타 사회질서 위반 등에 대한 내용으로 포괄적이고 애매모호하다는 비판을 받았다. 2011년 10월 26일 재보궐선거에서 검찰, 선관위, 방심위가 별도의 심의팀을 신설해 SNS를 규제하겠다고 발표한 이후 트윗 수는 50% 정도 감소하였다.[43] 2007년 UCC 규제에 이어 위축효과가 또 발생한 것이다.

2012년 8월 인터넷 실명제가 위헌 판결을 받고, SNS 선거운동제약도 풀리면서 온라인 공간에서의 의사표현 환경은 훨씬 자유로워졌다. 선거일 180일 전부터 정당이나 후보자를 지지·추천 또는 반대하는 내용을 포함한 광고, 인사장, 벽보, 사진, 문서는 물론이고 '그 밖에 이와 유사한 것'을 금지하는 공직선거법 제93조 1항에 대해 과거 선관위는 이와 유사한 것에 SNS가 포함된다고 해석하여 선거운동원이 아닌 사람이 SNS에 특정 후보를 지지·반대하는 글을 올리거나 퍼뜨리는 행위, 투표 인증샷을 올리는 행위를 막았다. 2011년 말 헌법재판소가 이 조항을 SNS에 적용하는 것은 위헌이라고 판결하면서 그러한 금기가 사라진 것이다. 물론 허위사실 유포나 비방은 엄격히 금지된다. 정부는 온라인 정치표현의 자유를 최대한 보장하되 허위사실 공표나 인신공격 등은 더 엄격히 단속한다고 하였다.

---

43) "나경원·박원순 SNS 트윗수 줄었다…… '표현자유' 억압효과?"(「아이뉴스24」 2011년 10월 24일자).

온라인 선거운동 규제의
특징과 쟁점

1. 목적, 대상, 범위, 기간, 내용

온라인 선거운동과 관련하여 선관위는 국회에 다음과 같은 내용을 제출한 바 있다.

<표 5-6> 선관위 제출 제도 개선 의견

제출 시기	내용
2003년	・익명성을 악용한 비방 및 허용 사실 공표 등 인터넷 선거운동의 폐해 방지 장치 마련 ・인터넷을 통해서는 누구든지 선거기간 전・중에 자유롭게 선거운동 허용 ・인터넷 언론의 불공정 보도로 인한 침해를 신속히 구제
2005년	・선거일 전 7일까지 여론조사 허용 ・선거운동 기간 전, 인터넷 언론사의 후보자 초청 토론회 허용 ・인터넷 실명제를 강제하지 않음 ・선거운동을 할 수 있는 자는 선거운동 기간 전이라도 후보자가 되고자 하는 자나 후보자가 개설한 인터넷 홈페이지에서 그를 지지하거나 반대하는 선거운동 가능(82조의4)

---

44) 2004년에 설치됨.

2006년	· 비방 및 허위사실 유포를 제외한 단순 지지 및 반대는 상시 허용 · 정당이나 후보자가 개설한 홈페이지에 상시 선거운동 가능(59조) · 선거운동을 할 수 있는 자는 선거운동 기간 전이라도 정당 또는 후보자가 되고자 하는 자가 선거운동을 위하여 개설한 인터넷 홈페이지에서 선거운동을 할 수 있도록 함(59조) · 제안이유: 후보자가 되고자 하는 자는 누구든지 자신이 개설한 인터넷 홈페이지를 이용하여 항시 선거운동을 할 수 있으나, 유권자는 후보자가 되고자 하는 자가 선거운동을 위하여 개설한 인터넷 홈페이지에서 선거운동을 할 수 없으므로 이러한 제한을 폐지하여 유권자의 선거운동의 자유를 확대하고 쌍방향 의사소통을 활성화함과 아울러 선거에 관한 건전한 여론이 형성될 수 있도록 함 · 선관위의 인터넷 선거보도심의위원회,[44] 방송위의 선거방송심의위원회, 언론중재위의 선거기사심의위원회를 통합한 선거보도심의위원회를 선관위 산하에 설치
2008년	· 인터넷 이용 선거운동 확대(59조, 82조의4①): 선거운동을 할 수 있는 자는 언제든지 정보통신망을 이용하여 인터넷 홈페이지 또는 그 게시판·대화방 등에 선거운동을 위한 내용의 정보를 게시할 수 있도록 함 · 제안이유: 후보자가 되려는 자는 선거운동 기간 전이라도 자신이 개설한 인터넷 홈페이지를 이용하여 선거운동을 할 수 있으나, 유권자는 동 행위가 금지되어 후보자가 되려는 자의 일방적 홍보에 그치고 있으므로 이러한 제한을 폐지하여 유권자와 정당 또는 유권자와 후보자 간 쌍방향 의사소통을 활성화하고 선거에 관한 균형 잡힌 여론이 형성되게 함으로써 후보자에 관한 정확한 정보가 제공될 수 있도록 함
2011년	· 정보통신망을 이용한 선거운동의 기간 제한 폐지(59조): 현행은 예비후보자가 아니면 인터넷 홈페이지에 선거운동 정보 게시 또는 전자우편 전송에 의한 선거운동을 선거운동 기간 중에만 허용하고 있는 것을 누구든지 할 수 있도록 기간제한을 폐지하되, 누구든지 선거에 영향을 미치게 할 목적으로 선거에 관한 글(화상, 동영상을 포함함)을 인터넷 홈페이지에 게시하거나 전자우편을 전송하게 하고 그 대가로 금품 등을 제공하는 때에는 매수죄(230조①)로 처벌하고, 그 대가를 받은 자는 10배 이상 50배 이하의 과태료 부과 · 제안이유: 비용이 수반되지 않으면서 자유롭게 의사를 표현할 수 있는 정보통신망을 이용한 선거운동 기간 제한을 폐지하되, 그로 인한 부작용을 차단하기 위한 방안 마련
2012년 1월 13일 확정 계획	· 인터넷 선거운동 상시 허용(제254조 2항 폐지) · 투표일에 SNS를 통해 특정 후보에 대한 지지를 호소하거나 투표 인증샷과 함께 '****후보를 찍어주세요'라는 글 게시 가능(제93조 1항 폐지) · 제안이유: 헌재의 2011년 12월 29일 제93조에 대한 한정위헌 판결에 영향받음. 헌재의 판결 취지는 인터넷 선거운동을 법으로 규제하지 말라는 것으로 해석함. 법 개정 전이라고 별도의 운영 기준을 마련하여 상시적인 선거운동을 검토. 제254조 2항에 대한 위헌 여부에 대해 선관위 내 논란이 있음

온라인 선거운동에 대한 주요 관련법은 「공직선거법」이며, 보충적으로 「정보통신망이용촉진 및 정보보호 등에 관한 법률」을 검토할 수 있는데, 사안에 따라 다수의 ICT 관련법이 적용되어 가중 처벌이 되기도 한다. 2012년 규제 완화가 발생하기 전까지 논의가 되었던 주요 항목들은 다음과 같다.

<표 5-7> 2011년까지 「공직선거법」의 주요 쟁점 조항과 쟁점

조항	쟁점
37조	통상적인 정당활동이란?
58조	선거운동이란?, 단순의견 개진이란?
59조	선거일 전 180일 동안만 선거운동?
254조	선거운동 기간 위반
82조의 4	정보통신망을 이용한 선거운동이란?
93조	탈법방법에 의한 문서, 도화의 배부 및 게시 금지? 선거에 영향을 미친다는 것은? 기타 유사한 것이란?
110조	후보자 등의 비방이란?
251조	후보자 비방죄의 인터넷에의 적용에서 비방? 비판이란?

1) 규제목적

「공직선거법」에서 선거운동의 주체, 기간, 방법을 제한하는 이유는 선거운동에 금권·관권·폭력 부정을 방지하고, 과잉 선거운동으로 인한 불필요한 사회적 비용을 최소화하여, 후보자 간의 실질적인 기회균등을 보장하기 위해서이다. 국회의원들의 선거법 개정에 대한 수동적 태도와 선관위의 '부정선거 방지'라는 제도수립의 원칙 고수가 결과적으로는 온라인에 대한 규제 일변도 정책을 야기하였다. 선관위는 「공직선거법」 제93조에 대해서는 비방, 흑색선전을 방지할 수 있는 대안이 없기 때문에 조문 자체를 폐기하기 어려우며, 부분적으로 '이와 유사한 것'이라는 항목을 삭제할 경우 조항의 앞부분에 대한 수정이 불가피하다는 태도를 고수했다는 문제가 있다.

2) 규제 대상과 범위

규제 대상에서는 국내 서비스에 대한 규제와 해외 서비스에 대한 탈규제의 비대칭성(뉴미디어의 규제 불가능성)이 가장 많이 언급되었다. 가입 시에 개인정보를 요구하지 않는 해외 서비스의 특성상 국내 트위터 사용자 수 자체도 정확하게 파악할 수 없는 상황에서 국내 거주자에게만 적용되는 법의 잣대를 적용하기는 불가능한 것이다. 이후에도 다양한 복합형(convergence) 서비스가 많이 등장하고 선거에서 활용될 텐데, 이러한 복합형 서비스일수록 규제는 불가능해질 수 있다. 유튜브, 카카오톡, 페이스북 광고, QR코드의 콘텐츠에 대한 규제는 현실적으로 불가능한 측면이 여전히 있기 때문이다.

3) 규제 기간, 내용 제한의 한계

19세 이상 혹은 후보자나 선거운동원만이 정치적 의사표현을 할 수 있다는 문제는 사용자의 접근권과 사용권을 위축시킬 수 있다. 인터넷 초창기에는 기존의 오프라인 선거를 중심으로 규제했기 때문에 연령제한이 문제될 수 있었지만 현재의 해외 온라인 서비스에서는 연령제한을 파악할 수 없다는 문제도 있다.

선거운동 기간인 180일 이전에는 정치적 의사표현이 불가능하다는 제한과 선거의 당락에 영향을 줄 수 있는 내용은 금지한다는 제한은 표현의 자유를 침해한다는 비판을 받았다. 또한 SNS의 중첩성과 연결성으로 인해 포괄적 규제가 어려우며, 사전 규제의 경우 정치문화 발전 자체를 위축시킬 수 있다. 결국 사전 예방도 어렵고 사후 처벌도 어려운 상황이 발생하는 것이다.

2. 개선 방향

첫째, 온라인 선거문화와 정치 발전 차원에서 규제에서 홍보로 주요 기능이 전환될 필요가 있다. 온라인 이용자들은 자유롭게 소셜 미디어와 모바일 등을 활용하여 경제・사회・문화적 발전을 도모할 수 있다. 온라인 선거운동은 관심사의 다양화, 감성적 매체, 생활정치를 특징으로 하는데 정치영역 특히, 정당과 정치인의 경우 유권자 혹은 시민의 자유로운 사용보다 지체된 사용으로 인해 정치에 대한 신뢰와 평판을 얻지 못하고 있는 상황에서 선거는 가장 중요한 정치적 이벤트로서 사회의 정치 발전을 촉진시킬 수 있는 중요한 계기가 될 수 있다. 따라서 유권자의 개인화 경향, 정치적 무관심과 불신을 해소할 수 있는 계기로 ICT, 소셜 미디어 그리고 모바일은 하나의 기회로 효율적으로 작동할 수 있음을 유념해야 한다.

둘째, 법제정 원칙의 전환과 법 개정을 위한 노력이 지속적으로 이루어져야 한다. 선거법의 원래 취시인 '돈은 묶고 입은 푼다'는 애초의 법제정 원칙은 현실에서는 '돈은 풀고 입은 막는' 상황으로 나타나고 있다. 그러나 규제 목적은 일방적이고 (과거의 법 규제보다 항상 강해진다는 의미에서) 관성적인 더 강한 규제가 아니라 규제의

해소로 변화되어도 좋은 것이 민주주의 사회의 진정한 모습이다.

선관위는 규제 기관으로서의 위상에서, 기본적인 원칙을 공평무사하게 관리하는 절차적 민주주의 원칙준수 기관으로 위상전환을 추구해야 하고 아울러 투표 참여를 더욱 적극적으로 독려하는 다양한 방식을 모색해야 한다. 또한 국회의원들은 대표의 위기를 현실적으로 받아들이고 대표의 정당성이 온라인 여론에 의해 현저하게 실추될 수 있는 상황을 방지하고 적극적이고 진솔한 정보제공을 하기 위한 법 개정을 위해 노력해야 한다.

<표 5-8>은 국회의원이나 관련 업체들이 자신들이 하고자 하는 선거운동의 선거법 저촉 가능성에 대한 질문내용인데, 일반 국민이 아닌 실제 선거전문가들조차 혼동하고 있는 대표적인 조항이 제시되어 있다. 물론 과거의 자료이긴 하지만 이와 같이 전문가도 해석이 어려운 조항이라면 적극적으로 개정에 그 내용을 반영해야 하는 것이다.

셋째, 뉴미디어 변화 환경을 적극적으로 반영해야 한다. 새로운 서비스가 나올 때마다 기술 측면에 대한 고려와 이에 대한 해석을 고민하게 되면 결국 선거법은 누더기 법이 될 수밖에 없다. 기본적으로 기술적 해석보다는 입법 취지가 무엇이고, 새로운 기술에 의한 소통이 입법 취지에 적합한지를 고민하는 철학적이고 원론적인 해석에 충실한 것이 적절한 것이다.

카톡으로 하는 것이 선거운동인가라는 논란에 대해서는 이것이 의사표현, 소통의 영역이므로 규제를 의도할 경우 표현의 자유에 대한 불필요한 규제라고 비판받을 수 있다. 전자우편인가, 메신저인가 하는 논의는 중요하지 않지만, 굳이 평가해본다면 메신저와 같은 대화의 실시간성 때문에 전자우편으로 정의하기 부적절한 측면도 있다.

<표 5-8> 「공직선거법」의 온라인 관련 주요 질의주제와 내용

* 기간: 2008~2011년

분야	관련법 조항과 항목
이메일	60조의3(예비후보자 등의 선거운동)
ARS자동전화	82조의4(정보통신망을 이용한 선거운동)
배너(게시, 홍보)	93조(탈법방법에 의한 문서, 도화의 배부, 게시 등 금지)
	82조의 7(인터넷광고)
홈페이지(도메인, 이미지 게시, 자원봉사자 모집안내문, 운영비, 여론조사, 연결 페이지)	59조(선거운동 기간)
	62조(선거사무관계자의 선임)
	119조(선거비용)
	86조(공무원 등의 선거에 영향을 미치는 행위 금지)
	93조(탈법방법에 의한 문서, 도화의 배부, 게시 등 금지)
	108조(여론조사의 결과공표금지)
	113조(후보자 등의 기부행위 제한)
SNS(일반, 트위터)	60조의 3(예비후보자 등의 선거운동)
	93조(탈법방법에 의한 문서, 도화의 배부, 게시 등 금지)
	135조(선거사무관계자에 대한 수당과 실비보상)
동영상(인터넷방송)	254조(선거운동 기간 위반죄)
	59조(선거운동 기간)
모바일(투표통신비용, MMS, 인터넷전화기, 이미지/영상 전송, 발신번호표시, 통화연결음, 앱 광고, 앱 홍보, 메신저)	112조(기부행위의 정의)
	109조(서신, 전보 등에 의한 선거운동 금지)
	111조(의정활동보고)
	82조의 5(선거운동 정보의 전송제한)
	60조의3(예비후보자 등의 선거운동)
	82조의 4(정보통신망을 이용한 선거운동)
	93조(탈법방법에 의한 문서, 도화의 배부, 게시 등 금지)
	82조의7(인터넷광고)
바코드	109조(서신, 전보 등에 의한 선거운동 금지)
QR코드	109조(서신, 전보 등에 의한 선거운동 금지)
	111조(의정활동보고)
IPTV(CUG, OPEN)	86조(공무원 등의 선거에 영향을 미치는 행위 금지)
	93조(탈법방법에 의한 문서, 도화의 배부, 게시 등 금지)
	86조(공무원 등의 선거에 영향을 미치는 행위 금지)
	70조(방송광고)
메신저	82조의7(인터넷광고)
	254조(선거운동 기간 위반죄)
AR	93조(탈법방법에 의한 문서, 도화의 배부, 게시 등 금지)

* 자료: 중앙선거관리위원회 종합법제시스템(http://law.nec.go.kr)

발송 기기가 핸드폰, PC인지, 문자와 데이터망인지에 대한 구분은 매우 부적절한 논의이며 그것보다는 실제 유권자에게 최종적으로 오는 메시지 형태가 무작위(친구 요청에 대한 허락 여부, 무작위 발송 가능 여부)인가가 중요하다. 콘텐츠에 있어서는 문자, 메시지, 텍스트로 구분하는 것은 중요하지 않다. 문자가 아닌 멀티메일로 동영상을 보낼 경우, 데이터망을 이용하기 때문에 문자로 보지 않을 것인가에 대한 논의는 불필요한 것이다. 결국 문자를 비롯한 정보전송 시 사용되는 망(전화회선, 데이터망), 발송기기(PC, 스마트폰, 일반 핸드폰), 정보형태(텍스트, 영상, 음성) 등과 상관없게 된다.

중요한 것은 선거법상 문자메시지를 규정한 이유, '야간 발송금지와 대량 발송으로 인한 유권자 피해 문제와 선거비용 과도 사용 제한' 등에 초점을 맞추어 논의하는 것이 바람직한데, 문자라는 일방향성 서비스를 강조하기보다는 쌍방향성이 크게 증대될 수 있는 소통 수단으로 평가하는 것이 바람직하다.

이와 같은 모든 문제를 반영하여, 2016년 한국정치학회의 「공직선거법」 개정안과 선관위 국회 제출 의견을 눈여겨볼 필요가 있다. 양자 모두 전폭적인 규제완화 방향으로 제도개선을 주장하고 있는데, 외국에서는 선거운동 기간과 운동방식에 대한 규제는 없고 비용만 제한하는 방식으로 상시적인 선거운동을 허용하고 있는데 우리나라도 이와 같은 환경조성이 필요하다는 데에 연구자와 정부의 의견이 일치한 것이다.

제6장

결론: 온라인 선거운동과
민주주의의 전환

이 책의 기본적인 방향은 세 가지이다.

첫째, 이 책은 특정 기술을 한정하지 않고 매스미디어에 대비되는 그리고 인터넷의 보편화 이후(1990년대 후반부터)에 나타난 모든 뉴미디어를 '온라인'으로 부른다. 민주주의 주제와 관련해서는 인터넷 정치, 뉴미디어 정치, 전자 정치, 웹 20 정치 등 많은 표현이 있지만 언제나 네트워크를 통해 연결된 상태를 의미하는 용어로는 '온라인'이라는 표현이 가장 적합하다고 생각했다.

둘째, 이 책은 민주주의의 전환에 있어서 온라인이 담당할 수 있는 긍정적인 부분을 최대한 강조하고자 하였다. 그러나 이 책이 온라인의 긍정적 역할을 강조한다고 해서 기술결정론적 입장에서 기술 만능의 위력을 이야기하거나 변화 가설의 입장에서 온라인의 가능성에만 천착하고자 하는 것은 아니다. 우리가 어떤 사회에 살고 있는가, 어떤 정치인이 정치를 하고 있는가, 더 나아가 우리는 누구인가라는 이 모든 고민이 함께 어우러지지 않는다면 '온라인'이라는 말은 공허한 신조어에 지나지 않기 때문이다.

셋째, 기술의 사회적 역할에 대해 강조하고자 하는 이 책의 궁극적인 지향점은 민주주의이다. 시대가 변화하여 다양한 민주주의들이 등장하고 민주주의의 사회적 적용에 있어서도 많은 견해들이 제시되고 있지만 많은 정치 이데올로기 가운데 다수의 평등과 자유로운 참여를 지속적이고 효과적으로 주장하고 있는 것은 민주주의가 유일하다.

다만, 그동안 다양한 민주주의들이 제시되어온 것은 해당 시기의 해당 사회에 적절한 조건을 모색하기 위한 시도였을 터, 그렇기 때문에 정보사회 연구자 입장에서 민주주의로 변화하는 기점에서 온라인이 한 역할을 우리 사회의 선거모습을 통해 논증하고자 하였다.

여기에서 민주주의로의 변화는 1987년 이후 형식적으로나마 민주화된 우리 사회가 1990년대 후반 이후 실질적 민주주의로 나아가는 그 시점부터 시작한다. 그래서 1990년대 후반 인터넷이 보편화된 시점부터 현재까지의 모든 공직선거의 선거운동을 중심으로 온라인의 참여방식을 다양한 이론적용을 통해 분석하고자 하였다.

뉴미디어가 너무나 빠르게 등장하는 환경 속에서 정당과 정치인 그리고 유권자는 어떻게 미디어를 이용하는 것이 바람직하며, 어떻게 미디어를 이용해야 정당과 정치인이 성공할 수 있을 것인가에 대한 질문에 대답하는 것은 쉬운 일이 아니다.

정치인이 열심히 홈페이지에 공들여도 유권자가 방문하지 않으면 괜히 헛수고만 한 듯하고, 트위터가 인기라고 해서 트위터 소통에 공들였더니 이제 트위터와 전혀 다른 사용방법을 가진 페이스북이 인기인 상황이 되어 너무 피곤하다고 말하는 정치인을 종종 보아왔다. 이런 정치인은 앞으로도 계속 뉴미디어의 뒤만 따라가면서 허덕이다가 정치인생을 마감할 것 같아서 안타깝다.

그러나 신문 한 칸이라도 자신의 부고 외엔 모두 나와도 좋다고 생각하는 바로 그 '능동적인' 정치인들이 유독 뉴미디어나 온라인 기술에 대해서는 수동적이고 폐쇄적이라는 것도 매우 아이러니한 일이다. 그리고 별로 잘 쓰지도 못하고 제대로 써본 적도 없으면서 '네티즌들이란…… ㅉㅉ……' 하면서 쉽게 남 탓을 해버리는 일종의 퇴행의 행태를 보이기도 한다.

인류가 택한 공고한 원칙으로서의 대의민주주의는 온라인 공간의 형성으로 인해 변화하고 있다. 그렇다면 대의민주주의의 모든 원칙이 부정되고 새로운 민주주의가 완전히 성립되었다고 평가하기는 어렵다. 다만, 대의민주주의의 많은 원칙을 온라인 공간의 많은 요소들이 변화시키고 이로 인해 나타난 새로운 조류를 '전환적 민주주의'라고 부를 수 있을 것이다.

즉, 대의민주주의에서 시민이 투표를 통해 대표자와 대의기구를 형성하고, 이들을 통해 제도를 구성하여 현재와 같은 틀을 구성해왔지만, 온라인 공간이라는 새로운 참여와 소통의 장이 형성되면서 (상대적으로 좀 더) 적극적인 시민이 공중이라는 이름으로 형성되고, 그 단위의 실천력이 높아지면서 온라인 세대가 나타나 새로운 네트워크 동원 방식으로 집단을 이루며, 대의의 틀로 수용하기 어려운 의제를 제시하고, 신뢰와 미디어 권력을 공고히 하면서, 어느새 전환적 온라인 민주주의라는 새로운 조류를 이루어나가고 있다는 것이다.

시민 권력의 강화가 곧바로 정치 발전과 민주주의 발전으로 연결되는 것도 아니다. 인터넷을 통해 기술적으로 정보전달이나 정보습득이 편리해진다 해도 이것이 반드시 시민들의 높은 관심이나 활발한 정치참여로 직접 이어져 정치 발전으로 연결되는 것이 아니기 때문이다.

아울러 시민이 강해진 만큼 정부도 온라인 공간을 활용하고 통제할 수 있기 때문에 인터넷으로 인해 정치가 발전된다는 주장이 언제나 옳은 것은 아니라는 비판도 있다. 즉, 인터넷이 정치참여 빈도와 규모, 통로 등 양적인 규모에서 정치참여 가능성을 제공하는 데는 성공했지만, 질적인 차원에서 정치 발전에 긍정적인 영향을 미쳤는가에 대해서는 다양한 평가가 내려질 수 있으며, 이에 대한 학계의 논쟁은 여전히 진행 중이다(조석장, 2009: 21).

어쩌면 이 책은 고민의 완성본이 아니라 고민(문제의식)의 노출에 가깝다. 즉, 해결을 명료하게 제시하기보다는 함께 고민할 문젯거리를 제시했다고 보는 편이 더 적절할 것이다. 온라인 선거운동의 내용과 효과를 분석하는 것은 선거운동 기간 동안 표출된 참여문화의 내용분석 및 그 이후에 이루어진 투표효과 분석이 모두 병행될 때에 의미가 더 크다.

특히, 한 번의 선거에서 나타난 참여문화는 이후의 선거에서 그대로 존속되거나 발전되어 나타날 수 있기 때문에 새로운 미디어의 사용만이 중요한 것이 아니라 새로운 미디어를 통해 표현되고자 한 여론의 주제와 내용을 파악하는 것이 더 중요하다. 국내 온라인 선거운동 과정에서 나타난 것은, 쉽게 사라지고 마는 단선적인 뉴미디어와 변덕스러운 참여가 아니라 꾸준한 민의의 표출이었기 때문이다. 따라서 온라인 선거운동 분석은 기술과 결과 중심의 해석에 더하여 문화와 내용 중심의 총체적인 해석이 무엇보다 중요하다.

의사의 환자 진료 차트에는 복잡한 병명이 외래어로 적혀 있다. 의학용어도 환자들은 전혀 알 수 없는 복잡한 용어들뿐이다. 선거운동 상황에서도 유사한 일들이 벌어진다. 모두가 한국어를 사용하고 있지만 때로 시민들이 모르는 말을 정치인들이 떠들기도 하고, 정치인이 모르는 말을 시민들이 떠들기도 한다. 거기에 요즘 나오는 신조어까지 보태지면 상황은 더욱 복잡해진다. 바벨탑과 같은 상황이 온라인 공간에서 모두 노출되는 것이다.

좀 더 쉬운 용어, 누구나 알아들을 수 있는 내용을 전달하기 위한 표현 미숙은 오랫동안 온라인 공간에서 분열의 요인으로 작동했다. 본질적으로 이는 표출된 언어의 문제라기보다는 언어 사용자의 인식에 대한 문제이다. 즉, 외래어 아닌 외래어를 하면서 우리의 의사소통은 꽉 막혀버렸는데, 사실 이런 어려운 말과 추상적인 표현은 본인의 인식이 부정확하거나 쉽게 전달하려는 의도 자체가 없기 때문에 소위 요즘에 말하는 '개념'이 없어서인 것이다. 우리에게 한정되어 있는 것은 매우 불균형한 조건들이며 단지 세계적인 수준으로 발전해 있는 기술과 높은 사용률 정도만 있을 뿐이다. 본질적으로 문제인 것은 지나치게 느리고 반응성이 낮은 정당과 정치인이다.

마이크로(유권자) 중심성 스토리텔링이 있는 정책 제시, 흑색선전에 머무는 것이 아닌 집단검증에 의한 사실 확인과 상대에 대한 공격의 양성화, 다양한 서비스 활용, 재미의 정치라는 가치가 온라인 선거운동 고유의 가치이다. 뉴미디어를 통한 전통미디어에 대한 대안의 움직임이 성공할 것이냐의 문제보다 먼저 이야기되어야 할 것은, 전통미디어를 찾지 않게 되고 혹은 다양한 뉴미디어를 찾게 되는 움직임을 어떻게 해석할 것인가이다.

참고문헌

Arterton, Christopher. 1987. *Teledemocracy: Can Technology Protect Democracy?*. Newbury Park, CA: Sage.

Axford, Barrie & Richard Huggins eds. 2001. *New Media and Politics*. Sage.

Baker, Stephen. 2008. *The Numerati*. Mariner Books. 이창희 역. 2010. 『뉴머러티: 데이터로 세상을 지배하는 사람들』. 서울: 세종서적.

Bakhtin, Mikhail. 1984. *Problems of Dostoevsky's Poetics*. Minneapolis: University of Minnesota Press.

Bandura. 1986. *Social Foundations of Thought and Action: A Social Cognitive Theory*. NJ: Prentice Hall.

Barabási, Albert-László. & Reka Albert. 1999. "Emergence of Scaling in Random Networks". *Science* Vol. 286: 509~512.

Barabási, Albert-László. 2002. *Linked: The New Science of Networks*. Perseus. Cambridge. MA. 강병남 · 김기훈 역. 2002. 『링크: 21세기를 지배하는 네트워크 과학』. 서울: 동아시아.

Barnes, Samuel H. & Max Kasse. 1979. *Political Action: Mass Participation in Five Western Democracies*. Beverly Hills: Sage.

Benkler, Yochai. 2006. *The Wealth of Networks: How Social Production Transforms Markets and Freedom*. New Haven: Yale University Press.

Bimber, B. 1998. "The Internet and political transformation: Populism, community, and accelerated pluralism". *Polity* Vol. 31: 133~160.

Bimber, B. 1999. "The Internet and citizen communication with government: Does the medium matter?". *Political Communication* Vol. 16: 409~428.

Bimber, B. 2001. "Information and political engagement in America: The search for effects of information technology at the individual level". *Political Research Quarterly* 54(1): 53~67.

Bimber, Bruce. 2003. *Information and American Democracy: Technology in the Evolution of Political Power*. Cambridge University Press. 이원

태 역. 2007. 『인터넷 시대 정치권력의 변동: 미국 민주주의의 역사적 진화』. 서울: 삼인.

Botsman, Rachel & Roo Rogers. 2011. *What's mine is yours*. Harper Collins Publishers. 이은진 역. 2011. 『위 제너레이션』. 서울: 푸른숲.

Brafman, Ori & Rod. A. Beckstrom. 2007. *The Starfish and the Spider: The Unstoppable Power of Leaderless Organizations*. Penguin USA. 김현숙 · 김정수 역. 2009. 『불가사리와 거미: 분화하고 성장하고 진화하라』. 서울: 리더스북.

Brehm, J, & W. Rahn. 1997. "Individual-level evidence for the causes and consequences of social capital". *American Journal of Political Science* 41(3): 999~1023.

Cambell, A, G. Gurin & W. E. Miller. 1954. *The voter decides*. Evamston. IL: Row, Peterson.

Carr, Nicholas. 2008. *The Big Switch*. W. W. Norton. 임종기 역. 2008. 『빅 스위치』. 서울: 동아시아.

Converse, J. M. 1987. *Survey Research in the United State: Roots and Emergence. 1890~1960*. University of California Press.

Dahlgren, P. 2009. *Media and political engagement: citizens, communications, and democracy*. New York, NY: Cambridge University Press.

Dawns, A. 1957. *An economic theory of democracy*. NY: Harper & Row.

Delli Carpini, Michael X., Cook, Fay Lomax., & Jacobs, Lawrence R. 2004. "Public deliberation, discursive participation, and citizen engagement: A review of the Empirical Literature". *Political Science* Vol. 7: 315~344.

Dunbar, R. I. M. 1993. "Coevolution of Neocortical Size, Group-size, and Language in Humans". *Behavioral and Brain Sciences* Vol. 16: 681~694.

Dunbar, R. I. M. 2016. 1. 20. "Do online social media cut through the constrains that limit the size of offline social networks?". *Royal Society Open Science* Vol. 3: 150~292.

Elshitain, J. B. 1982. "Democracy and the QUBE Tube". *The Nation*(August).

Foot, Kristen A. & Steven M. Schneider. 2002. "Online Action in Campaign 2000: An Exploratory Analysis of the U. S. Political Web Sphere". *Journal of Broadcasting and Electronic Media* 42(2): 222~244.

Habermas, J. 2006. "Political communication in media society: Does democracy still enjoy an epistemic dimension? The impact of normative theory on empirical research". *Communication Theory* Vol. 16: 411~426.

Hess, R. D. 1971. "The acquisition of feelings of political efficacy in pre-audlts". In A. Gilbert & Soule, J. W. eds. *Social Psychology and Political Behavior: Problems and Prospects*: 58~78.

Hill, R & R. Dunbar. 2003. "Social Network Size in Humans". *Human Nature* Vol. 14: 53~72.

Holquist, Michael. 1990. *Dialogism: Bakhtin and his World*. London: Routledge.

Inglehart, R. 1979. *The silent revolution: Changing values and political styles among western publics*. Princeton, NJ: Princeton University Press.

Iyengar, S., M. D. Peter, & D. R. Kinder. 1982. "Experimental Demonstrations of the 'not so-minimal' consequences of television news programs". *American Political Science Review* Vol. 76: 848~858.

Katz, J. E. & Aspden, P. 1997. "A nation of strangers?". *Communications of the ACM* 40(12): 81~86.

Keen, Andrew. 2009. *The Cult of The Amateur*. Doubleday. 박행웅 역. 2010. 『인터넷 원숭이들의 세상』. 서울: 한울.

Lancaster, Lynne. C & David Stillman. 2010. *Millennial Generation.* Harper Collins Publishers. 양유신 역. 2010. 『밀레니얼 제너레이션: 향후 20년간 기업과 사회를 지배할 새로운 인류에 대한 분석』. 서울: 더숲.

Lassen, D. D. & Serritzlew, S. 2011. "Jurisdiction size and local democracy: Evidence on internal political efficacy from large-scale municipal reform". *American Political Science Review* 105(2): 238~260.

Leadbeater, Charles. 2008. *We-think: Mass Innovation, not Mass Production.* Profile Books. 이순희 역. 2009. 『집단지성이란 무엇인가』. 서울: 21세기북스.

Leung, L. & R. Wei. 1999. "Seeking News via the Pager: An Expendency-Value Study". *Journal of Broadcasting & Electronic Media* 43(3): 299~315.

Le Bon, Gustave. 1985. 김성균 역. 2008. 『군중심리』. 서울: 이레미디어.

Levy, Pirre. 1994. 권수경 역. 2002. 『집단지성: 사이버공간의 인류학을 위하여』. 서울: 문학과 지성사.

McCombs, M. F., D. L. Shaw, & D. Weaver. 1997. *Communication and democracy: Exploring the intellectual frontiers in agenda-setting theory*. Mahwah, NJ: Lawrence Erlbaum Associates, Inc.

McLeod, J. M., Zubric, J. Keum, H. Deshpande, S. Cho, J. Stein, S. E, & Heather, M. 2001. "Reflecting and connecting: Testing communication mediation model of civic participation". Paper presented at the Communication Theory and Methodology Division, Association for Education in Journalism and Mass Communication, Washington, D. C.

Milbrath, L. & Goel, M. L. 1977. *Political participation*. Chicago: Rand McNally.

Milgram, Stanley. 1967. "The Small World Problem". *Psychology Today* Vol. 1: 62~67.

Mutz, Diana C. 2006. *Hearing the other side: Deliberative versus participatory democracy*. New York: Cambridge University Press.

Nie, N. & Erbring, L. 2000. *Internet and society: A preliminary report*. Standford Institute for the Quantitative Study of Society.

Norris, Pippa. 1996. "Does television erode social capital?: A reply to Putnam". *Political Science and Politics* 29(3): 474~480.

Norris, Pippa. 2000. *A Virtuous Circle: Political Communication in Postindustrial Societies*. Cambridge University Press.

Palfrey, John. 2008. *Born Digital: Understanding the First Generation of Digital Natives*. Basic Books. 송연석·최완규 역. 2010. 『그들이 위험하다: 왜 하버드는 디지털 세대를 걱정하는가?』. 서울: 갤리온.

Prior, M. 2007. *Post-television democracy: How media choice increases inequality in political involvement and polarizes elections*. New York, NY: Cambridge University Press.

Putnam, Robert D. 2000. *Bowling Alone: The Collapse and Revival of American Community*. Simon & Schuster. 정승현 역. 2009. 『나 홀로 볼링: 사회적 커뮤니티의 붕괴와 소생』. 서울: 페이퍼로드.

Reynolds, Glenn. 2006. *An Army of David*. Thomas Nelson, Inc. 곽미경 역. 2008. 『다윗의 군대, 세상을 정복하다: 인터넷 시대의 유쾌한 반란, 세상을 바꾸는 '개인의 힘'』. 서울: 북캠프.

Rheingold, Howard. 1995. *The Virtual Community: Finding Connection in a Computerised World*. London: Minerva.

Rheingold, Howard. 2002. *Smart Mobs: The Next Social Revolution*. Golden bough. 이운경 역. 2003. 『참여군중: 휴대폰과 인터넷으로 무장한 새로운 군중』. 서울: 황금가지.

Rosen, Sherwin. 1981. "The Economics of Superstars". *American Economic Review* 71(5): 845~858.

Salkowitz, Rob. 2010. *Young World Rising: How youth, technology, and entrepreneurship are changing the world*. John Wiley & Sons. 황희창 역. 2011. 『영월드 라이징』. 서울: 한빛비즈.

Schneider, S. M. & Foot, K. A. 2006. "Web Campaigning by U. S. Presidential Primary Candidates in 2000 and 2004". in edited by Williams and Tedesco. *The Internet Election: Perspectives on the Web in Campaign 2004*. Lanham: Rowman & Littlefield Publishers, Inc: 21~36.

Schudeson, Michael. *The Good Citizen*.

Schuefele & Nisbet. 2002. "Being a Citizen Online: New Opportunities and Dead Ends". *The Harvard Journal of Press/Politics* 7(3).

Shah, D. V., N. Kwak & L. R. Holbert. 2001a. "'Connecting' and 'disconnecting' with Civic Life: Patterns of Internet Use and the Producting of Social Capital". *Political Communication* Vol. 15: 141~162.

Shah, D. V., J. McLeod & Yoon S-H. 2001b. "Communications, Context, and Community: An Exploration of Print, Broadcast, and Internet Influences". *Communication Research* 28(4): 464~506.

Shirky, Clay. 2008. *Here Comes Everybody*. Brockman. 송연석 역. 2008. 『끌리고 쏠리고 들끓다』. 서울: 갤리온.

Shirky, Clay. 2010. *Cognitive Surplus*. Brockman Inc. 이충호 역. 2011. 『많아지면 달라진다』. 서울: 갤리온.

Smith, Aron. 2014.7.29. *Politics and Advocacy in the social media era*. Pew Research Center.

Sotirovic, M. & J. M. McLeod. 2001. "Value, Communication Behavior, and Political Participation". *Political Communications* Vol. 18: 273~300.

Strogatz, Steven H. 2003. *Sync*. Hyperion.

Sunstein, Cass, 2007. *Republic.com 2.0.* Princeton University Press.

Sunstein, Cass. 2009. *On Rumours.* Farrar Straus & Giroux. 이기동 역. 2009. 『루머』. 서울: 프리뷰.

Tapscott, Don. 2008. *Grown Up Digital: How the Next Generation Is Changing Your World.* McGraw-Hill. 이진원 역. 2009. 『디지털 네이티브』. 서울: 비즈니스북스.

Tedesco, J. C. 2011. "Political information efficacy and internet effects in the 2008 U.S. presidential election". *American Behavioral Scientist* 55(6): 696~713.

Tolbert, C. J. & McNeal, R. S. 2003. "Unraveling the effects of the Internet on political participation?". *Political Research Quarterly* 56(2): 175~185.

Travers, Jeffrey & Stanley Milgram. 1969. "An Experimental Study of the Small World Problem". *Sociometry* Vol. 32: 425~443.

Uslaner, E. M. 1998. "Social Capital, television, and the 'mean world': Trust, optimism, and civic participation". *Political Psychology* 19(3): 441~467.

Verda, S. & Nie, N. 1972. *Political Participation in America: Political democracy and social equality.* New York: Harper and Row.

Verba, S. Schlozman, K. L. & Brady, H. 1995. *Voice and equality: Civic voluntarism in American politics.* Cambridge: Harvard University Press.

Watts, Duncan J. 1999. *Small Worlds: The Dynamics of Networks between Order and Randomness.* Princeton, New Jersey: Princeton University Press.

Watts, Duncan J. 2003. *Six Degrees: The Science of a Connected Age.* New York: Norton. 강수정 역. 2004. 『Small World』. 서울: 세종연구원.

Weber, L. M., & Bergman, J. 2001. "Who participates and now?: A comparison of citizens 'online' and the mass public". Paper presented at the annual meeting of the Western Political Science Association, Las Vegas, NV.

Wellman, B. 2002. "Little boxes, glocalization and networked individualism". in M. Tanabe, P. Van den Besselaar, & T. Ishida eds. *Digital Cities II, Computational and sociological approaches.* New York: Springer:

10~25.

Williams, B. A. & Delli Carpini, M. X. 2011. *After broadcast news: Media regimes, democracy, and the new information environment.* Cambridge: Cambridge University Press.

DMC Media. 2012. 9. 『2012 대선 후보 소셜 미디어 활용 현황』.

DMC Media. 2014. 6. 13. 『소셜 미디어 이용 실태』.

강경태. 2003. "16대 한국 국회의원선거의 투표 참여 및 불참 분석: 총선시민 연대의 낙천낙선운동을 중심으로". 『국제정치연구』 6(2): 57~81.

강내원. 2004. "인터넷과 대중매체 이용이 참여에 미치는 영향에 관한 연구: 세대 집단 비교". 『한국언론학보』 48(3): 116~143.

강신구. 2011. "정치참여에 대한 인터넷의 차등적 효과". 『평화연구』 19(2): 71~112.

강수택·박재홍. 2011. "한국 사회운동의 변화와 탈물질주의". 『OUGHTOPIA』 26(3): 5~38.

강원택. 2004. "인터넷 정치집단의 형성과 참여: 노사모를 중심으로". 『한국 과 국제정치』 20(3): 161~184.

강원택. 2005. "정보화, 정당정치와 대의민주주의: 변화 혹은 적응?". 『한국과 국제정치』 21(3): 127~149.

강원택. 2007. "인터넷과 정치참여: 정당정치에 대한 영향을 중심으로". 『정 보화정책』 14(2): 101~114.

강원택. 2007. 『인터넷과 한국정치』. 서울: 집문당.

강정한. 2012.10.19. "온라인 연결망 불평등에 대한 수리모형적 탐색". 한국 사회학회·서강대학교 사회과학연구소 2012 학술 심포지엄 『SNS와 한국사회의 소통혁명 자료집』: 1~18.

강희정·민영. 2010. "17대 대통령 선거보도에 나타난 후보자 속성의제와 매 체 간 의제설정". 『정치커뮤니케이션연구』 Vol. 19: 5~46.

고상민·황보환·지용구. 2010. "소셜 네트워크 서비스와 온라인 사회적 자본: 한국과 중국 사례를 중심으로". 『한국전자거래학회지』 15(1): 103~118.

곽정원·정성은. 2013. "정치 팟캐스트의 제삼자 지각 영향 요인에 관한 연 구: 팟캐스트 '나는 꼼수다'의 영향력 지각을 중심으로". 『한국언론학 보』 57(1): 138~162.

곽진영. 2001. "한국 정당의 사이버 공간을 통한 정치 커뮤니케이션: 새천년 민주당과 한나라당의 홈페이지 분석을 중심으로". 『한국정치학회보』

35(2): 135~157.

곽진영·고선규. 2006. "제17대 총선 후보자의 홈페이지를 통한 인터넷 선거 운동". 『21세기 정치학회보』 16(2): 147~168.

곽해운·이창현·박호성·문수복. 2011. "트위터는 소셜 네트워크인가? 네트워크 구조와 정보 전파의 관점". 『언론정보연구』 48(1): 87~113.

구교태. 2002. "웹사이트 캠페인이 기존 뉴스 미디어 의제와 공중 의제에 미치는 영향: 의제설정 기능을 중심으로". 『한국언론학보』 46(4): 46~75.

구교태. 2009. "제17대 대선 후보자의 온라인 보도자료 특성과 언론의 선거 보도에 대한 연구". 『정치커뮤니케이션연구』 Vol. 12: 5~44.

구철모·정재은·박경아. 2008.12. 『커뮤니케이션 방식 진화에 따른 세대 간 인간관계의 변화』. 서울: 정보통신정책연구원.

국회입법조사처. 2013.12.24. 『19대 국회의원 인터넷·SNS 이용현황과 특징』.

권상희·김위근. 2011. "소셜 네트워크 환경에서 인터넷 정치문화 인식과 참여에 관한 탐색적 연구: O1-S-O2-R 모형 적용을 중심으로". 『정치커뮤니케이션연구』 Vol. 23: 5~58.

권성미. 2009. "세대별 인터넷 활용 특징 및 시사점". 『정보통신정책』 21(5): 88~95.

권예지·나은영. 2011. "정보원의 공신력과 이성적·감성적 메시지 유형이 사회적지지, 태도, 건강행동의도에 미치는 영향: 건강 관련 검색 서비스의 답변을 중심으로". 『한국언론학보』 55(5): 128~157.

권정혜·육설아·우성범·조현. 2013. "오프라인과 온라인 대인관계가 사회자본형성과 주관적 안녕감에 미치는 영향: SNS 사용자를 중심으로". 『사이버커뮤니케이션학보』 30(2): 5~30.

권해수. 2003. "우리나라 시민단체의 정치 개혁 운동 연구: 2000년 16대 총선 낙선운동을 중심으로". 『한국사회와 행정연구』 14(2): 257~272.

권혁남. 2011. "2010 지방선거에서 미디어 이용과 TV토론관심시청이 정치효능감, 투표행위에 미치는 효과 연구". 『한국언론학보』 55(6): 126~151.

금현수·주지혁. 2013. "유권자의 기술준비도와 정치심리변인이 모바일 투표 의도에 미치는 영향: 세대 간 비교를 중심으로". 『사이버커뮤니케이션학보』 30(4): 169~215.

금희조. 2010. "온라인 소셜 미디어와 참여적 사회자본: 한국과 미국 대학생의 연결적 vs. 결속적 이용을 중심으로". 『한국방송학보』 24(5): 9~45.

김경미. 2005. "인터넷이 집합행동 참여에 미치는 영향: 2002 여중생 추모 촛불집회를 중심으로". 『한국사회학』 40(1): 183~211.

김구. 2010. "온라인 및 오프라인의 사회적 자본 형성에 대한 온라인 활동의 영향력 탐색: 내학생을 중심으로". 『사이버커뮤니케이션학보』 27(4): 5~45.

김규화. 2011. 『지방선거에 트위터가 미친 영향에 관한 연구』. 단국대학교 정치학 석사학위논문.

김기환·윤상오·조주은. 2009. "디지털 세대의 특성과 가치관에 관한 연구". 『정보화정책』 16(2): 140~162.

김도경. 2008. "인터넷과 선거운동: 대통합민주신당 당내 경선을 중심으로". 『한국시민윤리학회보』 21(2): 69~93.

김성태·이영환. 2006. "인터넷을 통한 새로운 의제설정 모델의 적용: 의제 파급과 역의제설정을 중심으로". 『한국언론학보』 50(3): 175~204.

김어준. 2011. 『닥치고 정치: 김어준의 명랑시민 정치교본』. 서울: 푸른숲.

김영래·이정희 외. 2004. 『NGO와 한국정치』. 서울: 아르케.

김영태. 2004. "시민운동과 17대 국회의원선거: 낙선운동의 효과를 중심으로". 『사회연구』 5(2): 129~147.

김원용·현경미·정혜경. 2006. "국내 정치인의 웹사이트 관련 시각적 이미지 연구: 홈페이지에 게재된 사진을 중심으로". 『사이버커뮤니케이션 학보』 Vol. 20: 45~82.

김용섭. 2006. 『대한민국 디지털 트렌드』. 서울: 한국경제신문.

김용철. 2004. "제17대 총선과 인터넷 홈페이지를 이용한 선거운동: 선거 운동유형과 네티즌 참여를 중심으로". 『21세기 정치학회보』 14(2): 75~95.

김용철·윤성이. 2000. "인터넷의 정치적 활용과 16대 총선". 『한국정치학회 보』 34(3): 129~147.

김용철·윤성이. 2001. "인터넷과 선거운동: 16대 총선 후보자의 인터넷 활용 및 네티즌의 참여 실태 분석". 『한국과 국제정치』 17(2).

김용철·윤성이. 2004. "제17대 총선에서 인터넷의 영향력 분석: 선거관심도 와 투표 참여를 중심으로". 『한국정치학회보』 38(5): 197~216.

김용철·윤성이. 2005. 『전자민주주의: 새로운 정치패러다임의 모색』. 서울: 오류.

김우룡. 1992. 『커뮤니케이션 기본이론』. 서울: 나남.

김은미·이동후·임영호·정일권. 2011. 『SNS 혁명의 신화와 실제: '토크, 플레이, 러브'의 진화』. 파주: 나남.

김은준. 2008. "모바일 테크놀로지와 세대 간 커뮤니케이션: 휴대전화를 매개로 한 여성의 세대 간 커뮤니케이션을 중심으로". 『한국언론정보학보』 52(1): 214~243.

김중태. 2010. 『하이퍼 세대』. 서울: 멘토르.

김진국. 2000. "총선시민연대 낙선운동 평가". 『사회과학연구』 Vol. 14: 335~351.

나은영. 2006. "인터넷 커뮤니케이션: 익명성, 상호작용성 및 집단극화를 중심으로". 『커뮤니케이션이론』 2(1).

노사모. 2002. 『노무현을 사랑하는 사람들의 모임: 노사모 길잡이』.

노혜경 외. 2002. 『유쾌한 정치반란, 노사모』. 서울: 개마고원.

도수관·장우영. 2013. "후보의 소셜 네트워킹서비스 활용이 선거에 미치는 영향: 19대 총선 서울지역을 사례로". 『의정논총』 8(1): 163~178.

류석진. 2004. "대학생의 온라인 정치활동과 투표행태: 제17대 총선을 중심으로". 『한국정치연구』 13(2): 87~116.

류석진·조희정·이헌아. 2016. 『공동체의 오늘: 온라인 커뮤니티』: 서울: 미래인.

류정민. 2012. 『락더 보트: 대한민국 청춘을 위한 정치 공략집』. 서울: 인카운터.

류정호. 2010. "온라인 자본과 정치참여의 관계에 관한 연구: 온라인 사회자본과 정치자본을 중심으로". 『한국언론학보』 54(3): 5~26.

민영. 2014. "뉴스와 엔터테인먼트의 융합: 2012년 대통령선거에서 정치 팟캐스트의 효과". 『한국언론학보』 58(5): 70~96.

민영. 2015. "정치 풍자와 참여적 시민성: 정치 팟캐스트 이용이 정치참여에 미치는 효과". 『한국방송학보』 29(3): 36~69.

민주정책연구원. 2015. 『카카오톡 대전 메시지 분석: 최근 치러진 카카오톡 여론전을 중심으로』.

민주통합당 스마트정책특별위원회. 2012.2.1. 『SNS 선거혁명 세미나 자료집』.

박동진. 2003. 『전자민주주의가 오고 있다』. 서울: 책세상.

박선희. 1998. 『시민적 관여가 컴퓨터 매개 정치커뮤니케이션에 미치는 영향』. 서울대학교 박사학위논문.

박선희·주정민. 2004. "16대 대통령선거에서 인터넷 대안언론의 영향력: 오마이뉴스 이용자 집단의 온라인 정치활동과 투표행위를 중심으로". 『한국언론학보』 48(5): 214~242.

박영흠·김균. 2012. "포스트저널리즘 시대의 이해를 위한 탐색적 연구: <나는 꼼수다>의 사례를 중심으로". 『언론과학연구』 12(3): 141~169.

박은희·이수영. 2002. "사이버 공간의 특성과 의제 전개과정: 일반 네티즌 공간과 참여 네티즌 공간의 차이".『한국언론정보학보』Vol. 18: 100~130.

박이석. 2004.『유권자의 정당 및 후보자 선택에 영향 요인에 관한 실증적 연구: 제17대 국회의원선거를 중심으로』. 서울시립대학교 박사학위논문.

박정의·성지연. 2006. "여성정치인 웹사이트의 비주얼 분석: 여성성의 인상관리".『사이버커뮤니케이션학보』Vol. 20: 120~147.

박종민. 1994. "한국에서의 비선거적 정치참여".『한국정치학회보』28(1): 162~182.

박창문·조재욱. 2010. "6·2 지방선거와 정치공급자의 인터넷 선거운동: 홈페이지와 SNS의 활용을 중심으로".『한국시민윤리학회보』23(2): 153~180.

반현. 2007. "의제설정이론의 재고찰: 5단계 진화 모델을 중심으로".『커뮤니케이션이론』3(2): 7~51.

반현·이현주. 2011. "소셜 미디어 이용자 집단의 정치적 인지구조의 특성: 갈릴레오 모델을 적용한 멀티이용자, 트위터와 페이스북 개별 이용자, 그리고 비이용자 집단 비교".『언론정보연구』48(2): 5~43.

반현·최원석·신성혜. 2004. "유권자의 투표 선택과 뉴스 미디어의 점화 효과: 17대 총선의 선거 이슈를 중심으로".『한국방송학보』18(4): 398~443.

방송통신위원회·한국인터넷진흥원. 2010.『마이크로블로그 이용실태조사』.

방송통신위원회·한국인터넷진흥원. 2012a.『2012년 인터넷 이용실태조사』.

방송통신위원회·한국인터넷진흥원. 2012b.『2012년 하반기 스마트폰 이용실태조사』.

새천년민주당. 2003.『16대 대통령선거 백서』.

서진완·박희봉. 2003. "인터넷 활용과 사회자본: 사이버공동체의 사회자본 형성 가능성을 중심으로".『한국정책학회보』12(1): 27~49.

서희정·이미나. 2012. "트위터 투표 인증샷을 통해 본 젊은 세대의 투표 참여와 선거 문화".『한국언론학회 기획연구 세미나 자료집』: 399~420.

성지연·박정의. 2008. "웹사이트의 비주얼적 요소가 유권자 태도에 미치는 영향력에 대한 실험 연구".『사이버커뮤니케이션학보』25(2): 71~104.

소영현. 2015. "열풍시대의 문화적 감염력과 감성정치: '나꼼수', 민주주의, 비평".『대중서사연구』21(1): 7~32.

송경재·장우영. 2007. "한국 정보정치 연구동향과 과제".『신아세아』14(3):

72~102.

송근원. 1994. "대통령선거 아젠다 분석: 제14대 대통령선거 이슈를 중심으로". 『한국정치학회보』 28(1): 205~236.

송길영. 2012.10.19. "Mining Minds via Social Big Data Ming". 한국사회학회·서강대학교 사회과학연구소 2012 학술 심포지엄 『SNS와 한국사회의 소통혁명 자료집』: 33~55.

송인덕. 2012. "<나는 꼼수다> 이용이 대학생들의 정치지식, 정치효능감, 정치참여에 미치는 영향: TV, 신문, 인터넷 이용효과와의 상대적 비교". 『정치커뮤니케이션연구』 Vol. 27: 101~147.

신소연·이상우. 2012. "트위터와 페이스북 이용자들이 형성하는 사회자본 유형이 정치참여에 미치는 영향". 『사이버커뮤니케이션학보』 29(4): 191~231.

신현기·우지숙. 2011. "트위터에서 일어나는 정치적 담론활동에 대한 탐색적 연구: 2010년 6·2 지방선거 관련 트윗글 내용 분석을 중심으로". 『언론과 사회』 19(3): 45~75.

심홍진. 2004. "소셜 미디어와 정치참여에 관한 연구: 사회적 압력이 정치참여에 미치는 영향 분석을 중심으로". 『선거연구』 Vol. 2: 75~107.

안명규·류정호. 2007. "인터넷 정치참여 요인에 관한 탐색적 연구: 대학생 이용자의 정치심리변수와 인터넷 사회자본". 『사이버커뮤니케이션학보』 Vol. 23: 113~146.

안문석·황민섭. "시민단체의 공직 후보 낙선운동의 영향력 평가: 16대 총선에서의 총선시민연대의 낙선운동을 중심으로". 『한국정책학회보』 11(2): 227~253.

양선희. 2008. "새로운 미디어 환경과 의제설정효과: 신문, TV, 포털의 비교". 『한국언론학보』 52(4): 81~104.

양승찬. 2006. "대표적 정치커뮤니케이션 효과이론의 개요". 오택섭·권혁남·김성태 외 편. 『현대 정치커뮤니케이션연구』: 21~58. 파주: 나남출판.

양한나·엄지연·원현경·유예슬·이가영·이규란. 2012. "기술 발전과 방송의 민주화: podcast와 나꼼수 사례를 중심으로". 『경영관리연구』 5(2): 93~113.

오미영. 2011. "인터넷 여론과 소통의 집단 극화". 『현상과 인식』 35(3): 39~58.

오미영·정인숙. 2004. 『커뮤니케이션 핵심이론』. 서울: 커뮤니케이션북스.

오은해. 2012. "SNS의 수용결정에 영향을 미치는 SNS의 주요 특성에 관한 연구". 『경영과 정보연구』 31(3): 47~72.

원숙경·윤영태. 2012. "대항공론장의 변화에 관한 연구: <나는 꼼수다>를 중심으로". 『사이버커뮤니케이션학보』 29(3): 49~81.

유재현·박철. 2010. "기술수용모델 연구에 대한 종합적 고찰". 『Entrue Journal of Information Technology』 9(2): 31~50.

유석진. 2004. "대학생의 온라인 정치활동과 투표행태: 제17대 총선을 중심으로". 『한국정치연구』 13(2): 87~116.

유석진·이현우·이원태. 2005. "인터넷의 정치적 이용과 정치참여: 제17대 총선에서 대학생 집단의 매체이용과 투표참여를 중심으로". 『국가전략』 11(3): 141~169.

윤광일. 2011. "매스미디어의 정치적 효과 분석: 제5회 전국 동시 지방선거 사례를 중심으로". 『사회과학연구』 23(2): 91~106.

윤성이. 2003a. "16대 대통령선거와 인터넷의 영향력". 『한국정치학회보』 37(3): 71~87.

윤성이. 2003b. "인터넷과 선거 그리고 온라인 정치공동체". 『정보화정책』 10(3): 178~187.

윤성이. 2006. "인터넷과 17대 총선". 『시민정치학회보』 Vol. 7: 140~151.

윤성이. 2008a. "18대 총선과 인터넷: 정치참여에 미친 영향과 참여 네티즌 특성 분석". 『21세기정치학회보』 18(2): 49~66.

윤성이. 2008b. "17대 대선에 나타난 온라인 선거운동의 특성과 한계". 『한국정치학회보』 42(2): 203~230.

윤성이. 2008c. "온라인 정치참여 연구의 동향과 쟁점: 인터넷 선거연구를 중심으로". 『정보화정책』 15(3): 3~20.

윤성이·김주찬. 2011. "기술세대와 시민의식의 변화: 소셜 네트워크서비스 활용을 중심으로". 『21세기 정치학회보』 21(1): 133~154.

윤성이·송경재. 2010. 『컨버전스 세대의 정치의식과 시민참여』. 서울: 정보통신정책연구원.

윤성이·장우영. 2008. "청소년 정치참여 연구: 2008년 촛불시위를 중심으로". 한국정치학회·한국국제정치학회·한국세계지역학회 공동주최 건국 60주년 기념 하계학술회의 발표문.

윤영민. 2012.10.19. "SNS 공중대학의 얼굴들: 고전 사회이론을 통한 해독". 한국사회학회·서강대학교 사회과학연구소 2012 학술 심포지엄 『SNS와 한국사회의 소통혁명 자료집』: 59~71.

윤영민·김동욱·조희정. 2007. 『온라인 국민참여 확대』. 서울: 정부혁신지방분권위원회.

윤재관. 2003. 『인터넷 정치참여의 활성화 조건에 관한 연구: 노사모 사례를 중심으로』. 한국외국어대학교 정치외교학과 석사학위논문.

윤태일·심재철. 2003. "인터넷 웹사이트의 의제설정효과". 『한국언론학보』 47(6): 194~219.

이광석. 2011. "디지털 세대와 소셜 미디어 문화정치". 『동향과 전망』 Vol. 84: 102~127.

이기식. 2009. "인터넷 시대의 사이버문화 수용의 영향 요인 및 정책대안". 『사회과학연구』 25(4): 131~154.

이기형·김태영·김지수·박휘서·유동림. 2013. "청년세대가 진단하는 정치: 시사분야 팟캐스트 프로그램의 역할과 함의". 『언론과 사회』 21(4): 46~106.

이기형·이영주·황경아·채지연·천혜영·권숙영. 2012. "나꼼수 현상이 그려내는 문화정치의 명암: 권력-대항적인 정치시사콘텐츠의 함의를 맥락화하기". 『한국언론정보학보』 Vol. 58: 74~105.

이대연. 2013. "믿거나 말거나 팟캐스트 3종 세트". 『플랫폼』 3월호: 72~75.

이동후. 2009. "사이버 대중으로서의 청년 세대에 대한 고찰". 『한국방송학보』 23(3): 409~448.

이동훈. 2010. "인터넷 언론의 유권자 참여 플랫폼을 활용한 선거 공론장 관련 탐색적 사례 연구: 제5회 지방선거를 중심으로". 『사회과학연구』 21(4): 91~116.

이동훈·현경미·이진영. 2011. "선거 커뮤니케이션의 이론적 규범성과 현실 정치의 한계: 2010년 6·2 지방선거 자치단체장 후보자 캠프의 인터넷 미디어 전략 관련 심층 인터뷰 연구". 『사회과학연구』 22(4): 89~113.

이동희·황성욱. 2013. "정치 팟캐스트 콘텐츠 <나는 꼼수다>의 이용 동기와 온·오프라인 정치참여: 서울 지역 2040 세대 이용자 서베이를 중심으로". 『미디어, 젠더&문화』 Vol. 26: 141~175.

이병섭. 2012. "팟캐스트의 규제 시도에 대한 시론적 고찰". 『언론학연구』 16(3): 111~139.

이상현·김길선·김성홍. 2011. "인터넷 기술의 본연적 특성이 기술수용에 미치는 영향에 관한 연구: 범용 기술 특성을 기준으로". 『한국생산관리학회지』 22(4): 431~449.

이상훈. 2003. "우리나라 정당의 쟁점 관리 메시지 특성에 관한 연구: 총선시 민연대의 낙천낙선운동에 대한 정당 대변인 논평 내용 분석을 중심으로". 한국광고홍보학회 춘계학술대회 발표문: 99~134.

이성철·백운손. 2002. "한국 시민사회운동의 정치기회구조에 관한 비교 연구: 총선시민연대의 낙천낙선운동과 노사모 운동을 중심으로". 『지역발전연구』 2(2): 277~293.

이원재·김정민. 2012.10.19. "확산의 구조와 구조화: 4월의 안철수". 한국사회학회·서강대학교 사회과학연구소 2012 학술 심포지엄 『SNS와 한국사회의 소통혁명 자료집』: 19~32.

이원태. 2004. 『인터넷 정치참여에 관한 연구: 2004년 한국의 제17대 총선정국을 중심으로』. 서강대학교 박사학위논문.

이원태. 2007a. "동영상 UCC와 대통령선거: 미국과 한국의 인터넷 캠페인 사례와 쟁점". 『사이버커뮤니케이션학보』 Vol. 22: 167~233.

이원태. 2007b. "인터넷 정치참여의 두 가지 패턴에 관한 연구: 2004년 제17대 총선의 사례를 중심으로". 『사회과학연구』 33(2): 77~97.

이정기·금현수. 2012. "정치 팟캐스트 이용이 온·오프라인 정치참여에 미치는 영향에 관한 연구: 20대의 정치 팟캐스트 이용동기, 정치심리변인, 온·오프라인 정치참여 변인을 중심으로". 『한국언론학보』 56(5): 163~189.

이준웅. 2000. "프레임, 해석 그리고 커뮤니케이션 효과." 『언론과 사회』 Vol. 29: 85~153.

이준웅. 2009. "인터넷 공론장의 매개된 상호가시성과 담론 공중의 형성". 『언론정보연구』 46(2): 5~32.

이준웅·김은미. 2006. "인터넷 게시판 토론과 정치토론 효능감". 『한국언론학보』 50(3): 393~423.

이준웅·김은미·문태준. 2005a. "사회자본 형성의 커뮤니케이션 기초: 대중매체 이용이 신뢰, 사회연결망 활동 및 사회정치적 참여에 미치는 영향". 『한국언론학보』 49(3): 234~261.

이준웅·김은미·문태준. 2005b. "숙의 민주주의를 위한 커뮤니케이션의 구조적, 규제적 조건과 인터넷 토론의 양과 질: 제17대 총선 관련 인터넷 게시판 토론을 대상으로". 『한국언론학보』 49(1): 29~56.

이준웅·문태준·김은미. 2006. "사회자본과 커뮤니케이션 품질". 『사이버커뮤니케이션학보』 Vol. 19: 135~172.

이준한. 2006. "5.31 지방선거와 인터넷의 이용". 한국언론학회 심포지움 및 세미나 발표문.

이진로. 2012. "선거미디어로서 방송과 SNS: 상호관계형성 유형별 역할 비교와 유권자의 활용 방안을 중심으로". 『정치커뮤니케이션연구』 Vol.

26: 115~151.

이창호. 2012. "소셜 미디어가 대학생들의 정치효능감, 정치관심 및 투표참여에 미치는 영향 분석: 19대 총선을 중심으로". 『정치커뮤니케이션연구』 Vol. 27: 231~259.

이창호 · 류성진. 2013. "<나는 꼼수다> 이용이 고등학생 및 대학생들의 정치사회화에 미치는 영향: 정치관심도, 정치효능감, 정치지식, 그리고 정치참여를 중심으로". 『언론과학연구』 13(3): 490~526.

이태호. 2012. "4 · 11 총선과 시민사회운동: 2012 총선유권자네트워크 활동을 중심으로". 『시민과 세계』 Vol. 21: 184~197.

이현우. 2000. "사이버 선거 캠페인: 그 가능성과 한계". 『저널리즘비평』 Vol. 30: 24~28.

이현우. 2002. "인터넷과 사회자본의 강화를 통한 선거참여: 미국 2000년 대선의 경우". 『한국정치학회보』 36(3): 309~331.

이현우. 2005.2. 『2030세대와 참여정치 거버넌스』. 서울: 정보통신정책연구원.

이효성. 2003. "대중매체와 인터넷 이용이 16대 대선 관심과 후보인지도에 미치는 영향에 대한 고찰". 『한국방송학보』 17(4): 7~36.

임동범 · 제갈돈 · 박동진. 2009. "지방정부의 전자적 정치참여를 위한 정보기술수용에 관한 연구: 인터넷 전자투표를 중심으로". 『한국행정논집』 21(2): 375~405.

임소혜 · 정일권 · 김영석. 2007. "UCC 노출이 공직자 선거에 미치는 영향에 관한 연구: 메시지의 부정성과 프라이밍 효과를 중심으로". 『한국언론학보』 51(6): 267~287.

임연희. 2010. "5대 지방선거와 트위터: 대전 충남 시도지사 후보자들의 이용과 충족, 규제에 관한 태도". 『사회과학담론과 정책』 3(2): 67~98.

임종훈. 2007. "인터넷 선거운동과 공직선거법: 인터넷 선거운동의 상시 자유화에 대한 고찰을 중심으로". 『홍익법학』 8(2): 1.

임혁백. 2012.10.19. "18대 대선에서의 SNS 소통의 정치적 의의와 역할". 한국사회학회 · 서강대학교 사회과학연구소 2012 학술 심포지엄 『SNS와 한국사회의 소통혁명 자료집』: 161~191.

장덕진. 2011. "트위터 공간의 한국 정치: 정치인 네트워크와 유권자 네트워크". 『언론정보연구』 48(2): 80~107.

장여경. 2012. "인터넷 선거운동, 어디까지 자유로울 수 있을까". 『KISO Journal』 Vol. 6: 37~40.

장우영. 2006. "정치적 기회구조와 사회운동: 총선연대와 노사모의 사이버액

티비즘을 중심으로". 『정보화정책』 13(3): 49~68.

장우영. 2007. "ICTs와 정당의 '적응': 정치인 팬클럽의 역할을 중심으로". 『국제정치학회보』 47(1): 95~119.

장우영. 2008. "인터넷과 선거캠페인: 17대 대선 UCC 활용을 중심으로". 『한국정치학회보』 42(2): 171~201.

장우영·민희·이원태. 2010. "지방선거와 웹캠페인: 제5회 서울시장 선거를 중심으로". 『정보와 사회』 Vol. 18: 45~86.

장우영·송경재. 2007. "정보화시대의 선거와 유권자". 『사이버커뮤니케이션 학보』 Vol. 22: 237~262.

장우영·이현출. 2012. "제19대 총선 트위터스피어 참여관찰: 격전지 선거구를 중심으로". 『의정연구』 18(2): 157~182.

장철준. 2011. "정치광고와 유권자의 표현의 자유". 『언론과 법』 10(2): 181~204.

정동규. 2004. "선거와 정치참여: 2000년 이후 한국의 선거". 『동향과 전망』 Vol. 60: 40~63.

정연정. 2002. "인터넷 선거운동의 쟁점과 전망". 『인터넷법연구』 Vol. 1: 255~272.

정연정. 2003. "선거에서 인터넷의 활용과 한계". 『한국정당학회보』 2(1): 303~336.

정연정. 2004. "17대 국회의원선거에서의 후보자 인터넷 활용과 유권자 참여". 『한국정당학회보』 3(2): 43~78.

정영국. 2000. "16대 총선 이슈관리의 역동성: 386세대의 도전경험". 한국정치학회 16대 총선평가학술회의 발표문.

정용대. 2000. "16대 총선 아젠다와 쟁점 분석". 한국정치학회 16대 총선평가학술회의 발표문.

정일권. 2012.10.19. "SNS 관계의 장점과 전략 그리고 한계". 한국사회학회·서강대학교 사회과학연구소 2012 학술 심포지엄 『SNS와 한국사회의 소통혁명 자료집』: 89~110.

조석장. 2009. 『인터넷과 한국의 민주주의』. 서울: 한국학술정보.

조성대·정연정. 2006. "사이버커뮤니티와 정보접근, 그리고 정치참여: 17대 총선과정에 나타난 인터넷의 정치적 효과". 『한국과 국제정치』 22(2): 29~62.

조진만. 2001. "낙선운동이 16대 총선에 미친 영향". 『연세사회과학연구』 Vol. 7: 167~194.

조진만. 2011. "정보화가 정치참여에 미치는 효과". 『한국정치학회보』 45(5): 273~296.

조현·남달우·이석기. 2013. "정보기술수용모형을 활용한 소셜 네트워크서비스 사용자들의 전환의도분석" 『한국정보기술학회논문지』 11(4): 139~147.

조희정. 2010. 『네트워크사회의 정치와 민주주의』. 서울: 서강대학교출판부.

조희정. 2012.10.19. "제19대 총선의 소셜 미디어 선거운동과 정치참여: 참여문화와 정치동원 효과를 중심으로". 한국사회학회·서강대학교 사회과학연구소 2012 학술 심포지엄 『SNS와 한국사회의 소통혁명 자료집』: 113~129.

조희정. 2013. 『민주주의의 기술: 미국의 온라인 선거운동』. 서울: 한국학술정보.

조희정. 2014. "참여연대의 온라인 미디어 활동 현황과 과제".(조대엽·박영선 엮음. 2014. 『감시자를 감시한다』. 서울: 이매진: 169~190).

조희정·박설아. 2012. "정당의 소셜 미디어 활용 현황과 과제: 의제·자원·확산 전략을 중심으로". 『한국정치학회보』 46(1): 113~140.

중앙선거관리위원회. 2007.1.19. 『공직선거법상 UCC 관련 적용 규정안내』.

중앙선거관리위원회. 2008.1. 『제18대 국회의원선거 정치관계법 위반사례 예시집』.

중앙선거관리위원회. 2008. 『대법원 판례 모음: 인터넷, 언론 및 방송 관련』.

중앙선거관리위원회. 2011.10.14. 『SNS 선거운동 가능범위 10문』.

차은호·진영재. 2012. "소셜 미디어와 정치적 집단행동 발생에 대한 소고: '나꼼수 현상' 분석을 중심으로". 『한국정당학회보』 11(2): 157~188.

총선시민연대. 2001. 『총선연대백서』.

최민재. 2007.9. 『동영상 UCC와 저널리즘』. 서울: 한국언론재단.

최민재·이홍천·김위근. 2013. "한국과 일본의 지방자치단체장 선거에 나타난 유권자의 SNS 정보이용과 정치적 의사결정의 관계: 2011년 서울특별시장 보궐선거와 오사카시장 선거의 비교". 『한국언론학보』 57(1): 392~421.

최우정. 2008. "공직선거법상 UCC물을 통한 선거운동의 법적 문제". 『인터넷법률』 Vol. 41: 1~28.

최종호·허석재·권혁용. 2011. "인터넷과 정치관심 그리고 투표행태: 17대 대통령선거의 사례". 『평화연구』 19(2): 175~197.

최진호·한동섭. 2011. "정치인 트위터와 신문·방송뉴스의 의제 상관성에 관한 연구". 『언론과학연구』 11(2): 501~532.

트렌드모니터. 2013. 『미디어 이용 및 팟캐스트 관련 조사』.

팔란티리 2020. 2008. 『우리는 마이크로 소사이어티로 간다: 세상의 변화를 읽는 디테일 코드』. 서울: 웅진윙스.

하세헌·강명구. 2004. "인터넷이 정치참여 변화에 미친 영향: 제15대, 16대 대선의 비교". 『사회과학』 Vol. 16: 197~218.

하세헌·강명구. 2012. "인터넷 정치정보 이용과 정치적 관심: 2010년 지방 선거를 중심으로". 『정치정보연구』 15(1): 1~27.

한국언론진흥재단. 2014. 『2014 언론 수용자 의식조사』.

한국언론학회 엮음. 2012. 『정치적 소통과 SNS』. 파주: 나남.

한국인터넷진흥원. 2013. 『한국인터넷백서』.

한국인터넷진흥원. 2014. 『모바일인터넷이용실태조사』.

한국정당정치연구소. 2000. 『4·13 총선: 캠페인 사례연구와 쟁점 분석』. 서울: 문형출판사.

한창진·김경수. 2013. "TV 토론회에서 트위터가 선거에 미치는 영향: 제18대 대통령선거 TV 토론회를 중심으로". 『디지털콘텐츠학회논문지』 14(2): 207~214.

한혜경. 2011. "인터넷 공론장의 분할과 극화 완화기제: 허브 공간 이용과 보수·진보 공간 중복이용의 효과". 『언론학연구』 15(2): 391~424.

홍성태. 2001. "노풍의 사회적 형성과 새로운 정치운동의 가능성". 『민주사회와 정책연구』 2(2): 169~190.

홍원식. 2012. "SNS를 통한 선거태도 형성과 여론 인식에 따른 투표 참여 연구: 19대 총선에서의 SNS 영향을 중심으로". 『정치커뮤니케이션연구』 Vol. 27: 465~496.

홍주현·박미경. 2011. "선거기간 중 트위터에 나타난 후보자와 유권자의 정치적 행위 연구". 『사이버커뮤니케이션학보』 28(4): 257~299.

황용석. 2001. "인터넷 이용과 정치참여에 관한 탐색적 연구: 제16대 총선기간 동안 인터넷 정치 사이트 이용을 중심으로". 『한국언론학보』 45(3): 421~456.

황용석·양승찬·이준웅·이원태. 2011. "인터넷에서 의견 추구 성향과 정치참여 변인과의 관계 연구". 『사이버커뮤니케이션학보』 28(2): 149~185.

황하성·김정혜. 2012. "서울 지역 20대 유권자의 팟캐스트 이용과 정치참여에 관한 연구: '나는 꼼수다' 청취 사례를 중심으로". 『사회과학연구』 19(3): 151~184.

조희정 ————————————————————————————————

　현) 서강대학교 사화과학연구소 책임연구원
　전) 이화여자대학교 경영연구소 연구교수
　　　국회입법조사처 문화방송통신팀 입법조사관
　　　숭실대학교 사회과학연구소 연구교수
　　　국민대학교 정치대학원 외래교수
　　　중앙선거관리위원회 선거과 전문계약직(나급)

주요도서
『민주주의의 기술』(2013)
『네트워크 사회의 정치와 민주주의』(2010)
『공동체의 오늘, 온라인 커뮤니티』(2016, 공저) 외 다수

온라인 선거운동의 이론·사례·제도
민주주의의
전환

초판인쇄 2017년 3월 15일
초판발행 2017년 3월 15일

지은이 조희정
펴낸이 채종준
펴낸곳 한국학술정보㈜
주소 경기도 파주시 회동길 230(문발동)
전화 031) 908-3181(대표)
팩스 031) 908-3189
홈페이지 http://ebook.kstudy.com
전자우편 출판사업부 publish@kstudy.com
등록 제일산-115호(2000. 6. 19)

ISBN 978-89-268-7874-3 93340